「再」取得学歴を問う

専門職大学院の教育と学習

吉田 文
編著

東信堂

「再」取得学歴を問う――専門職大学院の教育と学習

序章　本書のねらいと分析の視点……………………………吉田文　3
　　1.　本書のねらい　3
　　2.　先行研究の検討　7
　　3.　分析の視点とデータ　12
　　4.　本書の構成　15

第Ⅰ部　流動モデルの効果……………………………………… 21

第1章　専門職大学院に通う学生のプロフィール……………村澤昌崇　23
　　1.　性別・年齢別分布　23
　　2.　家族構成　24
　　3.　高校・大学時代　26
　　4.　現在の状況　29
　　5.　おわりに　45

第2章　学知と就業経験の相乗効果を目指す経営系……………吉田文　47
　　1.　問題の設定　47
　　2.　学習成果　48
　　3.　学部での学習経験　50
　　4.　大学院における学習実態　52
　　5.　就労経験と再学習　54

第3章　職業資格取得に葛藤する法科………………吉田文・村澤昌崇　59
　　1.　問題の設定とデータの説明　59
　　2.　法科大学院在学者のプロフィールと大学院教育の効果　60
　　3.　効果をもたらす要因　63
　　4.　まとめと考察　73

第 4 章　伝統的大学構造の桎梏をもつ法科……………………村澤昌崇　77
　　1.　問題の設定：法科大学院に満足しているのか？　77
　　2.　満足度・力量形成・教育条件に関する意識　78
　　3.　満足度を左右する構造的要因　80
　　4.　おわりに　84

第 5 章　学歴取得の意味に惑う IT・コンテンツ系　…………村澤昌崇　87
　　1.　大学院での学業への取り組み・将来展望について　87
　　2.　進学先への印象・満足度も……低い　88
　　3.　進路希望　91
　　4.　経済状況・家庭の状況・理解　91
　　5.　大学院入学以前の学習経験・能力獲得状況　93
　　6.　受験準備・志望・入学目的など　95
　　7.　院生から見た IT・コンテンツ系専門職大学院の組織特性　96
　　8.　おわりに　98

第 6 章　資格か経験かが問われる教職……………………………吉田文　101
　　1.　問題の設定　101
　　2.　獲得・向上した知識・技能・能力　105
　　3.　知識・技能・能力の向上に影響を与える要因　108
　　4.　学部卒業段階での知識・能力・技能の獲得に影響を与える要因　111
　　5.　まとめと考察　113

第 II 部　流動モデルの内部分化　………………………………………115

第 7 章　「中小企業の経営層」という新顧客に開かれた経営系
　　　　………………………………………………………………濱中淳子　117
　　1.　姿がみえない経営系専門職大学院　117
　　2.　社会人学生の基本的属性――**勤務先の規模と役職**　118

3. 進学動機・時間・人間関係　121
 4. 中小企業経営層の学習を支える経済条件　126
 5. おわりに　128

第8章　マネジメント経験が活きる経営系……………濱中淳子　131
 1. ミンツバーグのMBA批判からの示唆　131
 2. 社会人学生の満足度——マネジメント経験との関係　133
 3. 経験で変化する満足度向上要因　137
 4. 結論　141

第9章　家族形成とキャリア追求の狭間にある女性…………吉田文　145
 1. 問題の設定——二重の壁　145
 2. 誰が進学しているか　147
 3. なぜ、進学するのか　154
 4. 将来のキャリアをどのように展望しているか？　160
 5. 専門職大学院ができること　165

第III部　社会人の再学習の意味 ………………………………　171

第10章　労働市場との齟齬を抱える経営系 ………………吉田文　173
 1. 問題の設定　173
 2. 自分のための再学習——進学目的・職業展望　175
 3. 何が役立ったか——大学院教育の評価　181
 4. 求める多様な能力——企業の要望と批判　184
 5. 大学院生・企業・大学院のねじれ　188

第11章　研究者養成機能を模索する法科 ………………田中正弘　193
 1. はじめに　193
 2. 葛藤が生じた背景　194

  3．法科大学院に研究者養成機能を加える意義　198

  4．どのような学生が法科大学院で研究者を目指すべきか　202

  5．まとめ　203

第12章　2つの大学院制度に揺れる臨床心理系 …………田中正弘　207

  1．はじめに　207

  2．臨床心理士の業務と求められる資質　208

  3．臨床心理士養成機関の現状と課題　210

  4．専門職大学院のジレンマ　213

  5．臨床心理士養成機関における社会人学生の受け入れ　214

  6．まとめ　217

終章　日本の流動モデルについてのインプリケーション………吉田文　219

  1．研究領域の拡大はできたか──「**固定モデル**」と「**流動モデル**」　219

  2．学歴と獲得される知識・能力の区別　220

  3．学歴研究への新たな視座　224

  4．専門職大学院制度の課題　227

あとがき　233

資料　専門職大学院の年次的傾向と推移　235

執筆者紹介　240

「再」取得学歴を問う
―― 専門職大学院の教育と学習

序章　本書のねらいと分析の視点

吉田　文

1．本書のねらい

　20歳代前半に高等教育を修了し、その後、間断なく労働市場に移行し定年まで働く。これが日本におけるライフコースの標準的な規範であったし、現在でもその大枠は揺らぐ気配はない。こうしたライフコースを本書では「固定モデル」と呼び、そうでないライフコースを「流動モデル」と呼んで区別する。「流動モデル」とは、教育と労働とが時間軸において重複するパタン、あるいは、教育と労働市場とを交互に往復するパタンであり、大学教育を終えて就業している、いわゆる社会人が再び大学で教育を受け、学歴を再取得するという現象を指している。

　本書は、こうした「流動モデル」のライフコースをたどる者の再教育・再学習のプロセスとその成果に着目し、「固定モデル」をたどる者との間に、大学院での学習や成果、学習に関する意識などにどのような異同があるのか、両者にとって教育の意味や役割にどのような差異があるのかを比較検討することを目的とする。その対象は、2003年度より発足している専門職大学院の在学者である。こうした対象者に対して、「流動モデル」と「固定モデル」との比較研究を行うその意図を、以下、順次説明しよう。

　こうした問題意識に関連する教育社会学における理論的な基盤としては、教育の配分機能に関する研究が近い。教育の社会的地位達成への影響に関する研究、教育から労働市場への移行に関する研究、労働市場における処遇と教育との関連についての研究など多様な視点での分析が蓄積されている。た

だ、これらの研究の分析枠組みはいずれも「固定モデル」を暗黙の前提としている。すなわち、教育から労働へと時間軸にしたがって移動する者を対象にし、教育がそれらの者のライフコースのどの時点においてどの程度の影響をもつかを明らかにすることが、研究の主眼にある。そして、ここで教育として用いられる代表的な変数は、学歴（あるいは教育年数）である。この学歴は、暗黙のうちに教育によって獲得した知識や能力などを仮定している。

そのことを、教育の配分機能に関する代表的な理論である、機能主義理論、人的資本論、シグナリング理論（スクリーニング理論）、葛藤理論についてみていこう。いずれも学歴を知識や能力などの代理指標として用いている点を共通としているが、これらの理論間の差異をいうならば、機能主義理論、人的資本論は、学歴は知識や能力の実態を表すものとするスタンスにあり、他方、シグナリング理論（スクリーニング理論）、葛藤理論は、学歴は知識や能力の実態を表すものではないと論じる点で対極に位置する。やや教科書的ではあるが、これら各理論において、学歴がどのように代理指標として用いられているかをまとめておこう。

機能主義理論の古典である Davis と Moore（1945）は、社会の成層化のメカニズムにおける教育の役割に着目した。彼らの論点をまとめれば、社会的地位の社会における重要性の程度は多様であり、また、それぞれの地位の役割を果たすために求められる能力の程度は異なる。そして、社会は、個人をその能力の程度に応じて社会的地位に配分し、地位の重要性に応じた報酬を与えるということになろう。

ここで重要なのは、個人がどの程度の能力を有するかは、教育の程度によるとしている点である。教育は、社会的地位に付随する役割を遂行するための能力を付与するものであるとされ、教育によって獲得される能力と、労働市場において求められる能力との、ストレートな対応関係を前提としている。

同種の議論を展開したのは、Schultz（1963 = 1964）や Becker（1975 = 1976）に代表される人的資本論である。人的資本論では、教育や訓練を消費ではなく投資とみなす点に特徴がある。教育を受けることで個人は知識や能力を獲得し、それでもって労働生産性が向上する。労働市場においては、労働生産

性の程度に応じて賃金が支払われるため、教育に費用をかけることは消費ではなく、労働生産性を高めるという点で将来への投資であるという。ここでも、教育は、個人の能力（ここでは労働生産性）を向上させるものとみなしている。

このように、機能主義理論や人的資本論では、教育年数に応じて、個人の能力は向上すると仮定しており、教育水準が社会的地位や賃金水準と相関している事実を説明するために、両者の間に、能力という変数を置き、教育年数の長さと能力の向上の程度との相関を仮定しているというわけである。さらに、教育によって培われた能力が、労働市場における労働生産性やある社会的地位に付随する役割を果たすのに必要な能力になるとも仮定している。こうした二重の仮定を経て、教育の結果である教育年数や学歴は、能力の実態を表す代理指標として用いられるのである。

これらとは逆に、シグナリング理論（スクリーニング理論）や葛藤理論は、学歴は知識や能力を正確には反映していないとする立場である。

Spence（1974）によって提唱されたシグナリング理論（スクリーニング理論）は、教育は、個人の能力を向上させるものではなく、個人の能力を他者に知らせるシグナルだとされる。雇用者は、労働市場への参入者の知識や能力に関する限られた情報しか入手できない。こうした情報の非対称性のもとでは、個々の求職者の知識や能力について正確な情報を得るにはコストがかかるため、限定的な情報である学歴を労働生産性の指標と仮定して、求職者を選別（スクリーニング）することが合理的な行動になる。したがって、求職者にとっては、自分の知識や能力を雇用者に知らせるために、学歴がもっとも効果的なシグナルになると議論を展開する。

葛藤理論を提唱するCollins（1979 = 1984）は、メリトクラシーの原理が貫徹しているかにみえる労働市場において、実は、権力をもつ身分集団（高学歴集団でもある）は集団としての権益を維持するため、学歴を職業への参入資格とすることで他の集団（低学歴集団）の参入を排除していると論じる。学歴を指標にすることは、一見、メリトクラシーの原理にかなっているが、実は、身分集団の権力の維持のために用いている見せかけであるというわけだ。

シグナリング理論においては、教育＝学歴は単なるシグナルであって、知識や能力を向上させるものではない、また、葛藤理論においては、教育＝学歴は、高学歴身分集団が他の身分集団からの参入を排除するための正当化の手段として用いられているだけであると、学歴に知識や能力を想定していないスタンスに立っている。しかしながら、現実の場面においては、人材の選抜や労働市場への参入の場面において、あたかも学歴が知識や能力を表しているものであるかのように用いられていることを指摘し、その点において学歴は代理指標として用いられると論じるのである。

このように対極的な見方をするそれぞれの理論であるが、いずれも学歴は代理指標として扱われており、教育と知識・能力と関係の有無に関してはブラックボックスに入れたままにしてきたことを共通点としているといってよいだろう。機能主義理論や人的資本論では、学歴に読み込んでいる知識や能力は労働生産性として把握されているが、労働生産性そのものが測定されているわけでなく、賃金を労働生産性と仮定している。そのうえ、労働生産性を教育によって育成された知識や能力と同じものとみなしている。

シグナリング理論（スクリーニング理論）や葛藤理論は、メリトクラシー原理が正当性をもつ社会においては、学歴は社会的処遇の決定において正当性をもつ指標であるために、雇用者や高い身分集団は求職者との間でそれを取引に用いる状況を説明しているが、学歴は知識・能力の育成に無関係なのか否かについては不問に付したままである。

こうした説明がなされてきたその理由は、教育が先にあり、その後に労働が生起するという時間的順序を前提にしていることによるものであり、教育の配分機能とは労働市場における処遇とし、学歴を代理指標とすることで、十分な論理構築が可能であったためだと考える。

しかし、「流動モデル」における再教育の機能を「固定モデル」と比較するという本書の目的からすると、教育の過程に相当する教育内容・方法などと教育の結果である学歴、また、提供される教育課程と学習成果として獲得された知識・能力を区別することが必要になる。教育によって涵養される知識や能力がどのようなものであるかについての検討も重要である。なぜなら、

とりわけ「流動モデル」においては、職業の中断、あるいは職業を継続しながらの再教育であるため、単に学歴だけでなく、再教育によって獲得された知識や能力の「固定モデル」との違い、知識や能力の職務遂行能力との関係などが問われることになるからである。いわば、再教育の効果が問われるのであるが、そのためには学歴のみに着目した分析では不十分である。

具体的に言えば、次のようになる。大学院に在学する就業経験のある者（いわゆる社会人）と就業経験のない者（大半は学部新卒者）は、大学院を修了する段階では同じ学歴を取得する。従来のモデルではどちらも同じ学歴として扱われ、獲得した知識や能力も同等という前提で分析が進み、再教育が何を付与するかを他と比較して取り出すことはできないのである。

このように考え、われわれは次のような問いを立てる。「固定モデル」と「流動モデル」とが、同じ学歴を取得するケースにおいて、それぞれのモデルにおいて獲得される知識や能力に違いはあるか。遅れて取得する学歴が、教育の知識・能力の「育成」という側面でどのような効果をもつのか。これをベースに置き、さらに、次の問いを設定する。「流動モデル」においては、誰が再教育からの恩恵を受けるのか。「流動モデル」のうちに、再教育の効果がみられる層があるのかを検討することがねらいである。

2. 先行研究の検討

当初に示した本書の目的に照らせば、ここで、先行研究として検討すべきは、第1に、代理指標としての学歴と、知識や能力の実態は、どこまで区別されてきたかであり、第2に、「固定モデル」と「流動モデル」とでは、学歴に問われる内実がどのように異なるのかである。この2軸によって構成されるマトリックスは**図序-1**のようになる。従来の研究が、「固定モデル」における代理指標としての学歴の機能を分析してきたことに対して、一方で、学歴と獲得した知識や能力との関係を問うという方向への拡張であり（①）、他方で、「固定モデル」に限定せず「流動モデル」を含めて教育の機能を問うという方向での拡張である（②）。これらの方向へ射程を拡げている研究

	固定モデル	流動モデル
学歴	◎ →	②
知識や能力	↓①	

図序-1　先行研究の位相

について確認していこう。

　第1の、学歴と知識や能力との関係に関しては、Kerckhoffら（2001）の研究が興味深い。この研究では、学歴と知識・能力は、それぞれ独立して賃金や職業上の地位を規定することを実証した。25〜29歳の成人約12,000人を対象に、学歴と教育年数を組み合わせた教育達成度と、一般的な認知的スキルを測定する全米成人リテラシー調査（National Adult Literacy Survey）とを用い、それらが賃金や職業上の地位をどの程度規定しているかを分析している。その結果、賃金や職業上の地位に対する教育達成と認知的スキルとの説明力を比較すれば、後者の方が弱いという傾向があるが、それでも認知的スキルは、職業的地位や賃金に対して、教育達成とは独立した有意な説明力をもつことが明らかにされている。労働市場における処遇に、学歴とは独立した認知的スキルが影響をもつことを明らかにした画期的な研究である。

　ただ本書の問題関心からすれば、ここで用いられている認知的スキルとは、労働市場に参入後の労働者の調査時点における認知的スキルであり、必ずしも教育によって獲得されたものではない。また、この調査対象は、本書が命名した「固定モデル」であり、必ずしも「流動モデル」を意識しているわけではない。

　学歴と知識や能力との関係を分析した研究は、日本においては管見の限り存在しない[1]。ただ、2000年代より大学教育のアウトカムズとしての学生の学力や能力に関する注目度は高まり、実証的研究も徐々に蓄積されはじめている（山田　2012）。背景には、大学教育のアカウンタビリティの要請が高まるなかで、大学教育の効用を学生の学習成果として示すようになったことがあろう。何を学生の学習成果として示すかという点については、その内容と方法は多様である。内容面で言えば、知識の獲得を問うもの、認知的能力を

問うもの、情緒的発達を問うものなどがあり、その方法で言えば、標準テストで測定するもの、学生の自己評価で測定するもの、ルーブリックを用いた他者評価で測定するもの、形成的評価として学生のポートフォリオを用いるものなどがある。

　本書の課題に引きつけていえば、学生が卒業して獲得する学歴では、大学教育の効果、あるいは学生の資質をみるには不十分だとする風潮が強くなってきていることが、学習成果測定研究への着目となったと言うことができ、こうした研究は、大学の提供する「教育」と学生が受容する「学習」とを区別し、学生の学習のプロセスや学習の成果について分析的に問いを立てるようになったことに意義を見出すことができる。

　しかしながら、これらの研究は、本書の課題とする学歴と知識・能力との関係という視点を有するものではなく、本書にとって示唆的な知見を提供するものではない。学歴と学生の獲得した知識・能力との区別という点でいえば、たとえば大学の階層構造を表す変数（もっとも簡便なものでは入学時の偏差値）を導入することで、より多くの知見が得られるように思う。

　また、大学生の学力形成の側面に加え、それと仕事の遂行能力との関係についての研究も、1990年代後半から徐々にはじまっている。これも上記の大学生の学力問題の指摘に加えて、大学生の厳しい就職状況が続くなか、大学教育に対する社会からの要求の高まりが背景となっていると位置づけることができる。この領域の研究のレビューをしている小方によれば（小方 2011）、大学での学習成果と仕事で求められる能力をどの範囲で把握するかによって、両者の関係の実態は一義的には決まらないことが指摘されており、今後の研究の蓄積が待たれる分野であることを指摘したい。

　このように大学生の学力、育成される知識や能力の実態、それらと仕事の遂行能力との関係などについて、日本においても研究領域の広がりをみることができるが、取得する学歴とそれら獲得した知識・能力などとの関係にまでは踏み込んでおらず、その意味で本書の目的に適合する知見を得ることはできない。

　第2の「固定モデル」と「流動モデル」おける、再教育の効果に着目した

研究として、ElmanとO'Rand（2004）を挙げておきたい。これは、ライフコースのどの時点で中等後教育を修了するかによってどの程度賃金が異なるのかを、1）早期に中等後教育を終えて労働市場へ参入したグループ、2）いったん労働市場へ参入し再教育を受けたグループ、3）早期に学校を退出し再教育を受けなかったグループの3つを比較することで、再教育の効果がどの程度あるのかを分析している。その結果、2）の再教育を受けたグループは、再教育後の労働市場において賃金が上昇しており、1）の学歴を取得して間断なく労働市場へ参入したファースト・トラックのグループとの間の差はやや解消していることを明らかにしている。

　この研究は、遅れて取得した学歴の効果を実証的に測定しているものの、再教育によって取得した学歴と、再教育によって獲得した知識や能力との関係を問うていないという点で、われわれの問題関心に答えるものとはなっていない。

　日本においては、「流動モデル」に関する研究といえば、社会人大学院生[2]に関する研究がそれに該当する。1990年代の大学院拡充政策のなかで、その教育対象として社会人が注目され、また、実際にも社会人の大学院生は一定の伸びを見せるようになった。こうした対象の実態を明らかにするという観点から、大学院修士課程の社会人在学者の学習状況や大学院修了者のその後の処遇などが分析されてきた。ほとんどの研究が、社会人の大学院での学習によって獲得される知識や能力に着目していることに共通点を見出すことができる。大学院における再学習として学歴を取得する場合、教育の機能の検討は、再学習の結果としての獲得した知識や能力、その職業遂行能力との関連、再取得した学歴の労働市場における処遇などの側面に重点が置かれることを指摘したい（主なものとして、日本労働研究機構　1997、本田　1999、2001、2003、鬼頭　2001、笹井　2004、平尾・梅﨑・松繁　2010）。

　調査対象は、大学院在学者、大学院修了者それぞれであるが、どの研究も社会人が大学院での学習に様々な効用を見出していることを明らかにしていることを共通の知見としている。興味深いのは、在学生が大学院で重視している学習内容、修了生が大学院で獲得した力、修了生が職場で求められる能

力において、それぞれ関連がみられるということである。在学生は、「学問研究」や「幅広い教養」を身につけることを「実践的職業能力」よりも重視し（本田 2001）、修了生は大学院で「課題を理解し設定する力」、「情報を収集し分析する力」、「幅広い視野」を多く身につけたと認識し、また、それらが職場においても、たとえば、「リーダシップ」や「顧客志向」などの力よりも求められていると分析している（加藤 2003、小方 2003）。大学院における「学問研究」とは、まさしく、「課題を理解し設定する力」、「情報を収集し分析する力」を涵養するものであり、その重要性は社会人にもよく理解されているということだろう。そして、それらの力をもつことが職場においても重要であることを認識あるいは実感しているのである。社会人大学院生とっての大学院教育とは、単に学歴の獲得とは別に、知識や能力の獲得を目指しているといってよいだろう。

ただ、これらの研究は、確かに「流動モデル」を対象にした分析ではあるが、それを「固定モデル」との比較において検討していないという点で、われわれの関心からすれば、それに応えるものではない。「流動モデル」の再教育が知識や能力を伸ばすものだとしても、それが「固定モデル」と同等以上なのか否かについての示唆はなく、再教育の効果を実証するには至っていない。

われわれの問題意識と関連する研究として、大学院修了者と学士課程卒業者の労働市場における処遇を比較した研究についてもみておこう。ここにはわが国に固有の社会状況がある。すなわち、労働市場において大学院修了者は学部卒業者以上に処遇されないといわれる通説があり、その正否を検討する一群の研究なのである。採用側に対するアンケート調査にもとづく、大学院修士課程修了者の学士課程卒業者との処遇の比較による研究では、大学院修士課程修了者は、彼／女と同年の学士課程卒業者よりも、初任給において有利であり、その結果、その後の賃金上昇も早い層が多い（平尾・梅崎・松繁 2007）。また、学歴別の初任給とその後の賃金カーブから、大学院修了者は初任給において学歴の効果は反映されないが、その後の賃金の上昇の程度は学士課程卒業者よりも大きい（大谷・梅崎・松繁 2003）。しかし、1998年

から 2009 年までの約 10 年間の変化をみると、大学院修士課程修了者の学士課程卒業者に対する賃金のプレミアムは目減りしている（平尾・梅崎・松繁 2011）。

　これらの研究からは、通説が当たらないことが知見として提出されている。また、就労経験を経て大学院就学をした「流動モデル」の場合、ビジネス・スクールを修了した社会人のうち、大学院における教育内容と一致する仕事に就いている場合、そうでないケースより賃金が高いことが示されており（平尾　2010）、「流動モデル」においても遅れて取得した学歴が効用をもつ層があることが明らかにされている。

　このように研究の射程を、1 つは学歴と知識や能力との関係を問う方向へ、もう 1 つは、「固定モデル」と「流動モデル」との学歴の意味を比較する方向で拡大して本書と関連する先行研究を検討したが、いまだ包括的な知見が十分なレベルで得られているとは言い難い。「流動モデル」における教育の機能を、教育終了後の労働市場における評価ではなく、教育によって育成される知識や能力に特化して検討しようとすれば、「流動モデル」と「固定モデル」の学歴を統制して、そのうえでそれぞれのモデルが獲得する知識や能力の比較検討が必要になる。このように考えて、以下に述べる調査を設計した。その分析をもとにした諸論稿を中心に本書は構成されている。

3. 分析の視点とデータ

　まず、調査研究の対象者を専門職大学院在学者とした。その理由は 2 つある。1 つは、「流動モデル」に相当する社会人学生が、大学院のどの課程よりも多く在学するからである。『学校基本調査』によれば 2013 年度の社会人大学院生は、修士課程 11.9％、博士課程 37.7％、専門学位課程 42.8％であり、専門職学位課程がもっとも多い。もう 1 つは、専門職大学院は、1999 年に制度化された専門大学院を前身として 2003 年より開始されたが、従来の大学院と異なり高度専門職業人の育成をミッションとしていることにある。職務遂行能力を高めることを目的とした教育プログラムによって、「流動モデ

ル」の場合、どのような知識や能力を涵養しているのかを分析することができる。

ところで、日本では学士課程における社会人学生の比率はきわめて少ない。学士課程における社会人入学者数は、統計上のカテゴリーがないため正確に把握することができない。学校基本調査をはじめとしていくつかのデータをみれば、社会人特別選抜枠による学士課程入学者は2010年度において1,774人であり、学士課程入学者の0.3％でしかない。社会人学生が相当数を占めている通信教育課程の学士課程在学者数は169,643人であり、通学制の学士課程在学者の6.6％である。社会人が多くを占めると想定される夜間部の在学者は2013年度において24,564人であり、学士課程在学者の1.0％である。このような状況から、学士課程における社会人は、10％に届くことはない。

学士課程に在学する社会人が、大学院に在学する社会人と比較して少ないのは、受験者の動機づけと、教育制度からみた進学の容易さの程度において大学院と大学との間に大きな差があることによる。受験者の側面からみれば、高卒就職者が大学受験の動機付けを高め、受験学力を獲得することは、大学を経験している大卒就職者が、大学院受験の準備をするよりもはるかにハードルが高い（濱中 2008）。教育制度の側面からいえば、大学院の在学期間が大学よりも短期であり、社会人特別選抜制度、夜間や休日の授業開講など、社会人の学習継続のための措置も1990年以降、次第に整備されつつあるからであるが、学士課程については夜間部の縮小等もあって、社会人の学習経験は容易ではない。

さて、「流動モデル」における教育の機能を分析するにあたって、「流動モデル」を「固定モデル」と比較することで、「流動モデル」の位置付けを相対的に明らかにすることができるうえ、両者のモデルを比較することで、獲得される知識や能力と学歴との関係を明瞭に検討することができる。同じ教育を受け同じ学歴を取得したとしても、「流動モデル」における知識や能力と「固定モデル」におけるそれとは、どのように違うのか。従来の「固定モデル」を前提とした学歴と知識や能力との関係に関する理論に対して、「流動モデル」におけるそれらの関係についての理論的なインプリケーションを

得ることにつながると考えるのである。専門職大学院に在籍する就労経験者と就労未経験者（学士課程卒業直後の大学院学者）とを比較するという方法をとることで、これが可能となる[3]。

　ただ、知識や能力の獲得の程度については、教育を受けた個人の主観的評価としてたずねたものを用いるため、大学院側なり労働市場なりの外部からの評価をともなうものではなく、その点において客観性を欠くという問題がある。しかし、日本の大学院において、一方で、在学者個々人の大学院における成績が、どこまで個々人の知識・能力などの獲得の程度の測定に関する客観的な指標として用いることができるかという問題、他方で、個々の企業が労働市場における大学院修了者全体を見渡したうえで、それらの職務遂行能力に関して大学学部卒業者と区別して客観的評価を下せるほどに、大学院修了者が多くはないという問題がある。したがって、このような状況下においては、自己評価による教育効果の測定は、自己の周囲の学生との比較などを暗黙のうちに含み、自己を正当に評価する指標として一定程度は有効性をもつと判断した。

　分析に使用したデータは、2008年2月に実施した専門職大学院在学者を対象としたアンケート調査である。この調査は、2008年2月に設立されていたすべての専門職大学院のうち、この調査に賛同いただいた機関を対象とし、機関に調査票を郵送し全在学生への配布を依頼し、在学生からは直接返送する方法をとって行われた。また、同様の調査内容についてはweb上に調査票を掲載し、そこからの回答も可とした。有効回収数は1,645票、そのうちwebからの回答は429票（26.1％）である。法科大学院や経営系大学院に加えて、IT系大学院やファッション系の大学院など、専門職大学院制度のなかで、従来の大学や大学院にはみられない専門領域に学ぶ大学院生が含まれていることが特徴である。調査対象校の正式な在学生数が不明なため正確な回収率は算出できないものの、調査対象校から要請された調査票をもとにすれば回収率は14.3％となる。

　教職大学院に関しては、2009年12月に同じ方法により対象校を選定し、同一の調査票を配布して実施した。調査に応じていただいたのは10機関、

調査票配布数 599 票、有効回収数 121 票、有効回収率 20.2％である。

4．本書の構成

　本書は、3部で構成されている。第Ⅰ部は、大学院教育によって獲得した知識や能力に関する「流動モデル」と「固定モデル」の比較分析による、流動モデルの位置づけを行う。第Ⅱ部は、「流動モデル」の特性をさらに明らかにすることを目的とした、その内部分化についての分析である。第Ⅲ部は、専門職大学院における学習が、その関係者（ステークホルダー）からどのように評価されているかを明らかにし、今後の専門職大学院の在り方を模索検討する。第Ⅰ部と第Ⅱ部は、上記のアンケート調査をもとにして分析した論考から構成されており、第Ⅲ部は、関係者へのヒアリング、収集した文献資料などをもとにした論考から構成されている。

　その第Ⅰ部第1章では、専門職大学院在学者が、どのようなプロフィールをもっているか、在学する大学院の領域によってどのような違いがあるのかについて、アンケート調査をもとに示し、それを基軸として第2章から第6章までは、経営系、法科、IT・コンテンツ系、教職の4つの専門領域について分析する。これら個別専門領域5章にわたって共通する課題は、「固定モデル」、「流動モデル」とで、知識・能力などの大学院における獲得の度合いにどのような差異があるかということにある。

　ここで、興味深いのは、専門領域によって「固定モデル」、「流動モデル」の知識・能力の獲得の度合いは異なり、経営系では「流動モデル」にとって、多様な側面で大学院教育のポジティブな効果をみることができるが、法科や教職では、必ずしも「流動モデル」が、「固定モデル」よりも、知識・能力の獲得の度合いが高いというわけではないことである。

　また、法科大学院においては、「流動モデル」に関して、フルタイムで就業を継続しつつ大学院で学習する者（フルタイム就業者）と辞職して大学院で学習する者（辞職者）とがおり、両者は知識・能力の向上において異なる傾向を示している[4]。すなわち、辞職者は、フルタイム就業者よりも知識や能

力の向上の度合いが大きいという結果をみることができた。就労経験のみならず、現在の学習形態も考慮した、「流動モデル」の内部分化の検討が課題の1つであることが示唆されたと言ってよい。

　教職大学院では、「固定モデル」に相当するのは、ストレートマスターと呼称される「学部新卒者」であり、「流動モデル」に相当するのは、「現職教員」でありその多くは教育委員会などから派遣されている。この両者に、知識や能力の向上の度合いにほとんど差異が見られないことが、他の領域と異なる大きな特色である。

　コンテンツ系については、そもそもデータが少なく、その領域のなかで2つのモデルに分けて論じることが困難である。したがって、コンテンツ系とその他の領域との差異を分析した。コンテンツ系の特色として、大学院入学以前にその専門分野の学習経験者が多く、しかも専門学校で学習した者が多い（言い換えれば大学学部の経験者が少ない）のだが、他の領域と比較して、大学院における学習によって各種の知識・能力を向上させたかと言えば、必ずしもそうではないことに特色を見出すことができる。

　このように、各専門領域における、大学院における知識・能力の向上の度合いを「固定モデル」と「流動モデル」とで比較した結果、両者にほとんど差がない教職系のような領域はあるものの、経営系や法科系では一定の差異があり、「流動モデル」の方が知識・能力の向上の度合いが高いことが明らかになった。専門職大学院修了によって獲得する学歴としては、どちらのモデルでも同じである。しかし、それを大学院で学習することによって獲得された知識・能力としてみた場合、決して同じではないことは、「流動モデル」にとっての大学院教育の効果を示すものであるとともに、学歴を知識や能力の代理指標として用いることには問題があることを示すものである。

　第II部では、第I部の課題を受け「流動モデル」の内部分化に迫る。法科系のケースでは、就労経験をもつ者のうちに辞職して大学院にもどった者とフルタイムで就業を継続しつつ大学院で学習するという二足のわらじを履く者とがおり、両者の学習の成果に差異があったことに示唆を受けての、さらなる分析である。

経営系の専門職大学院ではそもそも就労経験者が80％程度を占めているが、そのうちフルタイムで就業しながら通学している者が80％を超える。それは、就労を継続しながら学習と両立可能な大学院の制度（夜間と休日開講）によるところが大きいからである。このフルタイム就業者に焦点をあてて、どのようなところでどのような地位にある者に、大学院の効用が大きくなるのかを検討したのが、第7章である。分析の結果からは、中小企業の経営層がもっともうまく大学院を利用していることが明らかになり、就労経験者誰にとっても同じ効用をもつものではないことが示唆された。

　また、第8章では、マネジメント経験の有無と大学院教育の効用との関係について分析を行い、その結果、中小企業では経営層、大企業では係長以上の役職者において、大学院における教育内容そのものが、大学院におけるその他の活動以上に、効果をもたらしていることが明らかになった。データ上の限界はあるにせよ、一定期間のマネジメント経験がある方が、大学院教育を効果的に利用できるということは、経営系の専門職大学院の今後の在り方のみならず、産業界に対しても示唆を与えるものである。

　第9章の分析対象は女性である。第9章以外の分析では、性別による差異は考慮していないが、比率としては少ない女性の専門職大学院生、とりわけ就労経験をもつ者が、男性と比して異なる側面があるのか、あるいは、就業経験をもたない女性の大学院生と比較して何が異なるのかを分析した。その結果、同年齢の男性と比較して未婚者が多く、また、辞職して大学院に進学する者が多いことが女性の特色であること、将来のキャリアアップやキャリアチェンジを明確に意識していることに特徴を見出すことができた。

　今回の専門職大学院在学者に対するアンケート調査では、回収数が少ないという限界のもとでの分析であるが、本研究の目的である「流動モデル」を、学歴研究やトランジション研究にどのように位置づけるかについて、いくつかの示唆的な知見を得ることができた。

　それに加えて必要なことは、学生を対象としたデータから得られる知見の妥当性を、教育を与える大学側から検討しておくことである。それによってアンケート調査の分析結果の信頼性や妥当性も高まるということができる。

こうした意図のもとに、第III部では、専門職大学院において教育を付与する側からみた、社会人の再学習の意味とその課題を検討した。第10章の経営系に関しては、学生、大学院、労働市場の3者が、専門職大学院に対していかなる見解をもっているか、そこに3者間の符合や齟齬がどのように生じているかを、各種の調査データから明らかにしている。専門職大学院でのハードな学習が労働市場の処遇につながらないという現状に関し、問題は労働市場のみにあるわけではなく、学生にも大学院にもそれぞれ課題があり、それが3者間相互の桎梏になっていることを論じている。

　第11章は、法科大学院の抱える制度的な課題とその解決策を、論じている。法学部が法曹職の養成機関であった日本の大学において、やや唐突にそれを大学院に移行して法科大学院で養成するように制度変更したのが、法科大学院制度である。法科大学院の定員が多いため司法試験合格者が僅少であり、法科大学院が機能しないという表面的な社会的批判は多いが、法曹職養成という観点に立ったときに、その養成を担う研究者の養成も新制度のもとで大きな課題となるのだが、その点は見過ごされている。この章では、法科大学院修了者を法曹職への入職だけでなく、法学研究科において研究者養成のための1つのルートとすることとその実現可能性を論じている。

　第12章は、臨床心理士の要請のための専門職大学院の在り方について論じている。臨床心理士は、大学院修士課程における指定大学院、あるいは、専門職大学院において養成するという2つの方法が制度化されている。このうち専門職大学院においては、より実践的な教育を目指したカリキュラムを編成し、修了単位数も多く設定されているものの、そのことがネックとなって、専門職大学院制度に則った臨床心理士養成がすすまないことになっているという。さらには、臨床心理士という専門職は、社会人としての就業経験は必ずしもプラスに働かないという状況もあり、社会人学生が多くはない。こうした状況を検討しつつ、臨床心理士の養成の在り方を論じている。

　これら、個別の専門職大学院についての分析を、終章において総括する。

〔注〕
1 CiNiiにおいて、「大学」、「学歴」、「知識」、「能力」をキーワードとして検索した結果、ヒットした論文は2本あったが、いずれも、学歴と知識や能力との関係を扱ったものではない。このことからも、学歴と知識や能力との関連は、分析の課題とはなってこなかったことが想定される。
2 日本における再取得学歴の問題が問われるのは、大学卒業者が、いったん労働市場に参入し、その後に大学院の学歴を取得したケースである。それは、規定年限内での高校卒業率が90％を大きく超えること（中退者が少ない）、高校卒業後に就労を経て大学へ進学する者が少ないことによる。また、大学の学士課程の規定年限内卒業率も90％を超え、大学中退者の学士号取得も量的な問題にはならない。
3 大学院在学者のうち、就労経験のある者を「流動モデル」、就労経験のない学士課程卒業直後に進学した者を「固定モデル」とするが、厳密な意味で後者は「固定モデル」ではない。なぜなら、この「固定モデル」は将来「流動モデル」に転化する可能性をもつからである。しかし、本研究では、教育の機能を回顧的ではなく同時代的に把握することを目的としたため、就労経験の有無によって「固定モデル」と「流動モデル」とを区分せざるを得ない。教育の機能を回顧的ではなく同時代的に把握しようとするのは、教育修了後に解雇する場合、そこに労働市場における処遇、職務遂行能力との関係など、労働からの評価が混入するのではないかと考えたからである。
4 「流動モデル」を「フルタイム就業者」と「辞職者」とに分けて用いる場合、「固定モデル」を「就労未経験者」として用いる。

〔引用文献〕
濱中義隆（2008）「「学生の流動化」と進路形成―現状と可能性―」『高等教育研究』第11集、玉川大学出版部、pp.107-126.
平尾智隆・梅崎 修・松繁寿和（2007）「大学院卒の処遇プレミアムとその変化」『社会政策』第3巻第2号（通巻9号）、pp.99-109.
平尾智隆・梅崎 修・松繁寿和（2010）「企業内における院卒従業員処遇プレミアム」『キャリアデザイン研究』Vol.3、pp.63-74.
平尾智隆・梅崎 修・松繁寿和（2011）「大学院卒の処遇プレミアムとその変化」『社会政策』第3巻第2号（通巻9号）、pp.99-109.
本田由紀（1999）「大学院修士課程における社会人教育の実態：類型と課題」『日本労働研究機構紀要』No.18、pp.1-14.
本田由紀（2001）「社会人教育の現状と課題：修士課程を中心に」『高等教育研究』第4集、玉川大学出版部、pp.93-112.
本田由紀編（2003）『社会人大学院修了者の職業キャリアと大学院教育レリバンス』（分析編）東京大学社会科学研究所研究シリーズNo.8.
鬼頭尚子（2001）『職業人再教育志向型大学院の構造分析とその展望に関する研究』国立教育政策研究所.

加藤　毅（2003）「社会人大学院における学習成果とその評価」本田由紀編『社会人大学院修了者の職業キャリアと大学院教育レリバンス』（分析編）東京大学社会科学研究所研究シリーズ No.8、pp.45-86.
日本労働研究機構（1997）『大学院修士課程における社会人教育』（調査研究報告書 No.91）日本労働研究機構.
小方直幸（2003）「大学院教育に対する修了者の評価」本田由紀編『社会人大学院修了者の職業キャリアと大学院教育レリバンス』（分析編）東京大学社会科学研究所研究シリーズ No.8、pp.87-104.
小方直幸（2011）「大学生の学力と仕事の遂行能力」『日本労働研究雑誌』No.614、日本労働政策研修機構、pp.28-38.
大谷　剛・梅崎　修・松繁寿和（2003）「仕事競争モデルと人的資本論・すぐなリング理論の現実妥当性に関する実証分析」『日本経済研究』47 号、pp.41-62.
笹井宏益（2004）『プロフェッショナル学位の社会的機能に関する研究』国立教育政策研究所.
山田礼子（2012）『学士課程教育の質保証へむけて―学生調査と初年次教育からみえてきたもの』東信堂.
Becker, Gary S.（1975）Human Capital: a theoretical and empirical analysis, with special reference to education, Columbia University Press（ゲーリー・S・ベッカー、佐野陽子訳（1976）『人的資本：教育を中心とした理論的・経験的分析』東洋経済新報社）.
Collins, Randall（1979）The Credential Society: an historical sociology of education and stratification, Academic Press（R. コリンズ、大野雅敏・波平勇平訳（1984）『資格社会：教育と階層の歴史社会学』東信堂）.
Davis, K. and Moore, E. W.（1945）"Some Principles of Stratification", *American Sociological Review*, Vol. 10, No. 2, pp. 242-249.
Elman, Cheryl and O'Rand Angela M.（2004）The Race Is to the Swift: Socioeconomic Origins, Adult Education, and Wage Attainment, *American Sociology of Education*, Vol. 110, No. 1, pp. 123-160.
Kerckhoff, Alan C., Raudenbush, Stephan W., and Glennie, Elizabeth（2001）Education, Cognitive Skill, and Labor Force Outcomes, *Sociology of Education*, Vol. 74, No. 1, pp. 1-24.
Schultz, Theodore W.（1963）*The Economic Value of Education*, Columbia University Press（T.W. シュルツ、清水義弘訳（1964）『教育の経済的価値』日本経済新聞社）.
Spence, A. Michael（1974）Market Signaling: Informational transfer in hiring and related screening processes, *Harvard Economic Studies*, Vol. 143, Harvard University Press.

第Ⅰ部　流動モデルの効果

第1章　専門職大学院に通う学生のプロフィール

村澤昌崇

本章では、専門職大学院に集った学生がどのようなプロフィールを持っているのかについて概観する。

1. 性別・年齢別分布

性別構成を見ると、およそ7割が男性、3割が女性という構成となっている。ちなみに調査と同時期前後の学校基本調査の統計数字によると、平成19年

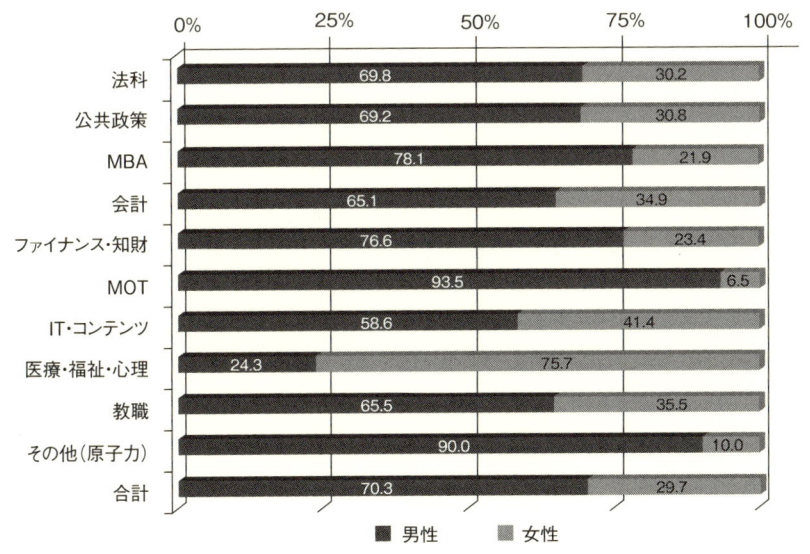

図1-1　男女別構成比：専門分野別

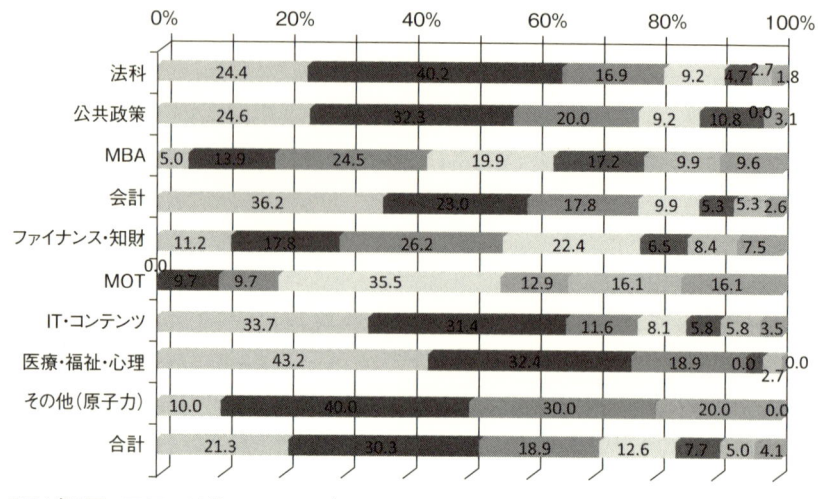

図1-2　入学者の年齢別構成：専門分野別

度では男性が72.6%（9059人）、女性が27.4%（2486人）となっており、サンプルの男女構成比は母集団と似たような構成になっているといえよう。ただし、専門分野別に見ると大きく異なっており医療・福祉・心理系は女性比率が圧倒的に高い。その他は男性比率が高いが、IT系は男女比がほぼ拮抗している。MOTと原子力の男性比率は高い（図1-1）。

つぎに年齢構成を見ると（図1-2）、25～29歳層が最も多く3割前後、ついで24歳以下が多くなっている。分野別に見ると大きな差があり、24歳以下のほぼ学齢期の学生を多く受け入れているのは会計、ITコンテンツ、医療・福祉・心理系、教職系であり、20代後半以降の学生が比較的多いのはMBA、ファイナンス・知財、MOTなどいわゆる経営系である。

2．家族構成

専門職大学院では、学齢期の学生にくわえ、いわゆる社会人の多さが指摘されているが、調査データにもそれが反映されているのか。ここでは、親と

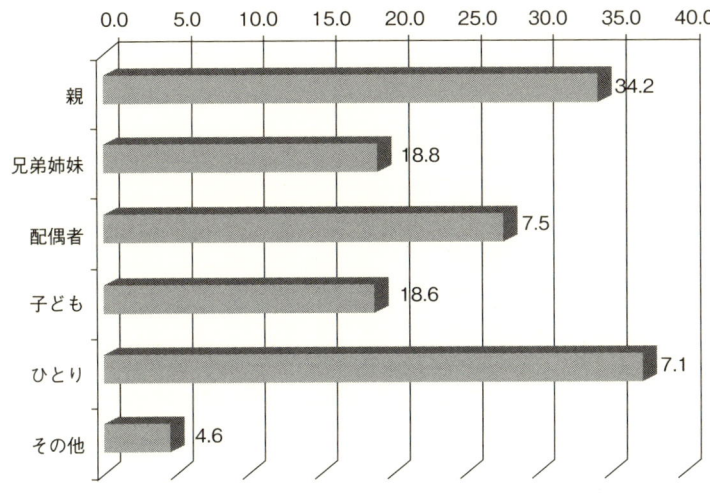

図1-3 入学者の同居人

の同居、こどもの数、主たる家計保持者という点から見ていくことにしよう。

まず世帯構成であるが（図1-3）、親との同居をしているものは全体の34.4％である。子どもの数をみると、82.3％の者が無子であり、子どもがい

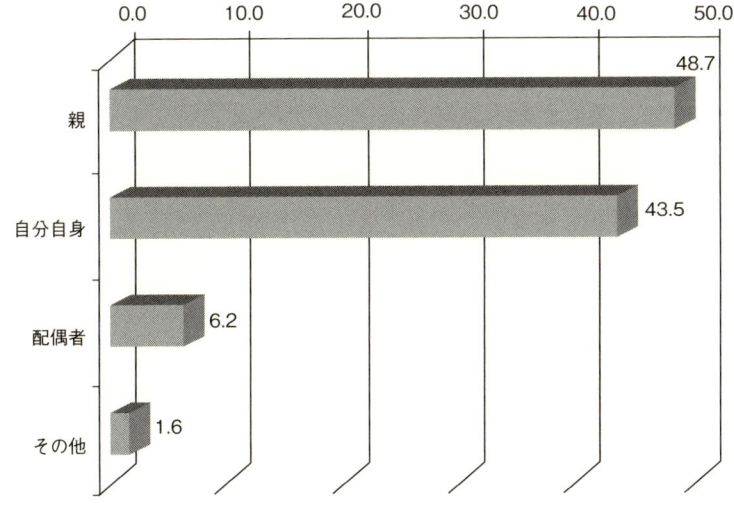

図1-4 入学者の主たる家計保持者

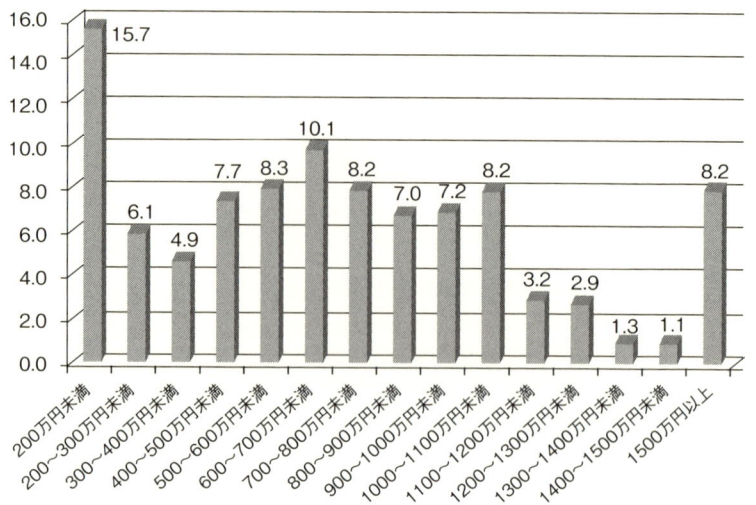

図 1-5 入学者の主たる家計保持者の年収分布

る者は 17.7% いることがわかる。

　主たる家計保持者はだれなのか（図1-4）。全体の5割が親に依存しており、自分自身が家計保持者である者は、全体では 43.5% である。

　年収については、もっとも多いのは 200 万未満であるが、一方で 1500 万以上の保持者もいることがわかる。日本全体の年収階級別分布と比しても、やや高額所得者が多いという印象を受ける（図1-5）。

3. 高校・大学時代

高校時代

　大学や大学院で学習する際に、それ以前に培われた学力や能力が学習成果に影響するであろうことは、過去の先行研究からも容易に想像できる。そこで、アンケートでは、高校時代の学力の自己評価や、在籍していた高校の進学状況を尋ね、それらを今後の分析のための統制変数として用いることを想定している。

第1章 専門職大学院に通う学生のプロフィール　27

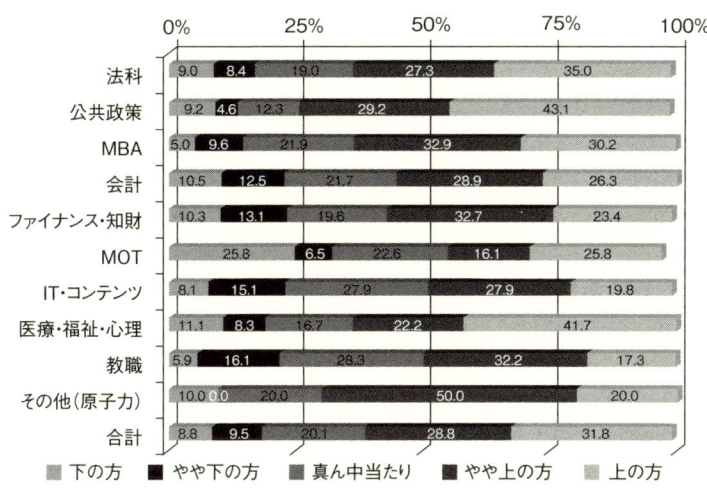

図1-6　入学者の高校時代の成績（p<0.01）

　高校時代の成績については、ほぼどの分野も、半数近くの者が「上の方」あるいは「やや上の方」と答えており、比較的学力が上方の者が集っていることがわかる。そんな中で、他の専門分野に比して、「下の方」と答えたも

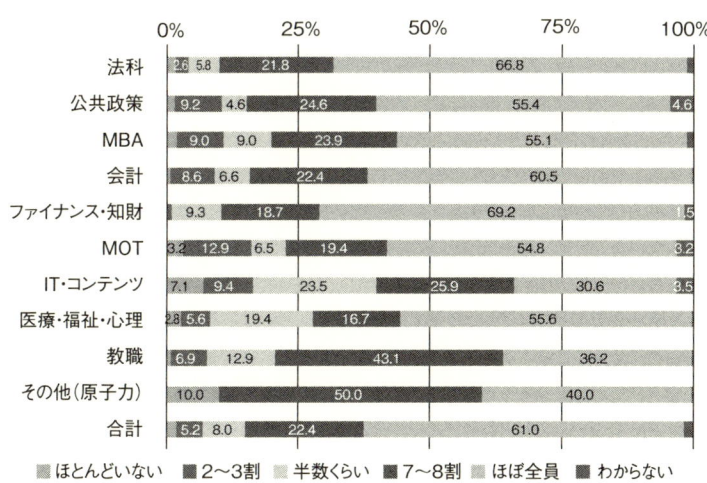

図1-7　入学者の在籍した高校の進学状況（p<0.01）

のが多いのは、MOTであることがわかる（図1-6）。

では、在籍高校の進学状況はどうだろうか（図1-7）。どの分野でも、「ほぼ全員」と答えた者が5割を超えており、「7～8割くらい」を含めると、およそどの分野も7割を超える。そんな中、IT・コンテンツ系は、「ほぼ全員」と答えた者が5割を下回っている。

大学時代

専門職大学院に集った学生は、大学時代にどのような学部で学んだのか（表1-1）。圧倒的に多いのは、社会科学であり7割を超えていることがわかる。専門分野別に見ると法、公共政策、会計、ファイナンス知財の母体が圧倒的に社会科学であることがわかる。MBAも同様ではあるが、工学からも15％近い供給がある点は興味深い。MOT、その他（原子力）の母体は工学であることはおよそ想像の範囲内ではある。IT・コンテンツが他の専門と異なっており、出身団体として最も多い芸術でさえ33％に留まっており、社会科学、工学、家政学と多様な学部が母体となっている。もともとIT・コ

表1-1　専門職大学院入学者の大学時代の専門

	法科	公共政策	MBA	会計	ファイナンス・知財	MOT	IT・コンテンツ	医療・福祉・心理	教職	その他（原子力）	合計
人文科学	5.8	9.4	11.1	6.0	9.3	0.0	8.1	35.1	17.6	0.0	7.9
社会科学	84.8	78.1	57.7	82.1	71.0	6.7	14.9	8.1	10.1	0.0	70.9
理学	2.3	0.0	3.7	2.6	5.6	13.3	5.4	2.7	2.5	20.0	3.2
工学	3.2	3.1	14.4	6.6	6.5	76.7	13.5	5.4	1.7	80.0	8.4
農学	1.0	3.1	1.7	0.7	1.9	0.0	1.4	0.0	1.7	0.0	1.2
保健	1.3	0.0	4.4	0.0	0.0	0.0	1.4	13.5	0.8	0.0	1.9
教育	0.5	1.6	3.4	2.0	2.8	0.0	4.1	21.6	61.3	0.0	2.1
芸術	0.6	0.0	0.7	0.0	0.9	0.0	33.8	0.0	0.0	0.0	2.1
家政学	0.0	0.0	0.7	0.0	0.9	0.0	14.9	0.0	0.8	0.0	0.9
学際的境界領域	0.3	4.7	1.0	0.0	0.9	3.3	0.0	2.7	0.0	0.0	0.7
その他	0.1	0.0	1.3	0.0	0.0	0.0	2.7	10.8	2.5	0.0	0.7
計	100.0	100.0	100.0	100.0	100.0	100.0	100.0	100.0	100.0	100.0	100.0

$p < 0.01$

ンテンツが情報、ファッションなど多様な専門をひとくくりにしていることに起因している。医療・福祉・心理も分散しており、もっとも多いのは人文科学出身者であり35％強、次いで保健（21.6％）、農学（13.5％）となっている。教職系はその専門性から、教育系出身者がもっとも多く6割を超えている。

4. 現在の状況

現在専門職大学院に通う学生は、どのような身分なのか。伝統的な研究者養成の大学院とは異なり、高度専門職業人の養成を事実上主たる目的としている専門職大学院では、フルタイムの学齢期学生以上に、職業を経験した社会人の参入の多さが指摘される。本章以降の分析においても、現在の大学院生の身分上の地位は重要な変数として考慮されるので、各々の専門分野においてどのような身分で大学院生として活動しているかを以下概観してみよう。

社会人経験

全体では58％の学生が入学以前に働いた経験を持っていると答えている。分野別では、MOT（100％）、MBA（93％）、ファイナンス・知財（84％）などのように、企業と密接な関係にありそうな分野において、社会人経験のある学生のシェアが大きい。平均を下回るのは、法科（42％）、会計（53％）、IT・コンテンツ（50％）、医療・福祉・心理（30％）となっている（図1-8）。

現在の就労状態

社会人として働いた経験のある者のうち、その就労状態はどのようになっているだろうか。アンケートでは「フルタイム就業」「勤務先に籍を置きつつ勤務免除」「大学院進学のために辞職」「定年退職による無職」の4つを問うている（表1-2）。それらの中で最も多いのは「フルタイム就業」であり、非該当≒学齢期学生を含めた割合は29％となっている。ついで多いのは「大学院進学のために辞職」した者たちであり、24％となっている。勤務先に籍

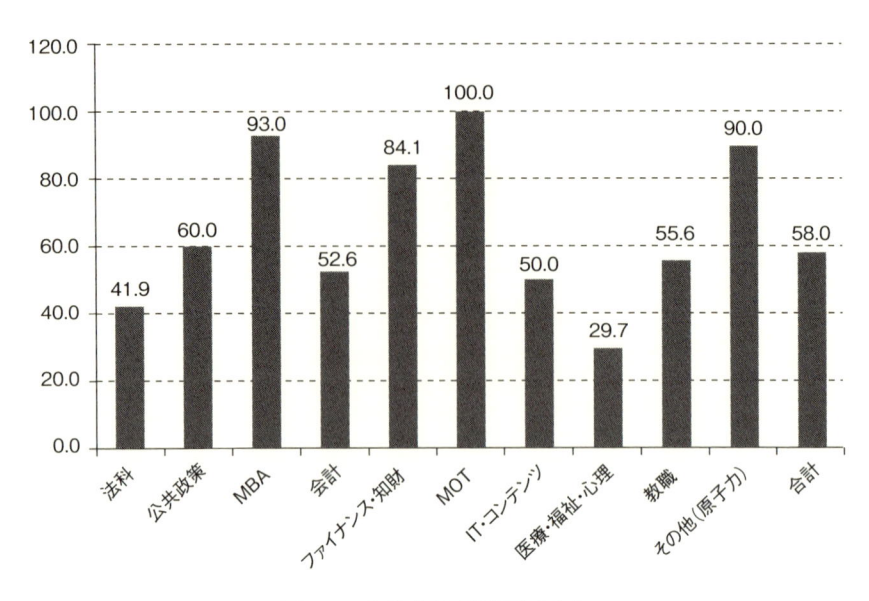

図 1-8 入学者の就業経験の有無

を置きつつ大学院進学のために就労免除となっている者は 5%、定年による無職者は 7 人で 0.01% である。

分野別にみると、法科は辞職組が最も多く 33% となっている。公共政策は勤務免除組が多く 28% となっている。MBA はフルタイム就業組が多く

表 1-2 院生の就労状況

	法科	公共政策	MBA	会計	ファイナンス・知財	MOT	IT・コンテンツ	医療・福祉・心理	教職	その他（原子力）	合計
フルタイムで働きながら専門職大学院に通っている	6.3	13.8	72.3	23.0	75.7	100.0	30.2	2.7	10.3	0.0	28.7
勤務先に在籍し、通学のために勤労が免除されている	1.9	27.7	7.7	7.9	0.9	0.0	2.3	2.7	82.4	90.0	5.2
大学院での学習のために仕事を辞めた	33.5	18.5	12.3	19.7	7.5	0.0	17.4	24.3	7.4	0.0	23.7
定年退職して無職である	0.3	0.0	0.7	2.0	0.0	0.0	0.0	0.0	0.0	0.0	0.4
非該当	58.0	40.0	7.0	47.4	15.9	0.0	50.0	70.3	0.0	10.0	42.0
計	100.0	100.0	100.0	100.0	100.0	100.0	100.0	100.0	100.0	100.0	100.0

$P<0.01$

72％となっている。会計はフルタイム組と辞職組が拮抗しておりそれぞれ23％と20％となっている。ファイナンス・知財ではフルタイム就業組が最も多く76％となっている。MOTはすべてフルタイム就業組であり100％であった。IT・コンテンツ系ではフルタイム就業組が多く30％を占めている。医療福祉心理系では辞職組が多く24％を占めている。教職系は8割が勤務免除型である。最後にその他（原子力）では勤務免除組が90％を占めている。

勤務先の業種

就業経験のある者はどのような業種で働いているのだろうか（表1-3）。まず全体を見ると、どの業種も20％を越えるものはなく、幅広い業種から専門職大学院に参入していることがわかる。

専門分野別に見ると、特定の業種と分野の結びつきのあることがわかる。公共政策は公務員が多く（68％）、ファイナンス・知財は金融・保険・不動産関係が多い（51％）、MOTは製造業・建設業が多い。IT・コンテンツ系は

表1-3 就業先の業種

	法科	公共政策	MBA	会計	ファイナンス・知財	MOT	IT・コンテンツ	医療・福祉・心理	教職	その他（原子力）	合計
公務	12.0	68.4	6.1	9.1	1.1	9.7	2.3	9.1	16.2	44.4	11.0
教育・研究関係	8.6	7.9	5.0	10.4	1.1	0.0	11.6	27.3	80.9	0.0	6.9
医療・福祉関係	5.2	0.0	5.0	0.0	2.2	0.0	0.0	27.3	0.0	0.0	4.0
製造業・建設業	14.5	5.3	25.8	16.9	8.9	64.5	9.3	9.1	0.0	22.2	18.7
運輸・通信・電気・ガス	5.2	5.3	7.5	1.3	4.4	6.5	2.3	0.0	0.0	33.3	5.7
金融・保険・不動産	16.0	2.6	16.1	22.1	51.1	0.0	9.3	27.3	2.9	0.0	18.6
ソフトウェア・情報処理	7.1	2.6	10.8	9.1	6.7	3.2	30.2	0.0	0.0	0.0	9.0
流通・販売	4.3	2.6	9.0	5.2	3.3	3.2	4.7	0.0	0.0	0.0	5.5
上記項目以外のサービス	16.7	2.6	8.6	19.5	14.4	12.9	16.3	0.0	0.0	0.0	13.1
その他	10.2	2.6	6.1	6.5	6.7	0.0	14.0	0.0	0.0	0.0	7.5
計	100.0	100.0	100.0	100.0	100.0	100.0	100.0	100.0	100.0	100.0	100.0

$p < 0.01$

ソフトウェア・情報処理関係が多い（30%）、医療・福祉・心理系は教育・研究関係および医療・福祉関係が多い（ともに27%）。教職系は教育・研究関係が多い。これら分野に比べると、法科・会計は特定の業種の占める割合が高くなく、多様な業種からの参入のあることがわかる。

勤務先規模

勤務先の企業規模を確認してみると（表1-4）、100人未満の規模および5000人以上の大規模からの参入が多く、それぞれ24%となっている。ついで1000～4999人（19%）、300～999人（13%）となっている。

分野別だと、法科は100人未満が27%、5000人以上が25%以上となっており、規模の面で両極からの参入が多いことがわかる。公共政策は57%が官公庁・地方自治体・財団法人からとなっている。MBA、ファイナンス・知財、MOTは似通っており、5000人以上の大規模企業あるいは官公庁等からの参入が多く、それぞれ20～30%、合わせると50%前後である。会計、IT・コンテンツ、医療・福祉・心理は規模100人未満からの参入が多く、それぞれ43%、36%、36%である。なお、ファイナンス・知財も100人未満からの参入が26%ある。教職系は学校が勤務先であるケースが7割を超え

表1-4 従業先の規模

	法科	公共政策	MBA	会計	ファイナンス・知財	MOT	IT・コンテンツ	医療・福祉・心理	教職	その他（原子力）	合計
100人未満	27.2	8.1	17.9	43.1	19.5	25.8	35.7	36.4	22.2	0.0	24.3
100～299人	7.9	8.1	9.5	12.5	3.4	16.1	11.9	18.2	1.6	0.0	8.9
300～999人	13.6	5.4	16.1	4.2	13.8	9.7	14.3	9.1	0.0	0.0	13.0
1000～4999人	13.9	10.8	20.9	19.4	28.7	22.6	21.4	27.3	0.0	11.1	18.7
5000以上	24.7	10.8	28.9	11.1	32.2	22.6	9.5	0.0	1.6	44.4	24.1
官庁・地方自治体・財団法人	8.9	56.8	5.9	6.9	1.1	3.2	0.0	0.0	1.6	44.4	8.7
学校	1.9	0.0	0.4	2.8	1.1	0.0	4.8	9.1	73.0	0.0	1.5
その他	1.9	0.0	0.4	0.0	0.0	0.0	2.4	0.0	0.0	0.0	0.9
計	100.0	100.0	100.0	100.0	100.0	100.0	100.0	100.0	100.0	100.0	100.0

P<0.01

ている。

勤務先での就業領域

就業経験のある者は、実際どのような領域で仕事に従事していたのか（表1-5）。

全体を見ると、事務領域が最も多く22％、ついで営業領域が17％、会社・組織全体の経営・企画領域が16％となっている。

大学院の分野別に見ると、法科、公共政策、会計では事務領域就業者が多く、それぞれ26％、31％、43％である。MBAとファイナンス・知財が似通っており、営業と会社・組織全体の企画・経営領域就業者が多い。MOTとIT・コンテンツが似通っており、技術関係の専門領域就業者が多く、それぞれ60％、43％となっている。医療・福祉・心理系では教育・医療関係領域の就業者が多く、それぞれ36％、27％となっている。教職はその性質上やはり教育関係の専門領域で就業しているものが圧倒的に多く、94.1％であっ

表1-5　勤務先での就業領域

	法科	公共政策	MBA	会計	ファイナンス・知財	MOT	IT・コンテンツ	医療・福祉・心理	教職	その他（原子力）	合計
サービス・生産工程領域	5.9	0.0	5.1	1.3	4.5	10.0	9.5	9.1	0.0	11.1	5.3
事務領域	26.1	30.8	14.1	43.4	20.2	13.3	4.8	18.2	2.9	11.1	21.8
営業領域	12.7	10.3	22.1	17.1	31.5	3.3	7.1	0.0	2.9	0.0	16.9
販売領域	2.5	0.0	2.9	1.3	1.1	0.0	2.4	0.0	0.0	0.0	2.1
人事領域	4.0	2.6	4.3	0.0	0.0	0.0	0.0	9.1	0.0	0.0	3.0
会社・組織全体の経営・企画領域	8.1	15.4	24.3	17.1	23.6	3.3	11.9	0.0	0.0	0.0	15.5
教育関係の専門領域	7.5	2.6	4.0	5.3	0.0	0.0	9.5	36.4	94.1	0.0	5.4
医療関係の専門領域	3.4	0.0	3.3	0.0	1.1	0.0	0.0	27.3	0.0	0.0	2.7
法律関係の専門領域	13.4	23.1	1.4	5.3	4.5	6.7	0.0	0.0	0.0	11.1	7.5
技術関係の専門領域	11.2	5.1	10.9	6.6	3.4	60.0	42.9	0.0	0.0	66.7	13.2
その他	5.3	10.3	7.6	2.6	10.1	3.3	11.9	0.0	0.0	0.0	6.6
計	100.0	100.0	100.0	100.0	100.0	100.0	100.0	100.0	100.0	100.0	100.0

$p < 0.01$

た。

従業上の地位

　従業上の地位で最も多いのは、一般社員・教職員であり、39％を占めている。ついで係長・主任クラスの管理職・専門職（23％）、課長クラス以上の管理職・専門職（20％）となっている。

　分野別に見ると、一般社員・教職員を多く受け入れているのは教職（98％）、法科（53％）、IT・コンテンツ（48％）、医療・福祉・心理（55％）である。会計もやや一般社員が多いが（39％）、係長・主任クラスの受け入れも低くはない（24％）。公共政策、MBA、ファイナンス・知財、MOTは、一般、係長・主任クラス、課長クラス以上の受け入れ比率が似通っており、おおよそ25〜30％前後である（表1-6）。

仕事への関わり方・熱心さ

　専門職大学院に来ている学生たちは、これまでにどの程度の仕事スキルを身につけているのだろうか（表1-7）。①「仕事に必要な基本的スキルの習

表1-6　就業先での従業上の地位

	法科	公共政策	MBA	会計	ファイナンス・知財	MOT	IT・コンテンツ	医療・福祉・心理	教職	その他（原子力）	合計
一般社員・教職員	53.0	33.3	24.0	39.2	29.2	22.6	47.6	54.5	98.4	77.8	38.6
係長・主任クラスの管理職・専門職	16.1	28.2	26.2	24.3	33.7	22.6	23.8	9.1	0.0	22.2	22.8
課長クラス以上の管理職・専門職	9.5	15.4	30.9	16.2	24.7	35.5	11.9	18.2	1.6	0.0	19.5
経営者・役員・自営業種	6.3	5.1	13.5	14.9	11.2	12.9	9.5	0.0	0.0	0.0	9.9
家族従業者	0.9	0.0	0.4	1.4	1.1	0.0	0.0	0.0	0.0	0.0	0.7
臨時社員・非常勤	11.4	7.7	1.8	4.1	0.0	6.5	2.4	18.2	0.0	0.0	5.9
その他	2.8	10.3	3.3	0.0			4.8	0.0	0.0	0.0	2.7
計	100.0	100.0	100.0	100.0	100.0	100.0	100.0	100.0	100.0	100.0	100.0

P<0.01

表1-7 仕事スキルの習得状況

	法科	公共政策	MBA	会計	ファイナンス・知財	MOT	IT・コンテンツ	医療・福祉・心理	教職	その他（原子力）	合計
仕事に必要な基本的スキルの習得をめざしている、初心者の段階	9.3	10.3	2.2	6.5	1.1	3.2	14.3	9.1	4.4	0.0	6.0
一人前にむけて、試行錯誤をしながら仕事の型を身につけている段階	31.7	33.3	19.5	29.9	20.0	19.4	16.7	45.5	14.7	55.6	25.9
一人前と認められ、自信をもって、自律的に仕事をしている段階	42.5	43.6	49.8	35.1	4.0	51.6	50.0	27.3	63.2	44.4	44.4
自分で考え出した知識や技術が広く認められ評価されている段階	12.1	7.7	18.1	18.2	27.8	19.4	14.3	0.0	17.6	0.0	15.9
その道をきわめ、自分の仕事の社会的影響や限界を実感する段階	4.3	5.1	10.5	10.4	11.1	6.5	4.8	18.2	0.0	0.0	7.7
計	100.0	100.0	100.0	100.0	100.0	100.0	100.0	100.0	100.0	100.0	100.0

$P<0.01$

得をめざしている、初心者の段階」と答えた者は6％、②「一人前にむけて、試行錯誤をしながら仕事の型を身につけている段階」と答えた者は26％、③「一人前と認められ、自信をもって、自律的に仕事をしている段階」だと答えた者は44％、④「自分で考え出した知識や技術が広く認められ評価されている段階」だとした者は16％、⑤「その道をきわめ、自分の仕事の社会的影響や限界を実感する段階」と答えた者は8％となっている。

　分野別では、①「仕事に必要な基本的スキルの習得をめざしている、初心者の段階」と答えた者が多いのはIT/コンテンツ系、②「一人前にむけて、試行錯誤をしながら仕事の型を身につけている段階」と答えた者が多いのは医療・福祉・心理およびその他（原子力）系である。ただこの分野は絶対数が少ないので、その点を加味すると法科・公共政策・会計の多さを指摘して

表 1-8 仕事への熱心さ

	法科	公共政策	MBA	会計	ファイナンス・知財	MOT	IT・コンテンツ	医療・福祉・心理	教職	その他（原子力）	合計
まったく熱心ではない	1.8	0.0	1.8	1.3	1.1	3.2	2.3	0.0	0.0	0.0	1.7
あまり熱心ではない	11.4	12.8	10.1	11.7	10.2	9.7	16.3	0.0	3.0	11.1	11.0
やや熱心である	47.1	41.0	39.9	41.6	45.5	32.3	51.2	72.7	50.7	55.6	44.1
非常に熱心である	39.7	46.2	48.2	45.5	43.2	54.8	30.2	27.3	46.3	33.3	43.3
計	100.0	100.0	100.0	100.0	100.0	100.0	100.0	100.0	100.0	100.0	100.0

P<0.01

おくべきだろう。③「一人前と認められ、自信をもって、自律的に仕事をしている段階」と答えた者が多い分野は教職が最も多く、他を引き離している（6割強）。それに次ぐのがMBA、MOT、IT・コンテンツ系であり、5割前後である。④「自分で考え出した知識や技術が広く認められ評価されている段階」と答えた者が多い分野はファイナンス・知財に多い。⑤「その道をきわめ、自分の仕事の社会的影響や限界を実感する段階」と答えた者は医療・福祉・心理に多いが、絶対数の少なさを考慮すると、どの分野も大差が無いといえる。IT・コンテンツ系をのぞけば、仕事との関わりと専門分野との対応関係がある程度明確に分化しており、医療・福祉・心理および法科・(公共政策)・会計は、今から資格を身につけようとしている人、MBA、MOT、ファイナンス、知財はすでに功成り名を遂げて評価が定まった人が、それぞれ専門職大学院に参入している。IT・コンテンツ系は、初心者とベテランの両極分化していると言えそうである。

　仕事への熱心さはどうだろうか（表1-8）。全体的に「非常に熱心」と答えた者が43.5％、「やや熱心」と答えた者が44.5％であり、両者を合わせると88％に達している。分野別では統計的に有意ではなく、専門分野を超えて、専門職大学院には仕事熱心な学生が集まっていることがわかる。

仕事への満足度

　アンケートでは、賃金、労働時間・休暇、自身の能力が活かされてい

表1-9 仕事への満足度

	法科	公共政策	MBA	会計	ファイナンス・知財	MOT	IT・コンテンツ	医療・福祉・心理	教職	その他（原子力）	合計
賃金や待遇に満足している(満足していた)	58.5	55.3	62.0	58.4	63.6	45.2	44.2	36.4	59.7	66.7	58.6
働く時間や休暇に満足している(満足していた)*	53.6	64.9	67.4	63.6	69.3	45.2	36.6	45.5	62.7	44.4	59.5
自分の能力が活かされている(活かされていた)**	61.3	68.4	63.8	51.9	65.9	51.6	46.5	45.5	85.0	33.3	60.5
自分の能力に見合っている(見合っていた)**	62.7	68.4	61.0	56.6	67.0	58.1	45.2	54.5	75.0	33.3	61.0
その仕事が好きだ(好きだった)*	64.7	71.1	70.4	70.1	73.9	74.2	62.8	63.6	94.0	66.7	68.3
人間関係はうまくいっている(うまくいっていた)	82.0	86.8	81.6	79.2	85.2	67.7	69.0	81.8	94.1	88.9	81.1
将来は安定している(安定していた)**	56.3	73.7	59.9	51.9	63.6	45.2	31.0	63.6	94.0	88.9	57.4

*P<0.05 ** P<0.01
※数値は「あてはまる」「ややあてはまる」の合計値

かどうか、仕事が自分の能力に見合っているか、仕事が好きか、人間関係、将来の安定性の7つの問をたてている（**表1-9**）。全体傾向としては、いずれも5割以上が、「かなり当てはまる」「やや当てはまる」と答えており、特に「人間関係はうまくいっている」と答えた者の割合は81％にも上っており、職場の人間関係が悪くなったことがきっかけで職場からの脱出・飛躍をするために専門職大学院に進んだというわけではなさそうだ。

専門分野別に検討してみると、労働時間・休暇、能力の活用、能力と見合っているかどうか、仕事が好きかどうか、人間関係がうまくいっているかどうか、将来の安定性において差が見られた。特に公共政策在籍の学生の満足度が他の専門に比して高いという傾向が見いだされた。割合に応じて色分けをしてみると、若干の違いはあるものの、グルーピングが可能であるこ

とがわかる。これら項目について満足度が高いのは教職・公共政策、MBA・ファイナンス・知財である。法科・会計は一部項目における満足度が先の4専門よりも低いものがある。これら専門に比して、およそ全般的に満足度が低いのはMOT、IT・コンテンツ、医療・福祉・心理そしてその他（原子力）である。

仕事と専門職大学院の専門分野との対応関係

次に、現在の専攻分野と、現在あるいは入学直前までの仕事との対応関係を見てみよう。全体では、およそ65％が仕事と関係ある専門に進み、35％が関係ない専門に進んでいる。

図1-9は、専門分野別に見たものである。法科に進んでいる学生は、仕事と専門との対応関係が他の専門の学生に比して低く、「非常に関係ある」と答えた者が14％、「やや関係ある」と答えた者が31％であり合計しても45％でしかない。他の専門は「非常に」「やや」を合計するともっとも低くとも会計の65％であり、その他は70～100％と高い。

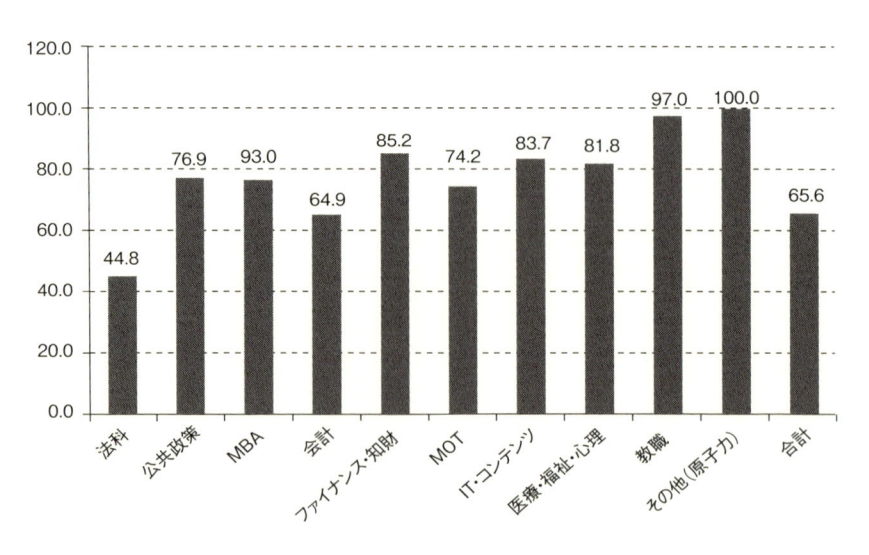

分野	割合
法科	44.8
公共政策	76.9
MBA	93.0
会計	64.9
ファイナンス・知財	85.2
MOT	74.2
IT・コンテンツ	83.7
医療・福祉・心理	81.8
教職	97.0
その他（原子力）	100.0
合計	65.6

図1-9　勤専門職大学院の専攻と現在・直前の仕事との関連性 *
（非常に関連ある＋やや関連があるの合計。P<0.01）

表 1-10　大学院修了後の将来展望（入学前・現在）

	法科	公共政策	MBA	会計	ファイナンス・知財	MOT	IT・コンテンツ	医療・福祉・心理	教職	その他（原子力）	合計
大学院入学時点*											
大学院進学前と同じところに戻り、勤務し続ける	6.8	46.2	53.5	31.2	59.1	51.6	33.3	9.1	92.5	88.9	33.7
大学院進学前と同じところに戻るが、転職する	6.2	17.9	24.4	16.9	21.6	29.0	16.7	9.1	0.0	11.1	16.1
大学院進学前とは異なるところ	87.0	35.9	22.2	51.9	19.3	19.4	50.0	81.8	7.5	0.0	50.2
計	100.0	100.0	100.0	100.0	100.0	100.0	100.0	100.0	100.0	100.0	100.0
現在*											
大学院進学前と同じところに戻り、勤務し続ける	6.2	46.2	46.9	32.5	44.8	36.7	23.3	0.0	91.0	88.9	29.0
大学院進学前と同じところに戻るが、転職する	7.7	17.9	27.3	18.2	35.6	40.0	20.9	18.2	1.5	11.1	19.7
大学院進学前とは異なるところ	86.1	35.9	25.8	49.4	19.5	23.3	55.8	81.8	7.5	0.0	51.3
計	100.0	100.0	100.0	100.0	100.0	100.0	100.0	100.0	100.0	100.0	100.0

*P<0.05, ** P<0.01

大学院修了後の将来展望

　では、彼らは専門職大学院修了後、どのような将来展望を持っているのであろうか。アンケートでは、大学院入学時点と現在の心境を尋ねており、**表1-10**を見ると、入学時点でも現在でも大学院進学前とは異なるところに就職を希望している者が5割に達している。先の結果とも併せると、同じ専門分野の他会社・他組織へ転職を希望している者が多い、ということになる。

　分野別では様相が異なる。入学の段階での即転職希望は法科、医療・福祉・心理の2分野でかなり高く8割を超える。ついで会計、IT・コンテンツの分野で50％と続く。公共政策・MBA・ファイナンス・知財・MOTでは即転職希望者は20〜30％程度であり、元に戻って継続勤続するものが40〜

50％を占めている。教職およびその他（原子力）は同じところに戻ると答えた者が8～9割を占めている。

勤務先の理解度・支援

専門職大学院へ進学するときに、勤務先との関係や勤務先の態度はどうだったのであろうか。**表1-11**を見ると、受験に当たって「勤務先とは関係なく自分の意志で」と答えた者は9割に迫る。分野別ではかなりの違いがあり、法科、MBA、会計、ITコンテンツ、医療・福祉・心理では8～9割の者が「勤務先とは関係なく自分の意志で」と答えているが、公共政策、ファイナンス・知財、MOTでは同様の回答をした者が6～7割にとどまり、勤務先の公募や指名による受験が3割前後存在する。教職については、勤務先からの指名・公募および自分の意思による受験が3割とほぼ均等に分布している。その他（原子力）では7割近くが勤務先からの指名（とはいえ9名中6名）となっている。

大学院受験にあたり、勤務先の人たちはどのような態度をとっていたのだろうか。**表1-12**を見ると、上司については、「総じて協力的である」と答えた者は43％であり、無関心（13％）・非協力的（4％）を大きく上回っている。「大学院進学のことを知らせていない」者も一割に満たない。ただし「休職中・仕事を辞めた」としているものが32％おり、これら回答者の職場環境に関しては一考の余地がある。専門分野別に見ると教職分野出身の学生は上

表1-11　大学院進学に際しての応募形態

	法科	公共政策	MBA	会計	ファイナンス・知財	MOT	IT・コンテンツ	医療・福祉・心理	教職	その他（原子力）	合計
勤務先から指名された	0.6	23.1	5.1	3.9	11.4	25.8	4.7	9.1	32.8	66.7	6.1
勤務先の公募に応募した	0.3	12.8	6.1	5.2	17.0	9.7	7.0	0.0	32.8	22.2	5.6
勤務先とは関係なく、自分の意思で受験した	99.1	64.1	88.8	90.9	71.6	64.5	88.4	90.9	34.3	11.1	88.3
計	100.0	100.0	100.0	100.0	100.0	100.0	100.0	100.0	100.0	100.0	100.0

$p<0.01$

表 1-12　勤務先の理解度

	法科	公共政策	MBA	会計	ファイナンス・知財	MOT	IT・コンテンツ	医療・福祉・心理	教職	その他（原子力）	合計
上司*											
総じて協力的である	19.3	51.3	57.8	44.6	70.1	54.8	48.8	27.3	82.1	55.6	42.7
総じて無関心である	8.4	7.7	15.6	9.5	13.8	29.0	18.6	9.1	7.5	22.2	12.5
総じて非協力的である	1.9	2.6	7.0	4.1	4.6	0.0	0.0	0.0	0.0	0.0	3.7
大学院進学のことを知らせていない	8.1	2.6	10.4	6.8	3.4	16.1	18.6	0.0	1.5	0.0	8.6
休職中・仕事を辞めた	62.3	35.9	9.3	35.1	8.0	0.0	14.0	63.6	9.0	22.2	32.4
計	100.0	100.0	100.0	100.0	100.0	100.0	100.0	100.0	100.0	100.0	100.0
同僚*											
総じて協力的である	20.1	43.6	54.2	42.7	62.1	45.2	46.5	27.3	62.7	33.3	40.0
総じて無関心である	8.2	17.9	20.9	13.3	24.1	32.3	20.9	9.1	20.9	44.4	16.3
総じて非協力的である	0.9	0.0	2.6	1.3	0.0	0.0	2.3	0.0	3.0	0.0	1.4
大学院進学のことを知らせていない	9.1	5.1	13.2	10.7	5.7	22.6	16.3	0.0	0.0	0.0	10.6
休職中・仕事を辞めた	61.8	33.3	9.2	32.0	8.0	0.0	14.0	63.6	10.4	22.2	31.7
計	100.0	100.0	100.0	100.0	100.0	100.0	100.0	100.0	100.0	100.0	100.0

* p<0.05, ** p<0.01

司が協力的だと答えた者がもっとも多く8割を越える。次いで多いのがファイナンス・知財の学生であり、7割に達する。これらに公共政策、MBA、会計、MOT、コンテンツ・IT、その他が続き、いずれも50%前後の者が「上司が協力的」だと答えている。これらの中でMOTがやや特異であり、上司が無関心であると答えた者が29%にも上る。法科は、司法試験というハードルの高さ・シビアさもあってか、休職中・仕事を辞めたと答えた者が62%に達する。なお、この傾向は、同僚についてもさほど変わらない。

平均労働時間

　社会人大学院生の平均就労時間はどの程度だろうか（フルタイム＋就労免除者）。表1-13を見ると、全体でおよそ39時間であるが、分野によってかなりの差があり、分散もかなり大きい（図1-10）。

表1-13 平均労働時間：専門分野別

	平均値	標準偏差
法科	34.8	19.3
公共政策	26.1	27.9
MBA	43.6	17.5
会計	37.7	16.6
ファイナンス・知財	46.7	13.9
MOT	47.9	14.8
IT・コンテンツ	45.9	11.6
医療・福祉・心理	25.0	35.4
教職	18.4	27.2
その他（原子力）	5.6	16.7
合計	38.8	21.0

大学院通学と職場

　大学院通学と職場とは、どのような関係にあるのだろうか。**表1-14**を見ると、勤務先が大学院通学と関わって課題を課したり成績を報告させたりするようなところは全体的には少ないが、専門分野間で大きな開きがあり、「勤務先に取り組んだ課題を提出している」と応えている者が3割を超えるのは公共政策、MOT、教職である。さらに「勤務先に成績を報告している」と答えている者が2割程度存在しているのが公共政策、ファイナンス・知財、MOTである。勤務先に出席状況までも報告させているのが教職・その他（原子力）であり、3割を超えている。他にも有給休暇の取得、早退についても専門分野間格差が見られる。興味深いのは、「勤務時間中に暇を見て勉強する」といういわゆる"内職"にも専門分野間での差が見られ、比較的"内職"を行っている分野はMBA、ファイナンス・知財、MOT、IT・コンテンツ系であり、これらの内職は3割を超える。「職場を離れて大学院に来ると、安らぎを覚える」と応えた者は、MOTが最も多く院生の7割を占める。他の分野も3〜4割の者が大学院に安らぎを覚えているようだが、医療・福祉・心理の者は0％、法科は9％程度である点や、「大学院への通学は職場への人間関係に悪影響を与える」と答えた者がファイナンス・知財、MOT、

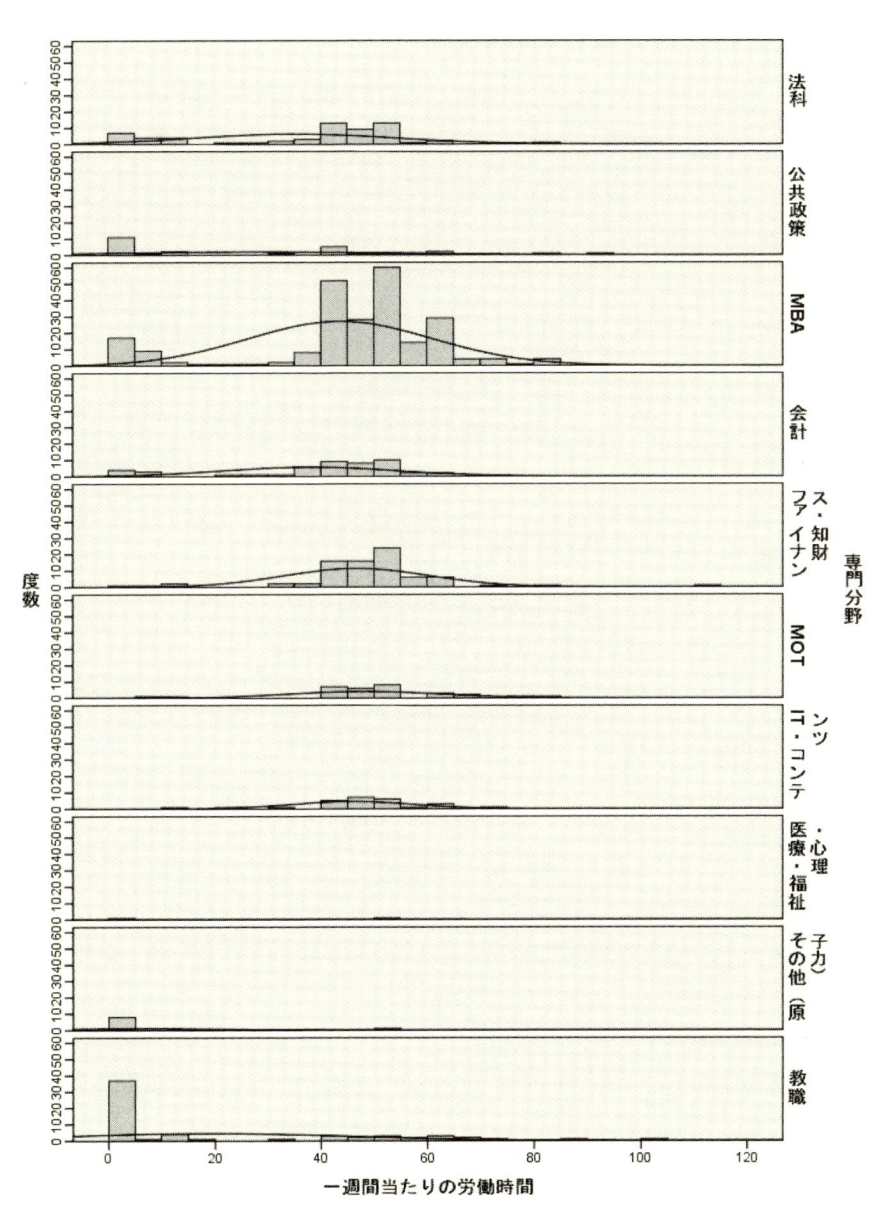

図1-10 一週間当たりの就労時間数

表 1-14 大学院通学と職場との関係

	専門分野										
	法科	公共政策	MBA	会計	ファイナンス・知財	MOT	IT・コンテンツ	医療・福祉・心理	教職	その他(原子力)	合計
勤務先から大学院で取り組む課題が指示されている*	0.3	20.5	3.6	3.9	2.3	16.1	0.0	9.1	16.4	22.2	3.6
勤務先に取り組んだ課題を提出している*	0.0	31.6	6.9	0.0	4.6	35.5	2.3	0.0	37.3	0.0	5.3
勤務先に成績を報告している*	1.9	25.6	8.4	9.2	27.6	22.6	9.3	0.0	16.4	44.4	9.5
勤務先に出席状況を報告している*	0.9	15.4	4.7	3.9	6.9	12.9	4.7	0.0	33.4	33.3	4.5
有給休暇をとる*	9.4	23.1	22.7	19.7	30.2	38.7	20.9	9.1	16.5	0.0	18.5
勤務を早退する*	5.9	17.9	24.1	26.3	20.7	16.1	25.6	18.2	3.0	0.0	16.6
勤務時間中に暇をみて勉強する*	6.9	15.4	30.4	23.7	35.6	32.3	37.2	9.1	12.1	11.1	21.1
職場を離れて大学院に来ると、安らぎを覚える*	8.8	33.3	44.0	36.8	47.7	71.0	38.1	0.0	40.3	33.3	30.6
大学院への通学は職場への人間関係に悪影響を与える*	5.9	10.3	16.0	9.2	28.7	19.4	20.9	0.0	6.0	11.1	12.9

* $p<0.05$, ** $p<0.01$
※数値は「ややあてはまる」「あてはまる」の合計%。

IT・コンテンツ系に2割程度存在している点には留意しておく必要がある。

社会人経験が勉学生活に与える影響について

　社会人大学院生は、彼らが経てきた社会人としての経験が大学院での勉学生活にどのように影響すると思っているのか。**表1-15**を見ると、「社会人経験が勉学を豊かにしている」「社会人経験が学問の意義への理解に役立つ」と感じている者は多く、ともに5割を超える。特にMBA、ファイナンス・知財、MOT、医療・福祉・心理、教職系では、7割前後の者がそうだと感じている。「社会に関する知識が大学院教員を上回っている」と応えた者は全体的に少なく、「そう思う」の割合は医療・福祉・心理系、会計系で15%

表1-15 社会人経験が勉学生活に与える影響

	社会人経験があることによって、大学院での勉学生活は豊かなものになっている*	実際の社会に関連する専門知識は、大学教員を上回っている	勉学生活でのブランクがある分、学部を出てすぐ大学院に進学した学生より不利だ*	社会人経験があることによって、学問研究の意義についても理解が深まる*
法科	37.0	9.6	15.5	34.2
公共政策	50.0	7.7	5.1	53.8
MBA	75.3	9.1	2.2	72.8
会計	48.1	16.9	11.7	41.6
ファイナンス・知財	69.3	11.4	3.4	68.2
MOT	77.4	9.7	6.5	74.2
IT・コンテンツ	39.0	7.0	4.7	50.0
医療・福祉・心理	72.7	18.2	9.1	63.6
教職	62.7	0.0	0.0	56.7
その他（原子力）	55.6	0.0	0.0	33.3
合計	55.6	10.0	8.4	53.4
	*		*	*

$p<0.05$
※数値は、「かなりそう思う」と答えた者の割合。

を越える程度である。同様に社会人経験を勉学に不利だと捉えている者も多くはなく、最大でも法科の15％止まりである。

5. おわりに

これまでに見てきたように、ひとえに専門職大学院といっても、そこに集う学生にはかなりの多様性が見られる。それをもたらしている要因の一つは専門性であり、男女構成比や年齢構成費は、専門によってかなり異なることがわかった。入学以前に身につけている基礎的な学力（高校での成績や、在籍した高校の進学状況）については、専門分野間でも一様ではないし、専門分野

内でもばらつきが見られた。社会人経験、社会人としてすでに保有しているスキルのレベルも、専門分野に応じてかなり異なっていた。特に社会人経験については、同一専門分野内で占める割合が大きくもなく小さくもない場合（たとえば、法科、会計、IT・コンテンツのように50％前後の場合）は、いわゆる伝統的な学齢期学生との混在となり、授業の実質的な運営において、社会人を主とした授業方針とするのか、学齢期学生を主とした授業方針とするのかを明確にすることが難しく、授業や指導方法にきめ細やかさや柔軟性が求められるだろう。それに応じて当然のことながら大学院側の負担もかなり大きいことも予想される。

　いずれにせよ、船出間もない専門職大学院は、一様に「専門職大学院」と名を冠しながら、それらの学生の構成は実にすでに多様であり、教員構成の課題、特に「実務家教員」の取扱いや、伝統的大学教員の非実学志向の強さ、認証評価の特例措置（免除規定）等の問題とも併せ、「質保証」のあり方が研究関心、政策課題として急浮上してくることは想像に難くない。そんな中、本章以降で展開される専門職大学院院生の実像は、それら関心や課題に、なんらかの示唆を与えてくれるであろう。

第 2 章　学知と就業経験の相乗効果を目指す経営系

吉田　文

1．問題の設定

　本章の目的は、いったん労働市場に出た者が経営系大学院で再学習することの成果は、どのような側面に見出すことができるのか、そしてまた、それを規定する要因はどのようなものかを考察することを目的とする。というのも、日本は教育から労働市場への間断なき移行、すなわち新卒者の一括採用を慣行としてきた。そのため労働市場への入職以前に取得した学歴は評価されるが、入職後に再取得した学歴は労働市場における処遇にほとんど反映しないという状況が長く続いている。

　これは、アメリカの MBA と比較すると奇妙な現象である。アメリカの MBA は通常入学者の選考にあたって「職務経験」を要求しており、それに反対して学部新卒者を一部分受け入れることを決定したハーバード・ビジネススクールが、珍しい事例として報告されていることに、日本社会との違いをみることができる（ミンツバーグ　2006）。MBA を取得することが経営の世界での成功の1つの条件とされるアメリカにおいては、大学院（プロフェッショナルスクール）はそもそも職務経験者に対して門戸が開かれているのであり、就労経験がない新卒者が労働市場において、就労経験者以上に評価される仕組みそのものがないのである。

　他方、日本では、就労経験のない新卒者の方が、就労経験をもつ学歴再取得者よりも労働条件がよくなる可能性がかなり高く、それは同じ学歴でも、ライフコースにおいてなるべく早く学歴を取得することが、労働市場からの

評価につながっている社会であることを意味するものである。知識基盤社会となるべく高等教育機会の拡大、有職者の再学習を促進する社会が多いなかで、日本はそれに向けてのドライブが働いているようにはみられない。

その理由については、職場の慣行、学歴再取得者の成果、就労経験者に対する効果的な教育といった、労働市場、就労経験学生、その間をつなぐ教育の3つの側面から検討が必要である。その手始めとして、本稿では、就労経験をもつ学生の学習の成果について検討する。すなわち、労働市場での処遇において再学習が評価されないのは、再学習の効果がないからなのか。いったん労働市場に入った者は、就労経験のない者と同様の環境で再学習した場合、学習の成果は未経験者のそれに及ばないのかという問いを検討することになる。

分析に用いるのは、経営系（MBA、MOT、ファイナンス、知財）の専門職大学院の在学者438人（就労経験者400人、未経験者38人）である。438人のプロフィールは、性別では男性347人、女性93人と男性が多く、年代別では、20歳代が91人、30歳代が200人、40歳代以上が149人と、20歳代がきわめて少ない。これは、対象者の多くが就労経験者であることによるもので、就労未経験者38人はすべて20歳代である。

就労経験者400人のうち、フルタイムで就業している者が328人、職場での勤労を免除されている者が25人、辞職して学生となった者が49人であり、就業を継続しながら通学している者が多い。

以下では、1.就労経験者と未経験者の大学院での学習成果、2.過去の学習経験との関連、3.現在の学習状況との関連を分析し、4.就労経験者の再学習の意味を考察する。

2．学習成果

大学院での学習成果に関しては、表2-1に示す10の能力項目を用いる。大学学部卒業時においてそれらの能力をどの程度獲得していたか、また、大学院在学の現在においてそれらの能力をどの程度獲得しているかの、2つの

表 2-1　大学院における学習成果

	就労経験者	就労未経験者	p
幅広い知識・教養	57.7	28.9	**
問題に取り組むための見方	65.4	42.1	**
専攻する専門分野の知識	53.3	50.0	
論理的に考える能力	61.5	52.6	
対人関係能力	39.5	23.7	†
文章表現能力	50.8	26.3	**
社会が直面する問題の理解	58.4	34.2	**
語学力	24.5	15.8	
プレゼンテーション能力	62.5	32.4	**
時間管理能力	64.7	31.6	***

***…$p < .001$, **…$p < .01$, *…$p < .05$, †…$p < .1$

質問の4件法による得点の差分をとり、それを学部卒業時から大学院在学の現在までの能力の獲得とみなすことにした。得点が上昇した者を「身についた」、得点に変化のない者および下降した者を「身についていない」と2分し、それを就労経験者と未経験者とで比較し、「身についた」とする者の比率を示したのが表2-1である。

これによれば、能力に関する10項目中7項目について就労経験者は未経験者よりも学部卒業時から大学院在学の現在までに能力が「身についた」とする者が多く、統計的な有意差がないものの、「専攻する専門分野の知識」、「論理的に考える能力」、「社会が直面する問題の理解」においても就労経験者における「身についた」とする者は未経験者を上回っている。就労経験者には、学部卒業時から大学院教育を受けている現在までの間に、おおむねどの領域の能力においてもそれらを伸ばしているとする者が、就労未経験者よりも多く、就労経験者にとって大学院教育は効果があることが推測可能な結果を示しているといってよい。

ただし、この結果は、大学院教育を受けたことの効果であるとも、就労経験者は大学院入学以前からそれらの能力を獲得している者が多いことによるものとも考えることができる。そこで、これを検討するために、両者の学部

卒業時の能力の獲得の程度を比較してみよう。両者に統計的な有意差のみられる項目は、「文書表現能力」(「身についた」％、経験者 43.4 ＜ 未経験者 63.2、p ＜ .05)、「プレゼンテーション能力」(経験者 29.7 ＜ 未経験者 44.7、p ＜ .1)、「時間管理能力」(経験者 34.9 ＜ 未経験者 52.6、p ＜ .05) の3つであり、いずれも未経験者において能力を獲得しているとする者が多い。それ以外の項目では両者の間に有意な差はなく、学部卒業時には就労経験者と未経験者の能力の獲得はおおむね同程度であるといってよい。したがって、大学院における同等の教育学習条件下において、就労経験者は未経験者よりも学習成果をあげる者が多いということになる。

3. 学部での学習経験

では、就労経験者が大学院において、未経験者よりも学習成果をあげるのはなぜか。これについては、2つの側面を検討する必要がある。第1は、学部で大学院と同等の専門領域の学習経験の有無、すなわち「大学院入学以前の要因」であり、第2は、大学院における学習実態、すなわち「大学院教育の要因」である。第1は、学部段階における現在の専門の学習経験が、大学院での学習のレディネスになって現在の学習成果につながっているのか否かを検討するものであり、第2は、大学院での学習量や学習の熱心さまた、大学院教育に対する満足度が、現在の学習成果をもたらしているのかを検討するものである。この関係を図式化したのが、図2-1 である。

第1の大学院入学以前に現在の専門領域に関する学習の有無の、能力の向

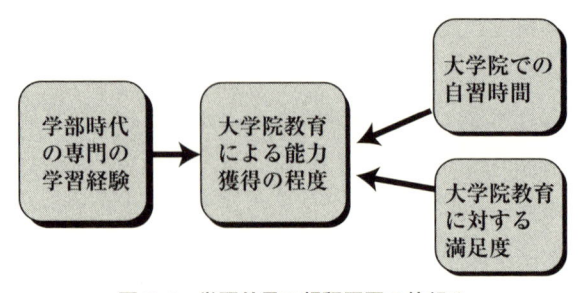

図2-1 学習効果の規程要因の枠組み

上への影響から検討しよう。就労経験者で過去に学習経験がある者は 29.2%、未経験者で学習経験がある者は 63.2% であり、就労経験者において、学部段階で現在の専門分野の学習経験がある者は圧倒的に少ない。すなわち、就労経験者は、経営系以外の専門を学習していた者が大半だが、就労後に再度学習しようと考えたときに経営系の専門を選択したのであり、学習へのレディネスは必ずしも高いとはいえない。他方で就労未経験者は学部で経営系の専門を学習しそのまま大学院へ進学してきており、レディネスという点では、就労未経験者の方がより高いということができる。

では、学部時代に経営系の専門を学習したことは、就労経験者、未経験者それぞれの能力の向上の程度に、どのような影響を与えているのか。図表は省略するが、どちらも学習経験の有無によって、学部卒業時から現在までの能力の向上に差異はみられない。たとえ、学部時代に経営系の専門を学習していたとしても、それが学部時代から現在までの能力の伸びに影響を与えてはいないのである。

ところで、学部時代の学習経験という問題については、もう 1 つ検討しておくべきことがある。それは、学習経験は、学部卒業時から現在までの能力の伸びではなく、学部卒業時の能力の獲得度合いに影響を及ぼすが、能力の伸びには影響を与えないと考えることもできるからである。すなわち学習経験がある者は、すでに学部卒業時に高い能力を身につけており、そのため現在の能力との差分が小さく、能力の伸びをとると関連がみられなくなるというわけである。これについても図表は省略するが、就労経験者、未経験者いずれに関しても、学習経験は学部卒業時に獲得した能力の度合いにほとんど影響を及ぼしていないことが明らかになった[1]。

これらの結果より、学部時代に大学院と同様の経営系の専門を学習したとしても、就労経験者においても未経験者においても、学部卒業時から現在までの能力の伸びについても、学部卒業時の能力の伸びについても、明確な影響を与えてはいないことが明らかになった。

4. 大学院における学習実態

　学部時代に現在と同様の専門領域を学習したことが、学部卒業時においても、卒業時から現在までの能力の伸びに関しても、ほとんど影響を及ぼさないということであれば、能力の伸びに影響をもたらす要因として、第2に、大学院での学習の状況の検討が必要となる。そこで、学習の実態に関する指標として、1週間あたりの学外での自習時間というハードな量と、大学院教育の諸側面についての満足度の合計得点というソフトな量をとりあげて検討しよう。前者は、学習時間が能力の伸びをもたらすという因果を想定しており、後者は、学習環境の諸側面への満足度が高いことで学習の成果が上がり、学習の成果が上がることで学習環境への満足度も高まるという相関を想定している。

　1週間あたりの自習時間（1時間単位で記入）については、0時間から40時間程度まで分散しているが、中央値の10時間を基準として[2]、10時間以下のグループ（58.4%）と11時間以上のグループ（41.6%）とに2分し、その上でグループ内における就労経験の有無による、能力の獲得の度合いを検討し

表2-2　現在の学習時間と能力の獲得

	就労経験者			就労未経験者		
	11時間以上	10時間以下	p	11時間以上	10時間以下	p
幅広い知識・教養	63.1	53.9	†	50.0	13.6	*
問題に取り組むための見方	71.4	61.2	*	62.5	27.3	*
専攻する専門分野の知識	58.4	49.8		56.3	45.5	
論理的に考える能力	67.7	57.1	*	50.0	54.5	
対人関係能力	43.1	37.1		25.0	22.7	
文章表現能力	58.5	45.5	*	25.0	27.3	
社会が直面する問題の理解	56.3	59.8		37.5	31.8	
語学力	30.6	20.3	*	18.8	13.6	
プレゼンテーション能力	68.9	58.0	*	26.7	36.4	
時間管理能力	70.8	60.4	*	37.5	27.3	

***…p < .001, **…p < .01, *…p < .05, †…p < .1

た。ちなみに、学習時間については、就労経験者と未経験者との間で差異はなく、就労経験者のうち自習時間が10時間以下の者は58.9%、未経験者のうち同じく10時間以下の者は57.9%である。

表2-2にみるように、就労経験者は11時間以上と長時間の自習をしている者に、能力を向上させた者が多く、有意差は7項目でみられる。有意差のある項目のうち「問題に取り組むための見方」、「論理的に考える能力」、「幅広い知識・教養」などは、まさしく大学院における学習によって培われる能力であり、それらは自習に力を入れることで成果があがることを示している。有意差のない3項目のうち、「専攻する専門分野の知識」はやや以外ではあるが、「対人関係能力」、「社会が直面する問題の理解」は、必ずしも大学院における学習が効果をもたらすものとはいえず、学習時間の多寡が能力の向上をもたらす領域はおおむね妥当であるように思われる。

他方、未経験者は、自習時間の多寡は能力の向上にほとんど影響を及ぼしていないことに、就労経験者との大きな違いがある。未経験者は、長時間の自習をしても必ずしも能力が向上しているわけではないのである。差がある項目としての「幅広い知識・教養」、「問題に取り組むための見方」は、いずれも大学院教育によって培われる能力であるということができるが、それ以外の「専攻する専門分野の知識」、「論理的に考える能力」など大学院教育と関連の深い項目において、自習時間の多寡は影響を及ぼしていない。

就労経験者は未経験者よりも、大学院における学習が能力の伸びに影響をもたらしていたが（表2-1）、その1つの要因として就労経験者にとっては自習時間があり、自習時間が長い者が就労経験者全体の能力の向上をリードしているということができよう。ただ、なぜ自習時間の長短が、未経験者の能力獲得に影響を及ぼしていないのかについては興味深い問題ではあるが、今後の課題としてここではこれ以上の分析を進めないこととする。

第2に、大学院教育への満足度については、「教育内容」、「カリキュラムの体系性」、「将来のキャリアと教育内容との関連」、「物的環境（施設設備）」、「人的環境（教員）」の5項目について、それぞれの評価（0点～10点）の合計の中央値である20点を基準とし、20点以上を「満足度高い」、19点以下

表 2-3 満足度と能力の獲得

	就労経験者			就労未経験者		
	満足度高い	満足度低い	p	満足度高い	満足度低い	p
幅広い知識・教養	61.3	54.5		45.0	11.1	*
問題に取り組むための見方	68.5	62.0		70.0	11.1	***
専攻する専門分野の知識	61.5	44.6	**	65.0	33.3	
論理的に考える能力	68.0	54.3	**	75.0	27.8	**
対人関係能力	44.3	34.6	†	25.0	22.2	
文章表現能力	55.8	44.3	*	30.0	22.2	
社会が直面する問題の理解	68.7	47.6	***	35.0	33.3	
語学力	28.1	19.3	*	20.0	11.1	
プレゼンテーション能力	70.0	54.8	**	47.4	16.7	†
時間管理能力	71.0	58.4	**	40.0	22.2	

***⋯$p < .001$, **⋯$p < .01$, *⋯$p < .05$, †⋯$p < .1$

を「満足度低い」とした[3]。就労経験者で満足度が高い者は 52.0%、未経験者で 52.6% となっており、両者に差はない。

この満足度と能力の伸びとの関連を**表 2-3**からみると、就労経験者、未経験者の双方とも、満足度が高い者は能力を伸ばしている傾向を認めることができるが、就労経験者ではそれは 8 項目に及び、未経験者では 4 項目にとどまる。就労経験者の場合、有意差の認められなかった「幅広い知識・教養」、「問題に取り組むための見方」も、満足度が高い者の方が、能力の獲得の度合いが高い。他方、未経験者の場合は、有意差のない項目において満足度の高低の差が小さいものが多い。大学院においてよく自習をし、大学院教育に満足していることで、就労経験者はより能力を多面的に伸ばすという傾向があり、未経験者は部分的にしかそれが認められなかった[4]。

5. 就労経験と再学習

さて、これまでの分析の結果をまとめよう。就労経験をもって大学院で再学習することの効果の有無を、経営系専門職大学院在学者の就労経験者と未経験者との、学部卒業時から大学院在学の現在までの各種の能力の獲得の度

合いとして比較した。学部卒業時の能力獲得の度合いについて両者の間の差異はほとんどないが、それから現在までの間に就労経験者は、未経験者よりも能力を大きく向上させていた。したがって、就労経験者は未経験者よりも、大学院教育によって学習成果をあげており、大学院教育の効用は大であることは明らかである。

　就労経験者の、そうした大学院教育の効用は何に起因するのか。大学院入学以前（学部）における経営系の専門分野の学習経験の有無、大学院での自習時間や大学院教育に対する満足度といった「教育」の側の影響をどの程度受けるのかについて検討した結果、学部での学習経験の有無は、就労経験者の能力の向上に影響を与えるものではないが、現在の自習時間の多寡や大学院教育への満足度は一定の影響を与えていた。すなわち、学部段階で専門を学習していないことは、能力の向上に不利には働かない。むしろ、大学院での自発的で積極的な学習が、就労経験者には大きな成果をもたらすのである。興味深いのは、就労経験のない大学院生は、学部での経営系の専門の学習者が多いのだが、専門の学習の有無は大学院での学習成果に影響を与えておらず、大学院における自習時間の多寡や大学院教育に対する満足度も、就労経験者に比較すれば影響力は大きくはない。

　では、なぜ、大学院における自習時間や満足度が、就労経験者の大学院における能力の獲得の度合いにより顕著な影響を及ぼしているのだろうか。おそらく、1つには、就労経験者にあって未経験者にない、両者を区別する「就労経験」という要素がかかわっているのではないだろうか。就労経験を得たのちに大学院に戻った者の場合、その経験と大学院での学習との相互作用が生じることで、ストレートに進学した者よりも、各種の能力を伸ばす結果を生み出しているのではないだろうか。ただ、データの上で、大学院における教育の効果と就労経験の効果を分析的に切り分けたり、それらを比較して示すことはできない。

　あくまでも傍証に過ぎないという制約のもとでいえば、就労経験者について、「社会人経験があることによって、学問研究の意義についても理解が深まる」と積極的に評価している者と、そうでない者とで、能力の向上の度合

表 2-4 社会人経験と能力の獲得

	意義が深まる	意義が深まらない	p
幅広い知識・教養	59.2	16.7	*
問題に取り組むための見方	67.2	25.0	**
専攻する専門分野の知識	54.1	25.0	†
論理的に考える能力	62.9	33.3	†
対人関係能力	39.6	41.7	
文章表現能力	52.4	16.4	**
社会が直面する問題の理解	59.4	36.4	
語学力	24.2	41.7	
プレゼンテーション能力	64.1	33.3	*
時間管理能力	66.7	25.0	*

***⋯p < .001, **⋯p < .01, *⋯p < .05, †⋯p < .1

いが異なっており、そこから就労経験の効果を推測することができる。

表2-4に示すように、「社会人経験があることによって、学問研究の意義についても理解が深まる」と評価する者は、そうでない者よりもおおむねどの項目でも能力を向上させていることは明らかであり、「幅広い知識・教養」、「問題に取り組むための見方」、「専攻する専門分野の知識」、「論理的に考える能力」などにおいて、それが顕著なのはそれまでの就労経験をもとに大学院教育による対象化や理論化を行うことにより、単なる知識量だけではない、問題を構造的に捉える力や、理論と実践との往還的な考え方ができるようになったことを意味しているのではないだろうか。

ただ、これらの認知的能力はその獲得の程度や向上の度合いを、他者に納得させることは困難であり、日々の仕事の成果に直結するものとも言い難い。その点が、再学習の成果は大きいながら、社会的な処遇に結び付かない1つの要因なのかもしれない。同じ学歴でありながら、就労経験者と未経験者とでは学習成果が異なること、これをどのように見えるものとするのか、日本の専門職大学院にとっての課題である。

本稿の分析は、図2-1に示したように、あくまでも就労経験者の再取得学歴に関して、本人の学習成果をそれに関連する教育の側の要因から明らかに

してきた。ここでさらに図に取り入れられるべき要因として、労働市場の問題がある。確かに、就労経験者は未経験者よりも大学院の学習による成果を上げていたが、それが労働市場においてどのように認識されているか、労働市場からすれば、学歴の再取得者はその学習成果を職場における成果に転換できていないのか、あるいは、労働市場が認識する術を有していないのか、それともそれ以外の要因があるのか。これらの問題については、別の調査を企画する必要がある。それをまってはじめて日本社会における学歴再取得者の社会的処遇の構造的な問題を明らかにすることができると考える。

〔注〕
1 ちなみに、統計的な有意差のある項目は、就労経験者に関しては「幅広い知識・教養」(学習経験あり 55.2% > 学習経験なし 44.8%、$p < .1$)、「時間管理能力」学習経験あり 55.2% > 学習経験なし 44.8%、$p < .05$)、未経験者に関しては「文章表現能力」(学習経験あり 75.0% > 学習経験なし 44.8%、$p < .1$)、「社会が直面する問題の理解」(学習経験あり 62.5% > 学習経験なし 28.6%、$p < .1$)のみであり、その差は小さい。
2 自習時間に関しては、平均値 13.3、最頻値 10 であり、平均値が中央値、最頻値よりやや高いが、これは、1 週間あたりの自習時間が 84 時間、72 時間と回答している者が各 1 名いることによるものである。この 2 名については外れ値としての扱いもありうるが、絶対不可能というわけではないため、これらを含めて計算した。
3 大学院教育への満足度の合計に関しては、最低が 8、最高が 24 である。平均値は 19.4、最頻値は 18 であり、2 つのグループを構成するために中央値の 20 を用いることに問題はないと判断した。
4 就労未経験者が自習時間の長短や大学院教育への満足度の高まりによって、能力の伸びがみられないということそのものは、別途検討課題である。しかしながら、自習時間と満足度と関連のある項目は「幅広い知識・教養」と「問題にとりくむための見方」であることは、学習の基盤となるような能力は培われていることが示唆されているように思われる。

〔引用文献・資料〕
Mintzberg, H. (2004) *Managers not MBAs*, Berrett-Koehler Publishers(池村千秋訳(2006)『MBA が会社を滅ぼす―マネージャーの正しい育て方』日経 BP 社).

第3章　職業資格取得に葛藤する法科

吉田　文
村澤昌崇

1. 問題の設定とデータの説明

　本章では、法科大学院在学者（779人）を対象とし、就労経験の有無と大学院における能力の獲得との関係について分析を行う。第2章では、経営系の専門職大学院在学者について分析しているが、そこでは就労経験者の大学院における能力の伸びが、未経験者のそれを大きく上回り、しかも、就労経験者の場合、自習時間が長く、大学院教育への満足度が高い者でよりその傾向を認めることができた。ただし、就労経験者の能力の伸び幅は大学院教育の結果として獲得した能力と、職業遂行の過程で蓄積したものとが混在しており、両者を厳密に区別することができないという問題があった。

　法科大学院在学者を分析対象とすることで、一定程度はこの問題をクリアすることができる。というのも法科大学院は、司法試験の合格を必須とする法曹専門職の養成を主目的とし、就労経験者といえども、これまでの職業大学院修了後の職業とが同一ではないために、遅れて取得する学歴の効果を、職業遂行の過程で蓄積した効果と切り離して考えることができる。また、大学院教育によって獲得される能力と、司法試験に必要なそれとを区別して考えることもできるからである。以下、1.就業経験の有無による大学院教育の効果の違い、2.それに影響を与えている要因の検討を行い、3.分析結果から得られた示唆と今後の課題を検討する。

2. 法科大学院在学者のプロフィールと大学院教育の効果

ここではまず、法科大学院学生のプロフィールをみておこう。基本属性として性別、年齢、最終学歴についてみたものが**表3-1**である。性別をみると、男性が70％、女性が30％で男性が多い。年齢については、25～29歳が40％と最も多く、次いで24歳以下（24％）、30～34歳（17％）の順に多い。最終学歴は大卒が9割を占めている。

次に、学生の就労経験、就労状態、家計保持者の状況をみたものが、**表3-2**である。法科大学院では、就労経験者が41.9％、未経験者が58.1％と未経験者が多い。就労経験者の就労状態に着目してみると、辞職して大学院に進学している者が33.5％もおり、就労経験のない学生に次いで大きな集団を

表3-1　法科大学院学生の性別・年齢・最終学歴（％）

性別		年齢		最終学歴	
男性	69.8	24歳以下	24.4	大卒	91.1
女性	30.2	25～29歳	40.2	修士（博士前期）修了	6.4
		30～34歳	16.9	博士（博士後期）修了	1.0
		35～39歳	9.2	大学院中退	0.6
		40～44歳	4.7	その他	0.8
		45～49歳	2.7		
		50歳以上	1.8		
計	100.0	計	100.0	計	100.0
(N)	(778)	(N)	(779)	(N)	(779)

表3-2　法科大学院学生の就労経験・就労状態（％）

就労経験		就労状態	
働いた経験はある	41.9	フルタイムで働きながら専門職大学院に通っている	6.3
働いた経験はない	58.1	勤務先に在籍し、通学のために勤労が免除されている	1.9
		大学院での学習のために仕事を辞めた	33.5
		定年退職して無職である	0.3
		非該当（就労経験無し）	58.0
計	100.0	計	100.0
(N)	(773)	(N)	(774)

表 3-3　分析に用いる法科大学院生のグルーピング

フルタイム就業	辞職	就労未経験者	合計	(N)
6.5	34.2	59.3	100.0	(757)

※勤務先在籍で就労免除者、定年退職は分析から除外した。

形成している。そこで以降の分析では、辞職して法科大学院へ進学している者＝辞職者に焦点を当て、学生集団を「フルタイム就業」「辞職者」「就労未経験者」の3つに再分類したものを用いる。

まず、法科大学院生の能力形成の状況をみたものが表3-4である。統計的有意差がある「専門的知識」、「論理的に考える力」については、辞職者≒就労未経験者＞フルタイム就業者となっている。司法試験合格に必要なこうした力は、フルタイムの院生が有利であることがわかる。反面、「プレゼンテーション能力」は、フルタイム就業者≒辞職者＞就労未経験者となっており、社会人経験が有利となっている。

では、学部卒業時の能力はどうか。表3-5をみると、有意差がある「論理的に考える力」「文章表現力」は辞職者がもっとも低く、フルタイム就業者がもっとも高い。「語学力」については辞職者がもっとも高い。ただしこ

表 3-4　現在の能力

	フルタイム就業者	辞職者	就労未経験者	p
幅広い知識・教養	59.2	61.5	58.5	
問題に取り組むための見方	74.5	79.5	82.6	
専攻する専門分野の知識	63.3	79.9	83.3	*
論理的に考える能力	72.9	80.3	84.3	†
対人関係能力	57.1	63.7	61.5	
文章表現能力	63.3	64.1	64.4	
社会が直面する問題の理解	71.4	57.9	57.6	
語学力	20.4	16.6	9.4	**
プレゼンテーション能力	49.0	33.6	28.0	**
時間管理能力	55.1	57.5	55.0	

***…p < .001, **…p < .01, *…p < .05, †…p < .1

表 3-5 学部卒業時の能力

	フルタイム就業者	辞職者	就労未経験者	p
幅広い知識・教養	49.0	52.5	54.9	
問題に取り組むための見方	57.1	50.6	54.2	
専攻する専門分野の知識	53.1	38.6	42.0	
論理的に考える能力	57.1	49.0	58.9	**
対人関係能力	61.2	62.2	65.0	
文章表現能力	49.0	41.9	50.8	†
社会が直面する問題の理解	55.1	44.4	50.7	
語学力	30.6	33.2	24.4	**
プレゼンテーション能力	34.7	25.2	33.5	†
時間管理能力	34.7	29.7	35.9	

***…p < .001, **…p < .01, *…p < .05, †…p < .1

れは例外的であり、統計的に有意差がない他の能力項目についても、辞職者は相対的に学部卒業時の能力形成の程度が低い。

以上について、誤解を恐れず整理すると、現在の能力については、辞職者はもっとも高く、フルタイム就業はもっとも低い。ところが、学部卒業時の能力は、辞職者がもっとも低く、フルタイム就業者がもっとも高かった。つ

表 3-6 大学院における能力の向上

	フルタイム就業者	辞職者	就労未経験者	p
幅広い知識・教養	37.2	35.8	28.0	†
問題に取り組むための見方	40.4	46.7	46.6	
専攻する専門分野の知識	38.9	58.7	55.0	**
論理的に考える能力	41.7	46.9	45.2	
対人関係能力	24.5	25.5	18.0	†
文章表現能力	38.8	41.1	32.7	†
社会が直面する問題の理解	38.8	35.9	31.5	
語学力	14.3	8.5	5.4	**
プレゼンテーション能力	34.7	32.2	18.1	***
時間管理能力	46.9	47.1	34.8	**

***…p < .001, **…p < .01, *…p < .05, †…p < .1

まり、現在と過去の能力形成について、フルタイム就業と辞職者との逆転が生じているのだ。これはなぜなのだろうか。辞職者が能力を伸ばし、フルタイム就業者は能力を伸ばさなかったのであろうか。**表3-6**において確認すると、学部卒業時から現在までにおいて、能力の向上の度合が高いのは辞職者とみることができる。また、就労未経験者は能力の伸びの程度はもっとも低いが、それは学部卒業時も現在も相対的に能力が高いことによるものである。このことから、法科大学院は就労未経験者に特に有利にはたらくシステムのようにも見える。

3. 効果をもたらす要因

大学院教育の効果は、どのような要因から影響を受けるのだろう。ここでは、個人的要因として学習の量と質、卒業後のキャリア展望、環境要因として大学院教育の実態の2つをとりあげ、それらが獲得される能力にどのような影響を与えているかを検討する（**図3-1**）。

1　個人的要因（学習の量と質）

大学院における学習量として大学院への通学日数をみると、予想されるように辞職者や就労未経験者はともに約70％が1週間に6-7日とほぼ毎日通

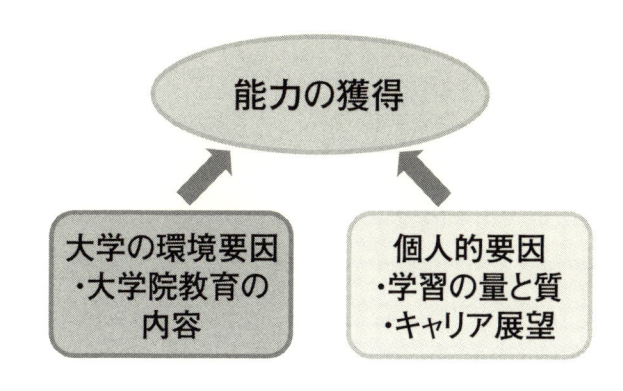

図3-1　分析モデル

表 3-7　通学日数

	フルタイム就業者	辞職者	就労未経験者
1～3日	8.2	1.9	1.6
4～5日	67.3	28.6	27.8
6～7日	24.5	69.5	70.6
計	100.0	100.0	100.0

$p<0.01$

表 3-8　学習の質

	フルタイム就業者	辞職者	就労未経験者	
大学院での勉学はかなり熱心	51.0	46.9	42.9	*
充分な予習復習をしている	66.0	87.3	54.4	**
授業中に積極的に発言・質問している	54.5	86.4	44.8	*

***…$p<.001$, **…$p<.01$, *…$p<.05$, †…$p<.1$

学しているのに対し、フルタイム就業者にはそうした者は25％にとどまっており、大きな違いがある。また、辞職者には「十分な予習・復習をしている」者や、「授業中は積極的に発言や質問をしている」者が多く、フルタイム就業者に少なく、また、大学院での勉学への取り組みも「かなり熱心である」という者が辞職者に多く、フルタイム就業者に少ない。辞職者は学習の量も多く、その質においても他の就業形態の者よりも高い（表3-7～3-8）

2　個人的要因（キャリア展望）

　キャリア展望を取り上げるのは、法科大学院の場合、司法試験の合格を目標とする程度によって、能力形成に違いがあるのではないかと考えたからである。どのタイプの学生もほぼすべてが「職業参入に不可欠な資格試験を受験し、その資格を活かした就職」すなわち、司法試験を希望しているが、他方で、表3-9にみるように、「職業参入に不可欠な資格取得とそれを活かした就職」、「キャリアアップに有利な資格取得とそれを活かした就職」、「資格取得を必要としない仕事に従事」を希望する者が、フルタイム就業者、辞職

表 3-9 卒業後のキャリア展望

		希望・実現可能	希望・実現不可能	希望しない	
資格取得による就職 (≒司法試験)	フルタイム就業者	73.5	22.4	4.1	
	辞職者	84.9	14.3	0.8	**
	就労未経験者	85.7	13.4	0.9	
キャリアアップする就職	フルタイム就業者	59.2	26.5	14.3	
	辞職者	41.3	18.1	40.5	**
	就労未経験者	45.7	13.8	40.5	
資格不要の就職	フルタイム就業者	32.7	26.5	40.8	
	辞職者	15.4	18.5	66.0	†
	就労未経験者	16.5	17.4	66.1	

***…$p < .001$, **…$p < .01$, *…$p < .05$, †…$p < .1$

者、就労未経験者それぞれ一定程度おり、そのことからほぼ全員が司法試験を第一希望にしつつも、それ以外のキャリアを視野に置く者とそうでない者とに分化していることがわかる。

「資格取得による就職」(≒司法試験) に関しては、辞職者や就労未経験者は、フルタイム就業者よりも、その希望が実現すると考えている者が少なく、「キャリアアップする就職」と「資格不要の就職」に関しては、フルタ

表 3-10 大学の環境要因 (「重視されている」%)

	フルタイム就業者	辞職者	就労未経験者	
理論や概念の学習	77.6	85.7	89.5	*
分析方法の学習	55.1	62.2	66.1	*
コミュニケーション能力	50.1	34.9	46.3	**
現実の課題に即した学習	77.6	71.8	76.8	
職場での実践力を高めること	50.0	43.0	54.4	**
資格試験の準備	71.4	52.3	56.3	*
語学力の習得	2.1	3.5	2.7	
専門職としての仕事遂行能力の習得	65.3	52.1	59.7	†
友人のネットワークを作ること	30.6	21.3	33.6	**
実技や実習	65.3	48.8	54.8	†

***…$p < .001$, **…$p < .01$, *…$p < .05$, †…$p < .1$

イム就業者で、それを希望する者が多く、しかし、その希望は実現するかもしれないし、実現しないかもしれないと揺れていることも見てとれる。ただ、どのような就労状態をとる者においても、司法試験合格をめざしてはいるが、実現不可能だと半ばあきらめている者（希望・実現不可能）が10-20％おり、法科大学院在学者の苦悩をかいまみることができる。

3 環境要因（大学院教育の実態）

教育環境としては、大学院の授業における重視の度合いに関する項目を用いて検討した（表3-10）。辞職者は、「理論や概念の学習」、「分析方法の学習」に関してのみ、それが「重視されている」という回答の比率がフルタイム就業者や就労未経験者よりも多いが、それ以外の「コミュニケーション能力」、「友人のネットワークをつくること」、「職場での実践力を高めること」、「資格試験の準備」、「専門職としての仕事遂行能力の習得」、「実技や実習」に関しては「重視されていない」とする者が多く、辞職者は大学院教育に対して相対的にネガティブである。なぜ、辞職者の大学院教育に対する評価が低いのか、これについては後段で考察する。

4 能力向上に寄与するのはなにか

1. 個人要因と能力形成

では、能力の向上に過去の就業経験や個人要因、環境要因はどの程度作用

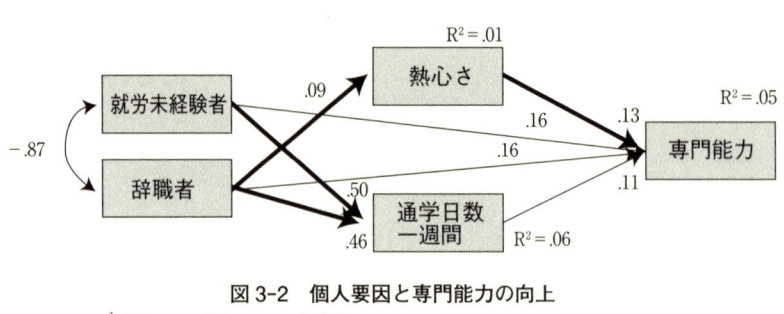

図3-2 個人要因と専門能力の向上

$x^2=.141$　df=1　P=.708
CFI=1.000　RMSEA=.000　----▶ P<0.10　—▶ P<0.05　━▶ P<0.01

するのか。本分析では、アンケートにおいて尋ねた知識・能力のうち、「専攻した専門分野の知識」に注目し、学部卒業時と現在の獲得状況の差をとり、この差を「専門能力の向上度」とした。この能力の向上に、就労経験や個人要因、環境要因がどの程度影響するのかをパス解析により検討した[1]。

まず、個人的要因として、学習量の代替変数として1週間の平均通学日数、学習の質の代替変数として、大学院での勉強の熱心さ（4段階尺度）、予習復習の程度（4段階尺度）、授業中の発言・質問の頻度（4段階尺度）を用い、専門能力の向上度との関連を分析した（図3-2）。結果をみると、辞職者・就労未経験者はフルタイム就業者に比して、専門能力向上度が高いことがわかる。さらに彼らはフルタイム就業者に比して、通学日数の多さが有利に働いていることがみてとれる。おそらくこれはフルタイムの学生である効果と言えよう。逆にフルタイム就業者は、就労未経験者に比して専門能力向上度が低く、通学日数の少なさが専門能力の伸び悩みへと繋がっている。

フルタイム院生の中でも差異はある。就労経験のある辞職者は、就労未経験者に比して、勉学に熱心であり、その熱心さが専門能力の向上へと繋がっている。

2. 個人要因（キャリア展望）と専門能力向上

次に、個人要因として、キャリア展望の有無が専門能力向上に影響してい

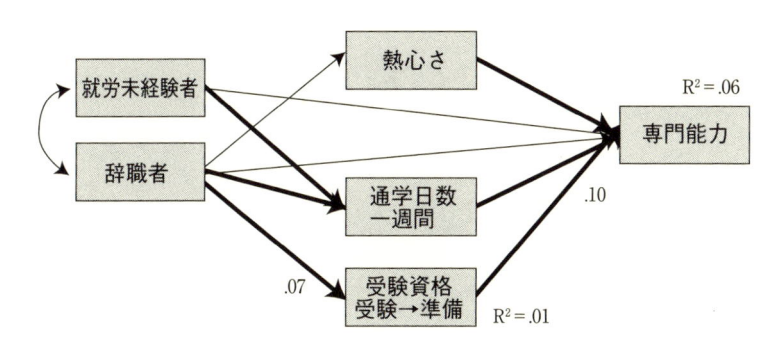

図3-3 キャリア展望と専門能力の向上

$x^2=1.810$　df=2　P=.905
CFI=1.000　RMSEA=.000　----▶ P<0.10　——▶ P<0.05　——▶ P<0.01
（関心対象のパス係数以外は（省略：以下同様））

るかどうかを検討してみたものが図3-3である。キャリア展望については、すでに表3-9でも検討しているように、3つのキャリア展望をあらかじめ用意したが、その中で有効であったのは、「資格試験を受験し、資格を生かした就職」という展望であった。その効果は特に辞職者に働いており、辞職者はフルタイム就労者よりも「資格試験を受験し、資格を生かした就職」を希望している者が多く、専門能力も向上させていることがわかる。

3. 環境要因と専門能力向上

次に、環境要因と専門能力向上との関係を見ていこう。環境要因については、表3-10で検討したように「大学院教育で重視されていること」として11の項目を測定した。そのうち、専門能力の向上に効果をもたらしていたのは、「分析方法の学習」、「職場での実践力向上」、「資格試験の準備」の3つを重視していたかどうかであった。

これら大学環境の効果は、大学院生のプロフィールによって異なる。就労未経験者は、フルタイム就業・辞職者よりも、大学院において「分析方法の学習」が「重視されている」とするものが多く、そう認識しているものほど、専門能力が伸びている(図3-4)。

職場での実践力向上との関連が見られたのは辞職者だけであり、彼らはフルタイム就業・就労未経験者よりも、大学院において「職場での実践力向

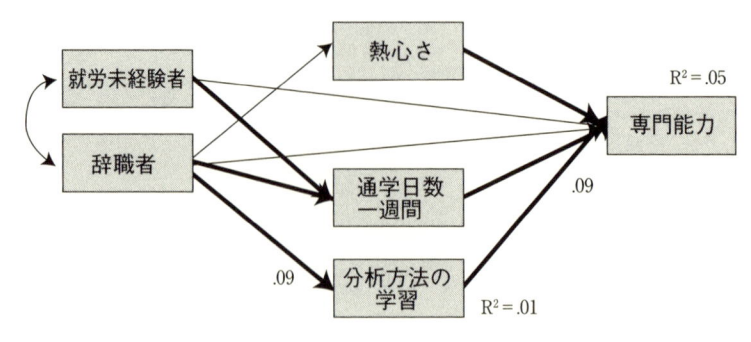

図3-4 教育環境(分析方法学習の重視)と専門能力向上

$x^2=1.018$　　df=2　　P=.509
CFI=1.000　　RMSEA=.000　　----▶ P<0.10　　——▶ P<0.05　　━━▶ P<0.01

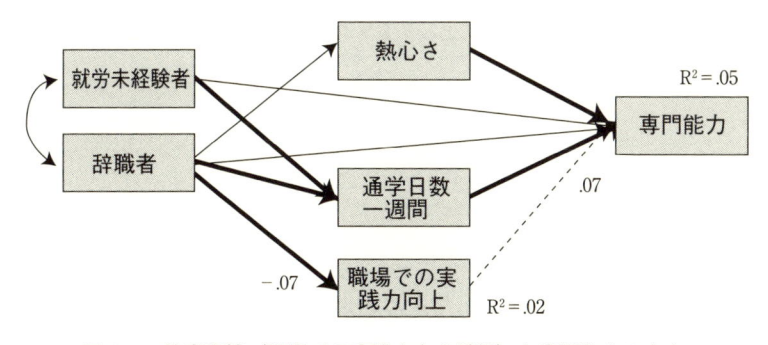

図 3-5 教育環境（職場での実践力向上重視）と専門能力の向上

$x^2=.177$　df=2　P=.088
CFI=1.000　RMSEA=.000　----▶ P<0.10　——▶ P<0.05　━━▶ P<0.01

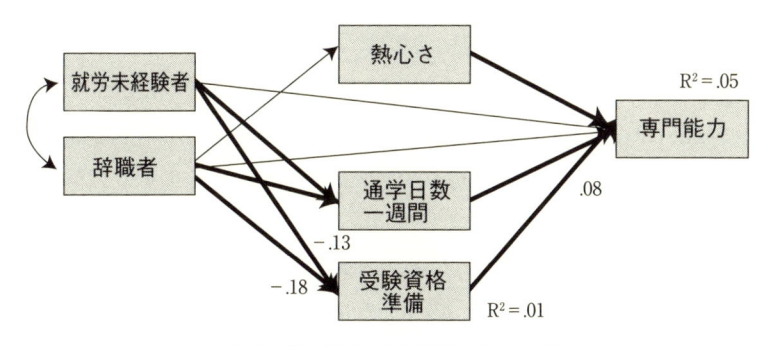

図 3-6 教育環境（資格試験準備）と専門能力向上

$x^2=.144$　df=1　P=.144
CFI=1.000　RMSEA=.000　----▶ P<0.10　——▶ P<0.05　━━▶ P<0.01

上」が「重視されていない」と感じるものが多く、専門能力を伸ばせていないという構造が見られた（図3-5）。

　資格試験準備の重視との関連が見られたのは、就労未経験者と辞職者であった。辞職者・就労未経験者は、フルタイム就業者よりも「資格試験の準備」が「重視されていない」とする者が多く、専門能力向上へと繋がっていないという傾向が見られた（図3-6）。

　以上の分析をふまえてまとめてみると、つぎのようになるだろう。
　3つのタイプの学生のうち、フルタイム学生である辞職者・就労未経験者に共通していたのは、専門能力の向上への正の直接効果があり、さらに個人

表3-11 専門能力向上と学生タイプ・個人要因・環境要因

	熱心さ	通学日数	進路展望	分析方法	職場での実践力	資格試験準備
フルタイム就業者	−	−	−	−	＋	＋
辞職者	＋	＋	＋		−	−
就労未経験者		＋		＋		−

要因としての通学日数を経由した正の効果が見られた点である。

　学生タイプ別にみると、辞職者は、高い熱意および「資格を取得しての就職」という明確なキャリア展望を持つことによって、専門能力向上へと繋がっていく傾向が見られた。その一方で、在籍する大学院について「職場での実践力向上」を意識した授業・カリキュラムになっていないと否定的であり、それが自身の専門能力向上にネガティブに作用していた。

　辞職経験者は、在籍する大学院において「分析方法の学習」が重視されていると強く認識しており、それが専門能力向上へとポジティブに繋がっていた。

　フルタイム就業者は、他の2タイプの学生に比して熱意がやや低く、進路展望もやや不明確である点が、専門能力向上にネガティブに作用している反面、「職場での実践力向上」「資格試験準備」が大学院で重視されていると認識している者が多く、そのことが専門能力向上にポジティブに作用していた。

　あらためて分析結果を概観すると（**表3-11**）、辞職者とフルタイム就業者は対照的であることがわかる。辞職者は熱心であり、通学日数も十分で、進路展望も明確である。しかし、大学院教育に対する評価はネガティブである。他方フルタイム就業者は、熱心さ、通学日数、進路展望についてややネガティブである反面、大学院教育に対する評価が高い。このように就業経験があっても、現職者と辞職者では個人要因や環境への認識が異なり、その差が能力形成プロセスの差にも繋がっていることがわかる。ここから見えてくるのは、これら2タイプの学生をひとくくりに「社会人」扱いできないということであろうか。

　これら2タイプの学生に比して、就労未経験者は敢えてアカデミック志向

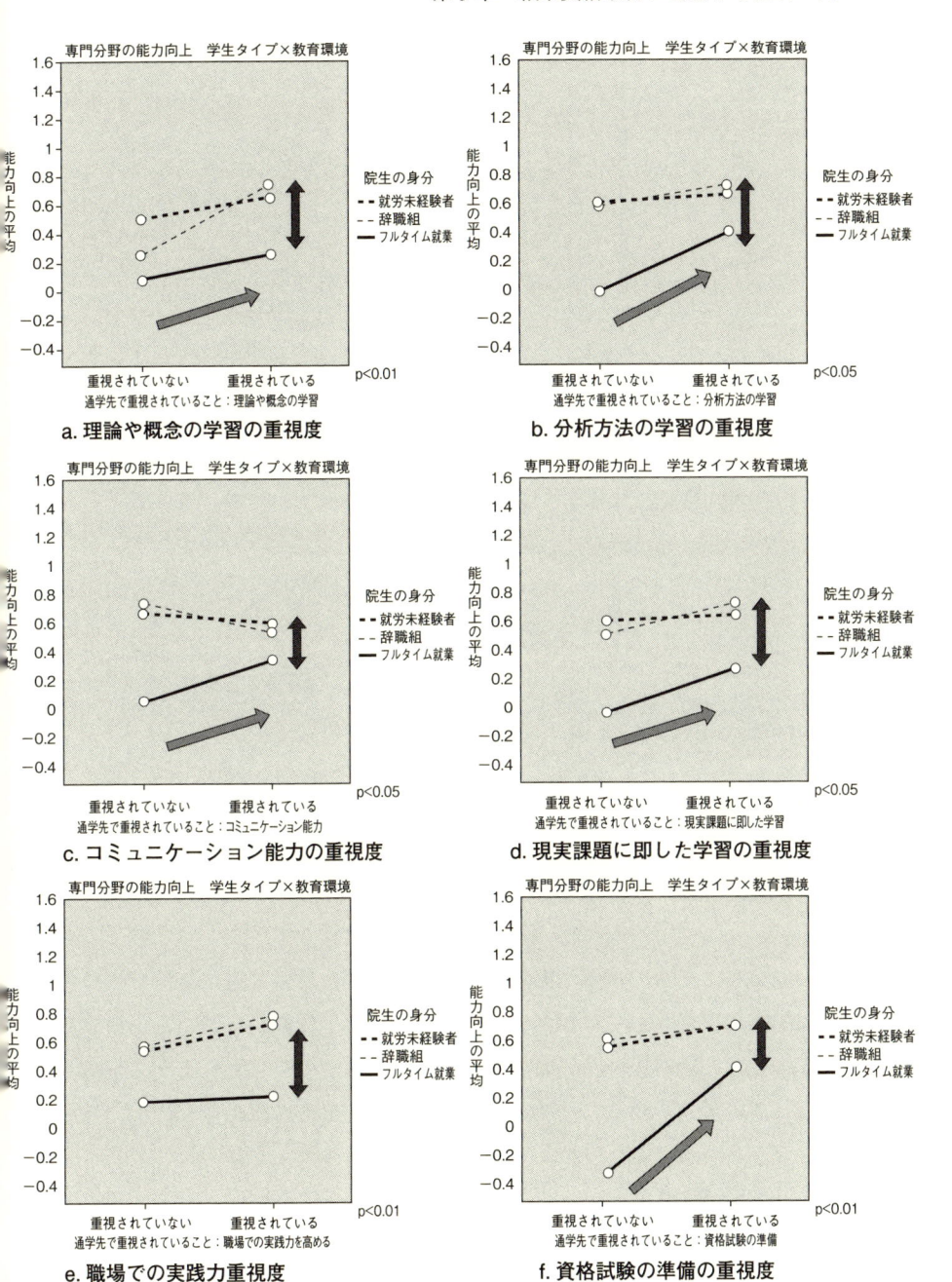

第 3 章　職業資格取得に葛藤する法科　71

a. 理論や概念の学習の重視度

b. 分析方法の学習の重視度

c. コミュニケーション能力の重視度

d. 現実課題に即した学習の重視度

e. 職場での実践力重視度

f. 資格試験の準備の重視度

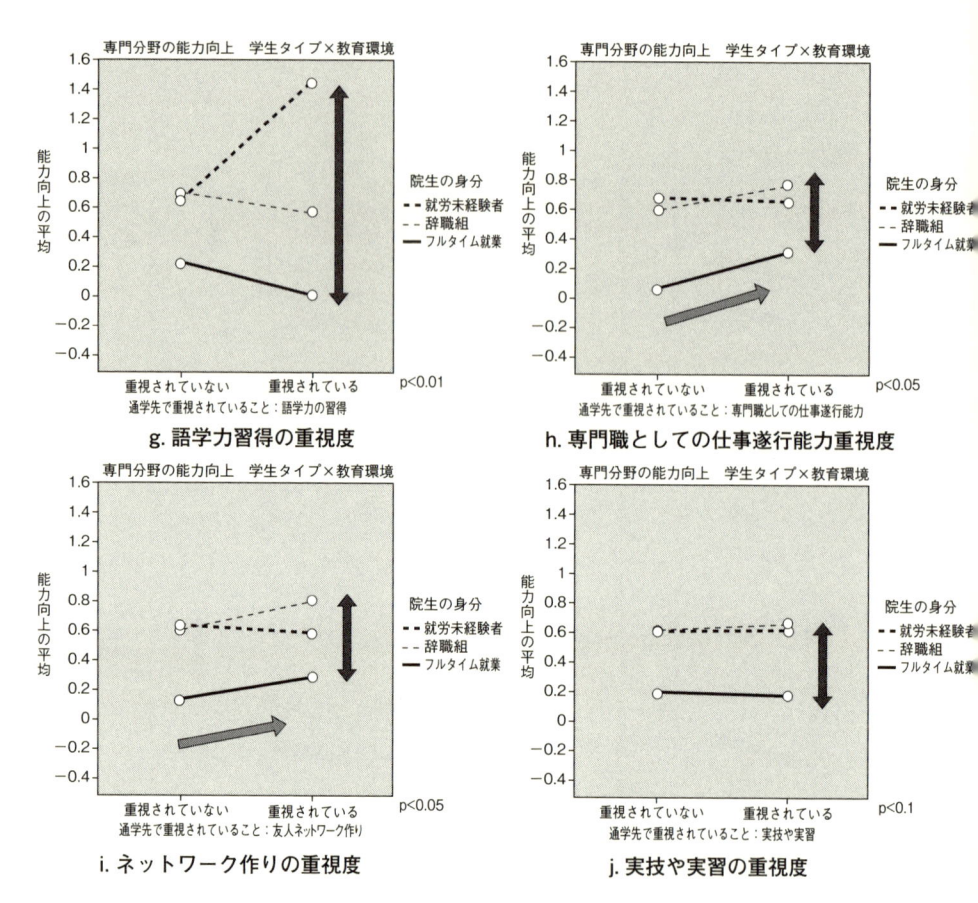

g. 語学力習得の重視度　　　　　　h. 専門職としての仕事遂行能力重視度

i. ネットワーク作りの重視度　　　　j. 実技や実習の重視度

図3-7　能力向上に影響を与える教育環境と学生タイプの交互作用効果

と言い換えることもできる。それは、大学院教育に於いて特に分析方法の重視度に敏感に反応し、それがポジティブに能力向上に繋がっているからである。この傾向との対比で、先の2タイプの学生はやや非アカデミック志向という点に於いて、一括りに「社会人」とくくることも可能かもしれない[2]。

4. 交互作用効果の検討

次に、大学院教育の効果を詳細に検討するため、専門能力の向上に対して、大学院教育で重視される内容と学生タイプの交互作用を分散分析により検討

表 3-12　能力向上・学生タイプ・教育環境の効果：一覧

	理論や概念	分析方法	コミュニケーション能力	現実課題に則した学習	職場での実践力向上	資格試験の準備	語学力	専門職としての仕事遂行能力	友人ネットワーク	実技や実習
フルタイム就業		＋	＋	＋		＋	－	＋	＋	
辞職者	＋	－			＋				＋	
就労未経験者		－			＋		＋			

してみた（図 3-7a ～ 3-7j）。そして、その結果をまとめたものを**表 3-12** に示しておく。

　まず、大学院教育が効果をもたらしているのは、フルタイム就業の院生に対してであり、「分析方法」「コミュニケーション能力」「現実課題に則した学習」「資格試験の準備」「専門職としての仕事遂行能力」「友人ネットワーク」について、在籍大学院で「重視されている」と認識しているフルタイム就業者ほど、能力が向上していることがわかる。フルタイム就業者は、分析結果の図を見てもわかるように、辞職者・非社会人との能力差を埋めきれていない[3]。

　他方、辞職者・就労未経験者はともに似た傾向をしめしており、彼らに対する大学院効果は限定的であり、図を見てもわかるように大学院教育とはほぼ独立であることがわかる。

　就労未経験者だけに焦点を当てると、大学院における語学力重視の環境を活用することにより、専門能力も伸長させていることがわかる。

4. まとめと考察

　法科大学院の場合においても、「流動モデル」による遅れて取得した学歴

がもつ効果は、単なる学歴ではなく知識や能力によって示すことができることが明らかになった。3つの学生タイプ間の比較を行った場合（4節1～2項）、とりわけ、就業経験のある辞職者は、他の学生タイプに比して、学習の量や質、明確なキャリア展望をもつことで知識・能力を獲得していること、また、法科大学院のミッションに沿った授業を受けることで、一定の効果がみいだされた。辞職者は現在就業していないわけであるから、その効果の相当程度は大学院教育のみの効果としてみることができよう。

他方で、同一学生タイプで異なる大学教育環境にある場合の効果を検証したところ（4節4項）、フルタイム就業者では、大学院教育が充実していることの効果があるが、辞職者（就業経験あり＋現在フルタイム院生）ではその効果がない。これはもしかしたら、フルタイム就業者は職場とは違う大学院の学問的な雰囲気にもっとも馴染んでいるのかもしれない。いずれにせよ、「流動モデル」においても、同じ社会人経験を持っていても異なる効果が見られることが示唆されたのであり、このことから、現在の就業状況を考慮した内部分化の検討の必要を指摘したい。

さらに、専門能力向上について、大学院教育を経ても辞職者・就労未経験者＞フルタイム就業者の差が残存することも明らかになった。これはすなわち、フルタイム就業者は、大学院環境をうまく利用した分の効果は明確に現れるが、通学日数の絶対的少なさ、就業経験による学習時間確保の困難さが、能力の向上において他の3タイプの学生にキャッチアップできない形となって現れてしまったと思われる。

ただ、これは司法試験がターゲットとされる法科大学院の特性によるところも大きく、司法試験とミッションとする教育と就業による経験の、3者の調和がもたらされていない状況から生じたものではないだろうか。試験準備に偏らずリーガルマインドや実務的な能力をミッションとする教育と、とはいえ司法試験の合格がなければその後のキャリアが展望できないという状況との狭間にあるのが辞職者であり、大学院教育に対するネガティブな評価がそれを示している。辞職者のキャリア展望が司法試験に特化しているからこそ、大学院の授業に依拠せず独立した学習態度をもつのだろう。

他方で、現在の就業から得られる経験と大学院教育とが乖離しているのがフルタイム就業者である。キャリア展望は多様であるものの、就業で獲得される知識・能力と大学院で教育される知識・能力とが同一次元にないことが、学部卒業段階では知識・能力の獲得の度合いが高かったにもかかわらず、大学院在学経験によって他の学生と並ぶような十分な知識・能力の向上をもたらさない結果となっているのだろう。そして、就業経験がないことが格別に不利になっていないのが就労未経験者である。

 こうした状況に拍車をかけているのが、法科大学院の学生数が司法試験の合格者数を大幅に凌駕しているという現在の構造的な問題である。しかし、大学院修了の学歴が専門職への参入資格ではなく、それとは別の資格試験という存在があり、資格試験が高度に専門的な知識を要求する以上、上記の問題が消滅することはないといってよい。「流動モデル」による遅れて取得した学歴が効果を発揮するか否かは、資格試験、大学院教育、就業経験の3者がそれぞれに求める、あるいは、付与される知識・能力間に、どの程度共通性が高まるか否かに鍵があるのではないだろうか。

〔注〕
1 なお、あらかじめ回帰分析により、候補となる変数を投入した分析を行い、性別、年齢、高校時代の成績、在籍高校の進学状況などの効果を検討した。その結果これら変数は効果をもたらさないことが判明したので、パス解析段階では外してある。分析には共分散構造分析の構造方程式モデルを用いた。まず飽和モデルを構成し、有意でないパスをモデル全体のフィットが悪くなる直前（カイ2乗値、CFI、RMSEAの値の許容値）まで削除して最終的に得られた結果を表示している。
2 ただし、モデル全体の適合度指標（カイ2乗値、CFI、RMSEA）は、パスモデル全体がデータに適合していることを示しているが、決定係数は0.1を下回っており、解釈の一般化には慎重になるべきではあろう。
3 しかし、この開きについては、数値が能力の客観的な尺度となってはいないので、数値の開きを能力差と解釈するのには慎重になるべきである。あくまで個人内の変化の大きさだけに注目すべきであろう。

第4章　伝統的大学構造の桎梏をもつ法科

村澤昌崇

1. 問題の設定：法科大学院に満足しているのか？

　ここでは、法科大学院に所属している院生が、法科大学院に満足しているのか、そしてその満足度は、いったい何に影響されているのかという素朴な課題を分析する。

　本章での関心は、特に日本の高等教育における伝統的階層構造の影響である。大学院自体には、大学の階層構造の代替指標としての偏差値なるものはないが、一部の大学院大学を除いて、多くの大学院にはその下部に学部を抱えている。日本の高等教育の階層構造は、主として学部レベルを中心として、その歴史や制度および学部レベルの大学入試の難易度により重層構造を形成しているが、大学院においては、学部レベルほどの過度の受験競争が必ずしもあるわけではないので、明確な階層構造が存在するかどうかは、不透明である。ただし、長らく日本の大学院は、学部の「おまけ」のような位置づけであったことから、大学院自体にも学部レベルで形成された大学の階層・威信構造の影響は及んでいると考えられる。もちろん、今日の大学院の規模は急激に拡大し、新規参入も増加し、さらに重点化や部局化を経て「おまけ」では無くなってはいる。そうであるからこそ、伝統的な大学院と新規参入大学院との間の格差が、伝統的な大学間階層・威信構造の影響も重なりながら、生じてくる契機が形成されていると思われる。

　そうすると、形式上は新しい制度である専門職大学院も、すべての大学院

が同じスタートラインに並んでの競争とは言い難いのではないか。大学の階層・威信構造に引きずられる形で、専門職大学院も緩やかに階層・威信構造が形成され、その構造が大学院における教育内容・方法や、教職員、院生の行動にも影響してくることも考えられる。本章では、こうした予想のもとに、法科大学院に限定し、院生の大学院満足度の状況とその影響要因の検討を行う。その際、これまで述べてきたことからも明らかなように、日本の高等教育の伝統的な階層・威信構造の影響力に特に注目した分析を行う。

　ここで、法科大学院に限定したのは、多くが伝統的な専門分野である法学部を母体にしており、その法学の伝統性故に、かなり構造化された階層・威信を形成していると考えられるからである。よって、大学院レベルにおける高等教育の階層構造の影響を検討するには、好材料と言えよう。

2. 満足度・力量形成・教育条件に関する意識

1. 満足度の分布

　次頁の図は、大学院の教育研究・物的人的環境についての満足度を10段階で評価してもらったものの分布である。どの評価についても、高評価に分布が偏っており、平均も6点を超える（図4-1）。中でも物的環境の評価は他の評価よりも1スコア上回っており、高評価へ偏在していることがわかる。

2. 満足度間の相関

　満足度に関しては、大学院トータルの満足度と、大学院の教育研究および人的物的環境に関する評価を個別に行ってもらっている（表4-1）。どの満足度も相関が高いことがわかるが、これは裏を返せば、いずれにも満足していない人も一定数いるからこその相関であることに留意しておくべきである。さらに、物的環境に関する満足度評価は、他の満足度評価との相関がやや低く、教育内容や人的なサービス・環境と物的インフラの整備がかならずしも連動していないことを伺わせる。

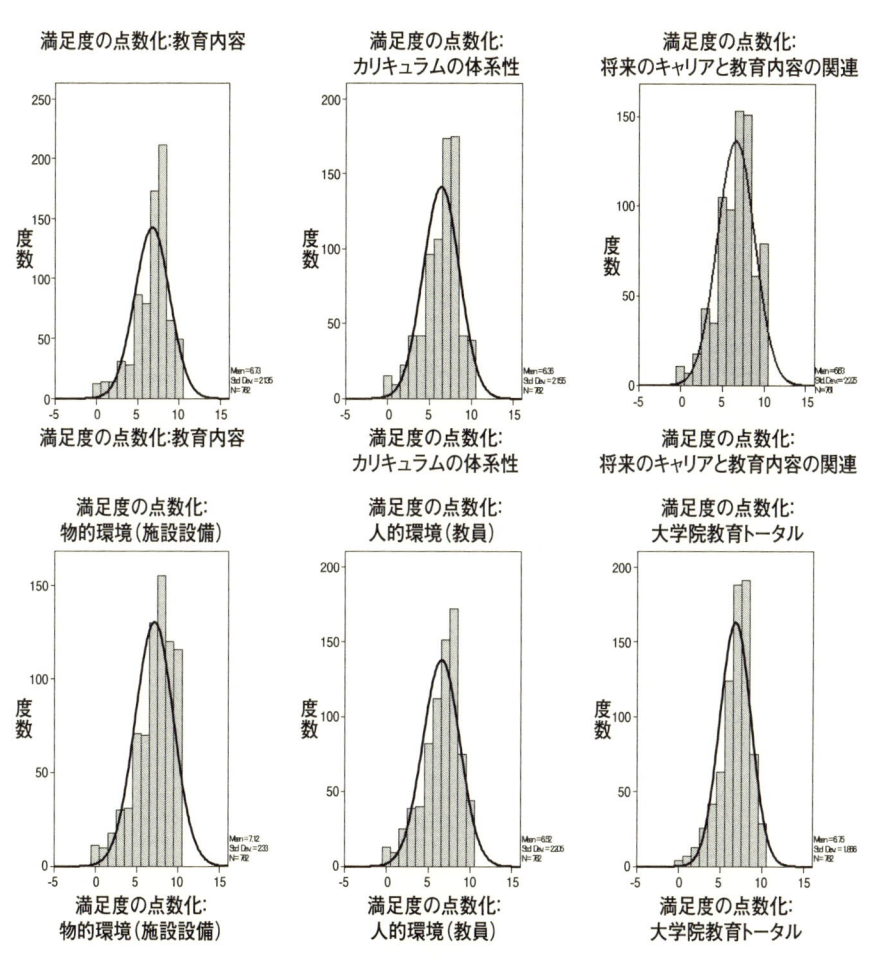

図4-1　大学院の教育研究・知識的環境の満足度

3. 満足度とインフラ評価、能力形成

　大学院への満足度と、所属の大学院の教育研究環境の充実度および学生生活・就職活動の充実度（因子分析を通じて因子スコア算出[1]）との間には高い相関があることがわかる。能力形成の効力感とも相関があり、大学院で能力が形成されたと感じる者ほど、満足度も高くなっている。ただし、環境との相関に比して低い相関ではある（表4-2）。

表 4-1 大学院に関する満足度の相関

		満足度の点数化：教育内容	満足度の点数化：カリキュラムの体系性	満足度の点数化：将来のキャリアと教育内容との関連	満足度の点数化：物的環境（施設設備）	満足度の点数化：人的環境（教員）	満足度の点数化：大学院教育トータル
満足度の点数化：教育内容	Pearson の相関係数 有意確立（両側） N	1 762					
満足度の点数化：カリキュラムの体系性	Pearson の相関係数 有意確立（両側） N	.782** .000 762	1 762				
満足度の点数化：将来のキャリアと教育内容との関連	Pearson の相関係数 有意確立（両側） N	.691** .000 761	.668** .000 761	1 761			
満足度の点数化：物的環境（施設設備）	Pearson の相関係数 有意確立（両側） N	.401** .000 762	.434** .000 762	.399** .000 761	1 762		
満足度の点数化：人的環境（教員）	Pearson の相関係数 有意確立（両側） N	.774** .000 762	.651** .000 762	.604** .000 761	.421** .000 762	1 762	
満足度の点数化：大学院教育トータル	Pearson の相関係数 有意確立（両側） N	.864** .000 761	.780** .000 761	.747** .000 760	.569** .000 761	.829** .000 761	1 762

**. 相関係数は 1％水準で有意（両側）である。

3. 満足度を左右する構造的要因

　以上のように、教育条件について高評価であれば、その大学院における力量形成にも手応えがあったと感じ、そして満足度も比例するような形で高くなっている。ただし、だからといって、教育条件の善し悪しが力量を左右し、さらに満足も高めるという因果関係になっているとは言い切れない。これらの関係は、あくまで院生の認識であり、物理的な条件や内容そのものが満足や力量を高めていることを示しているわけではないからだ。たとえば、入学した大学院自体に満足しているからこそ、教育条件についても力量形成についても（後付けの解釈により）肯定的に高く評価しているのかもしれない。

第 4 章　伝統的大学構造の桎梏をもつ法科　81

表 4-2　大学院満足度と能力・環境評価

		満足度の点数化：大学院教育トータル	教育研究環境充実度	学生生活就活充実度	専門論理問題解決	プレゼン対人語学
満足度の点数化：大学院教育トータル	Pearson の相関係数 有意確立（両側） N	1 762				
教育研究環境充実度	Pearson の相関係数 有意確立（両側） N	.781** .000 741	1 743			
学生生活就活充実度	Pearson の相関係数 有意確立（両側） N	.563** .000 741	.614** .000 743	1 743		
専門論理問題解決	Pearson の相関係数 有意確立（両側） N	.339** .000 753	.358** .000 735	.326** .000 735	1 755	
プレゼン対人語学	Pearson の相関係数 有意確立（両側） N	.264** .000 753	.305** .000 735	.324** .000 735	.651** .000 755	1 755

**. 相関係数は 1％水準で有意（両側）である。

　ここでは、こうした異なる認識・評価の間の因果関係を厳密に特定することは避け、あくまで、「所属大学院の諸条件に高評価な人は、大学院の総合的満足度も高く、力量形成感も高い」（そしてその逆もまたしかり）という認識の相関があることを確認するにとどめよう。

　では、こうした「自覚された」ことがらは、どの程度他の要因によって規定されているのかを、ここでは分析・考察しよう。大学院への満足度、教育環境についての評価そして力量形成感は、いずれも自覚的な意識であるので、連鎖しやすく関連も高くなりやすいことが想像される。しかし、自覚された意識は、時として自覚されない要因に無意識のうちに影響を受けることがある。これまでの分析では、教育条件が高評価であれば、満足度も高く、力量形成にも繋がるという結果であり、機関側にとっては教育条件や内容を丁寧に整備すれば成果へと繋がることを夢想させる結果である。ところが、こうした意識の連鎖・相関が、実は大学院や院生の操作が難しい構造的な要因、特に冒頭で示したように本章で関心を持つ伝統的な大学の階層構造などによって影響を受けているとしたら、大学院教育の効果を今一度慎重に考える

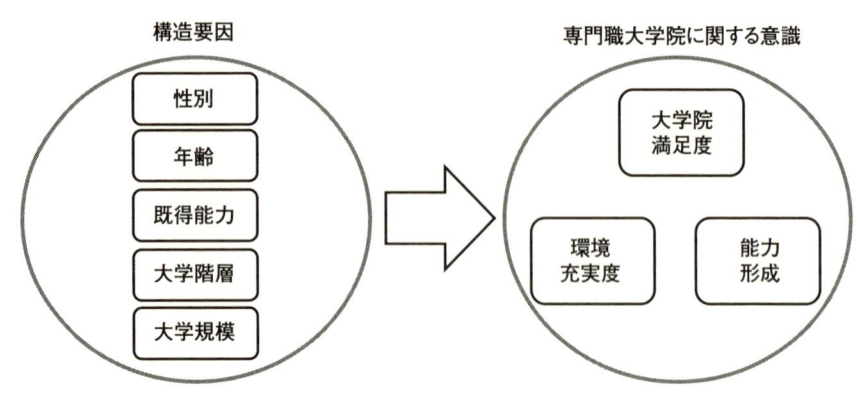

```
構造要因                    専門職大学院に関する意識
┌─────────────┐              ┌─────────────┐
│   性別      │              │   大学院    │
│   年齢      │   ▷          │   満足度    │
│  既得能力   │              │ 環境    能力│
│  大学階層   │              │充実度   形成│
│  大学規模   │              │             │
└─────────────┘              └─────────────┘
```

図 4-2　大学院の構造要因とそれに関する意識

必要がある。

そこで、こうした意識に影響を与えうる要因として、アンケートの中から、個人要因としては性別、年齢、院生のタイプ（就業経験のないフルタイム学生、社会人経験のある辞職者（フルタイム学生）、そして社会人院生の3タイプ）、高校時代の学業成績、出身高校の大学進学状況を、そして大学院関連の変数としては、所属機関の設置者（国立 v.s. その他）、所属大学院の学部の偏差値[2]、新規参入かどうか（正確には新設の、学部を持たない大学院大学）[3]、所属大学院の規模（実員）、所属大学院の学費を説明変数の候補として挙げ、探索的な分析を行い、有意な変数に絞った分析結果を得た[4]。

これを見ると（表4-3）、大学の階層構造の代替指標としての学部の偏差値は統計的に有意であることがわかる。すなわち、階層・威信の高い大学の大学院に進学している院生ほど、大学院の満足度が高いことがわかる。他にほぼ一貫して有意であった変数は、高校での成績、大学院の実員が有意であった。高校での成績が高いほど、大学院の満足度が高い。これは、大学院の満足度が、大学院の環境や教育内容で決まるような成果指標というよりも、大学院・大学以前からの勤勉さ・地力の代替指標である可能性があることを示唆している。しかし、大学院の実員を同時に投入した場合にはその効果は消えるという条件付きではある。大学院の実員は有意な負の効果をもたらしており、規模が大きくなれば教育の質の低下を伴って満足度が下がることが示

表 4-3　大学院の満足度の影響要因分析

従属変数：大学院教育の満足度								
	モデル 1		モデル 2		モデル 3		モデル 4	
固定効果	係数		係数		係数		係数	
切片	49.26	**	49.44	**	49.18	**	48.82	**
高校での成績	.60	*	.58	*	.60	*	.45	+
学部偏差値			.12	*	.17	*	.22	**
新規参入					5.09		7.91	+
大学院の実員(100人)							-2.69	*
変量効果								
個人レベル	86.30	**	86.19	**	86.54	**	90.90	**
大学院レベル	15.14	**	14.06	**	13.62	**	11.99	**
級内相関	.15		.14		.14		.12	
Deviance	5528		5524		5392		4832	
AIC	5535		5537		5402		4842	
BIC	5554		5560		5430		4873	

** $p<0.01$, * $p<0.05$, + $p<0.1$

されている。

　能力については、高校での成績が有意な効果を有しており、大学院の規模の効果はプレゼン能力についてのみ有意である。さらに、教育研究充実度、学生生活・就職活動充実度評価については、学部偏差値あるいは高校での成績のみ有意である（表4-4）。

　次に、変量効果を見てみよう。説明変数では説明できない満足度や能力・環境充実度評価の分散（誤差）のうち、個人レベル以外に大学院レベルでも誤差を仮定している。今回の分析では、満足度および環境充実度評価に機関レベルでの誤差を確認できた。これは、大学院満足度や環境充実度評価に、説明変数では説明しきれないような、無視できない大学院レベルの格差（誤差）が見られうることを意味している。この機関レベルでの満足度・環境充実度評価の格差（誤差）は、大学の階層構造に沿ったものでは必ずしも無く、規模に応じたものでもない。ただ、この格差（誤差）を説明しうる未知の大学院レベルあるいはそれ以上のレベルでの説明要因の存在を示唆するもので

表 4-4 力量形成・環境充実度に対する要因分析

	専門的・論理的・問題解決能力		プレゼン・対人関係・語学		教育研究環境充実度		学生生活就活充実度	
固定効果	β		β		β		β	
切片	50.13	**	49.93	**	49.00	**	49.22	**
高校での成績	.29	**	1.31	**	.22		.48	+
学部偏差値	-0.7	+	-.06		.17	*	.11	+
新規参入	-2.13		.17		5.34		3.05	
大学院の実員 (100 人)	-.36		-1.31	**	-1.51		-1.22	
変量効果								
個人レベル	.85	**	.76	**	81.36	**	70.30	**
大学院レベル	.00		.00		13.35	**	6.85	*
級内相関	.00		.00		.14		.09	
Deviance	4719		4647		4655		4551	
AIC	4736		4664		4665		4563	
BIC	4767		4696		4696		4594	

** $p<0.01$, * $p<0.05$, + $p<0.1$

ある。

4. おわりに

　近年の大学政策は、評価とそれに連動した質保証を中心に様々な改革が行われている。そしてこれら一連の改革は新自由主義政策を基調とし、競争的環境における個性の発揮というお題目の下に、自己責任と自助努力を機関に要求している。それは法科大学院をはじめとする専門職大学院も同様である。しかし、これまでの分析結果からも想像されるように、新制度としてスタートした法科大学院でさえ、既存の伝統的階層・威信構造の影響力からは免れることが難しいことがわかった。つまり、競争的環境の中で発揮される個性とは、新制の法科大学院でさえも、歴史的・制度的な経路に依存するかたちで形成された格差であり、その格差を暗黙のうちに是認させながらの競

争なのである。これは言い換えれば、マタイ効果である。伝統的威信構造の上位に位置する大学院にとっては、黙っていても「勝ち組」であり、威信構造下位に位置する大学院や、新規参入し自動的に事実上威信構造の下位に組み込まれる大学院にとっては、なかばレースの帰結が予想された「出来レース」の様相を呈する。この階層構造上の地位を逆転するためには、膨大な経営的・教育的努力と諸資源の投入を要することになるだろう。そして、できたてほやほやの新制度であるのに、大学院自体の内容的特色とは別の、伝統的階層構造や個人的な資質に引きずられた形で形成された（成果の）格差は、法科専門職大学院のシステム全体としての質保証のあり方に課題を投げかけるものであろう。

　質保証の問題は、各機関内の満足度を指標とした成果の格差の現実という点からも、取り上げられるべきである。結果からも示唆されたように、機関内の院生個人間の満足度の格差が残存しているという実態は、同じ施設設備や教育内容にも関わらず、それら条件に対する院生側の受け止め方が多様であることを意味する。人の意識や行動に関するデータに関しては、説明変数では説明できない行動や意識の部分が必ずといって良いほど存在し、しかもその割合が大きいことが知られてはいる。しかし、それを根拠にあくまで「個人の受け止め方の問題」としてしまうよりも、（今回は測定できなかったが）大学院の特性や営為により満足度などの成果を高める探索は、行われてしかるべきではあろう。

〔注〕
1 因子分析結果は以下の通り。

	教育研究環境充実度	学生生活就活充実度		専門・論理・問題解決	プレゼン・対人・語学
教育環境の充実度:授業の内容	.99	-.15	大学院で専攻する専門分野の知識	.93	-.27
教育環境の充実度:授業の方法	.89	-.03	論理的に考える能力	.73	-.01
教育環境の充実度:教員の質	.73	.04	問題に取り組むための見方	.65	.15
教育環境の充実度:研究指導	.49	.24	文章表現の能力	.46	.29
教育環境の充実度:履修できる科目のバラエティ	.41	.17	プレゼンテーション能力	-.08	.76
教育環境の充実度:教員の数	.37	.29	対人関係能力	-.06	.64
教育環境の充実度:授業以外での教員との交流	.01	.75	語学力	-.13	.62
教育環境の充実度:学生が交流する機会	-.07	.67	社会が直面する問題の理解	.26	.49
教育環境の充実度:就職支援体制	.20	.36	時間管理能力	.18	.39
教育環境の充実度:図書館の施設や蔵書数	.22	.27	幅広い知識・教養	.31	.38
因子抽出法:最尤法 回転法:Kaiserの正規化を伴うプロマックス法			因子抽出法:最尤法 回転法:Kaiserの正規化を伴うプロマックス法		
参考:初期の固有値	4.35	1.23	参考:初期の固有値	4.13	1.40
参考:初期の寄与率	43.51	12.25	参考:初期の寄与率	41.25	13.98
因子間相関	.53		因子間相関	.56	

2 朝日新聞社『大学ランキング』から、学生が所属している大学院傘下の法学系学部の 2005 年時点の偏差値を用いた。
3 該当するのは一機関。この大学院大学は厳密には同一学校法人傘下に大学を所有しており、偏差値情報はこの大学の偏差値を用いた。
4 分析には、マルチレベルモデル（R の lmer）を用いた。従属変数には、大学院の総合的な満足度評価（10 段階尺度）を用いた。説明変数には本文中に触れたものを固定効果推定のために用いた。さらに、切片＝大学院満足度の平均値に、個人レベルのばらつき（残差・誤差）意外に、無視できない大学院レベルのばらつき（残差・誤差）を想定した。いわゆるランダム切片モデルである。データについては、院生が 1 名の大学院は分析から削除している。さらに、R の lmer は変量効果についての有意性検定を組み込んでいないことにも留意。

第5章　学歴取得の意味に惑うIT・コンテンツ系

村澤昌崇

　本章では、IT・コンテンツ系の専門職大学院に集う院生をクローズアップしてみる。すでに第2章において、すべての専門分野の院生の動向を俯瞰してはいるが、ここでは同じデータに基づいて、IT・コンテンツ系専門職大学院生と他の専門職大学院生の2カテゴリーによる比較を通じて、IT・コンテンツ系院生の特色の有無を検討する。

1. 大学院での学業への取り組み・将来展望について

　最初に、IT・コンテンツ系院生たちの、大学院での学業への取り組みや将来展望を検討してみよう。
　表5-1を見ると、まず、他の専門職大学院生に比して授業の出席状況が

表5-1　入学1年目の授業出席率

		その他	IT コンテンツ	合計
入学1年目の授業出席率	1〜2割	0.1%	1.2%	0.1%
	3〜4割	0.2%	1.2%	0.2%
	5〜6割	0.6%	10.5%	1.1%
	7〜8割	10.0%	44.2%	11.8%
	ほぼ全て	89.1%	43.0%	86.7%
合計		100.0%	100.0%	100.0%

P<0.01

表 5-2　勉学への取組状況

	その他	IT コンテンツ	
勉学への熱心さ	93.3%	88.1%	**
十分な予習復習	74.0%	50.6%	**
授業中の積極的な発言や質問	58.0%	51.7%	+
授業前後に教員に質問や相談	45.3%	44.7%	
試験勉強に時間をかける	78.6%	52.9%	**
同級生よりも十分な学力有り	47.3%	47.1%	
単位を落とさない程度の勉強	71.9%	83.7%	**
職業や年齢の異なる友人できる	92.7%	85.1%	**

+ p<0.1 * p<0.05 ** p<0.01
「かなり当てはまる」「やや当てはまる」の合計。

芳しいとは言えない。さらに、「勉学に熱心である」「十分な予習復習をやっている」「試験勉強に時間をかける」と答えた者が他分野に比して少ないことがわかる。ただし、単位を落とさない程度の勉強をすることについては、他分野に比べ高い。総じて、他の専門分野比べると概して学習に前向きではない院生が少なくないが、一方で要領の良さを感じさせる院生集団であるという印象を受ける。

　学習環境の一つとしての友人関係については、他分野に比して職業や年齢の異なる友人ができると答えた者が少ないのも特徴である。サンプルが少ないという条件付きではあるが、平均年齢が20～30代である点や、年齢分散が他分野と比して大きくはない点、一般入試を通じての進学者が87％近くいる点、就労経験者が半数いる点（他分野就労経験の有無の比が6：4）などを加味すると、過去に経験した職業や年齢面で他の分野に比べるとやや同質的な集団であることが推測される。

2. 進学先への印象・満足度も……低い

　つぎに、IT・コンテンツ系院生の進学先への印象や満足度を検討してみよう。まず、進学先に対する印象は、総じてIT・コンテンツ系院生は、他の

専門分野の院生に比してあまり芳しくない。具体的には、性格に合っていると感じている院生が少なく、希望する職業に就くことができるという確信も高くない。さらに、求めている生き方ができると感じている者も少なく、現在のIT・コンテンツ系の専攻に学ぶことに誇りを感じている者も他専門よりも低い（表5-3）。

満足度についてはどうだろう。物的・人的環境に関する満足度を除いて、教育内容、カリキュラムの体系性、将来キャリアと教育内容の関連性そして

表5-3 進学先への印象

	その他	IT コンテンツ	
性格にあっている	81.0%	73.6%	*
興味関心にあっている	90.6%	81.6%	*
能力を活かすことができる	79.9%	74.7%	
希望する職業に就くことができる	74.1%	61.6%	**
求めている生き方ができる	78.5%	67.4%	*
現在の専攻を学んでいることを誇りに思う	88.4%	79.3%	**

+ $p<0.1$ * $p<0.05$ ** $p<0.01$
「かなり当てはまる」「やや当てはまる」の合計。

表5-4 満足度の平均値・標準偏差および平均値の差の検定結果

		N	平均値	標準偏差
教育内容 **	ITコンテンツ	85	6.35	2.05
	その他	1596	7.20	1.99
カリキュラムの体系性 **	ITコンテンツ	85	6.12	2.07
	その他	1597	6.76	2.08
将来のキャリアと教育内容との関連 **	ITコンテンツ	84	5.87	2.17
	その他	1595	6.82	2.11
物的環境（施設設備）	ITコンテンツ	85	7.41	2.18
	その他	1597	7.14	2.27
人的環境（教員）	ITコンテンツ	85	6.75	2.35
	その他	1597	7.10	2.12
大学院教育トータル	ITコンテンツ	85	6.53	1.74
	その他	1596	7.16	1.75

+ $p<0.1$ * $p<0.05$ ** $p<0.01$

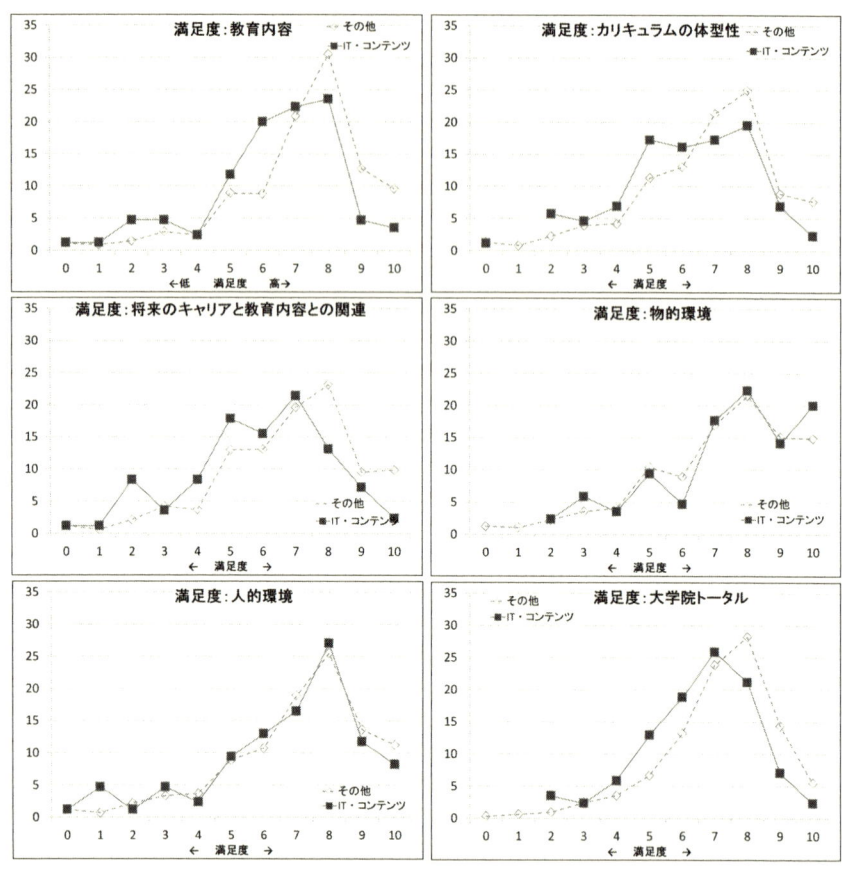

図 5-1　満足度の分布

大学院教育トータルの 4 つについて、図 5-1 に見られるように、満足度が他の専門分野よりも不満の方にシフトしていることがわかる。

さらに、知識技術の習得状況についての自己評価を見ると（表 5-5）、アンケートで尋ねた 10 の能力のうち 5 項目で差が見られ、いずれも他の専門分野の院生よりも IT・コンテンツ系院生が低いという結果になっている。

表 5-5　知識技術の習得状況

	その他	IT コンテンツ	
幅広い知識・教養	73.2	68.6	
問題に取り組むための見方	85.2	74.4	+
大学院で専攻する専門分野の知識	83.7	74.4	+
論理的に考える能力	83.2	63.5	**
対人関係能力	71.7	60.5	*
文章表現の能力	68.6	49.4	**
社会が直面する問題の理解	69.9	59.3	**
語学力	17.8	18.6	
プレゼンテーション能力	47.8	55.8	
時間管理能力	63.3	65.5	

+ $p<0.1$ * $p<0.05$ ** $p<0.01$
「かなり当てはまる」「やや当てはまる」の合計。

3. 進路希望

　もともと、IT・コンテンツ業界は、職業参入に不可欠な固有の資格が明確に存在するわけではないので、自ずとそうした資格取得を希望する者が多くない（表 5-6）。大学院進学についても他の専門の院生に比して消極的である。

4. 経済状況・家庭の状況・理解

　IT・コンテンツ系の院生の経済状況はどのような状態だろうか。まず、現在の経済状況は、他の専門分野に比して、大学院進学可能か否かで苦しんだとか、進学のために苦労して貯蓄したなどを経験した者が多いわけではなく、全体の傾向とほぼ変わらない（6割近くが苦労をしたと答えてはいる）。ただし、今の生活が苦しいと答えた者は、他分野院生（48.5%）に比して多い（63.5%）。

　学費の減免措置、勤務先・保護者・親戚からの学費援助は他に比してことさら多いというわけではなく、奨学金受給者はむしろやや少ない（表 5-8）。

表 5-6　進路希望

	職業参入に不可欠な資格取得とそれを活かした就職 **		キャリアアップに有利な資格取得とそれを活かした就職 **		資格を必要としない仕事に従事 **		博士課程への進学	
	その他	ITコンテンツ	その他	ITコンテンツ	その他	ITコンテンツ	その他	ITコンテンツ
希望する：まったく実現可能性はない	2.9	10.5	2.7	8.2	6.1	3.5	9.6	11.6
希望する：あまり実現可能性はない	11.5	15.1	13.0	9.4	11.2	7.1	12.6	20.9
希望する：やや実現可能性がある	33.9	15.1	28.0	30.6	16.6	37.6	9.1	10.5
希望する：かなり実現可能性がある	26.1	1.2	15.5	8.2	9.9	27.1	3.1	2.3
希望していない	25.5	58.1	40.8	43.5	56.3	24.7	65.5	54.7
合計	100.0	100.0	100.0	100.0	100.0	100.0	100.0	100.0

+ p<0.1 * p<0.05 ** p<0.01

表 5-7　経済状況

	その他	ITコンテンツ	
大学院進学が可能か否かで苦しんだ	53.9	58.8	
大学院進学のために苦労して貯蓄した	31.3	34.1	
現在の生活は苦しい	48.5	63.5	*

+ p<0.1 * p<0.05 ** p<0.01
「かなり当てはまる」「やや当てはまる」の合計

表 5-8　受けている経済的援助

	その他	ITコンテンツ	
学費減免措置	16.0	14.0	
奨学金	39.3	27.6	*
勤務先から学費援助	8.3	8.1	
保護者・親戚から学費援助	48.2	53.5	

+ p<0.1 * p<0.05 ** p<0.01
「受けている」と応えた割合。

表 5-9　大学院進学に関する家族の反応

	その他	IT コンテンツ	
進学を歓迎している	82.7%	61.2%	**
修了後の進路を心配している	53.7%	61.6%	**
特に関心を示さず	14.1%	33.7%	**
出費がかかることに不満	28.4%	30.6%	
家族に時間を割けないことに不満	24.1%	33.3%	

+ p<0.1 * p<0.05 ** p<0.01
「かなり当てはまる」「やや当てはまる」の合計。

　では、家族は進学を歓迎しているのか。表 5-9 を見ると、IT・コンテンツ系の家族は他の専門分野の院生の家族に比して、大学院への進学を歓迎しておらず、修了後の進路を心配している。さらに関心を示さない家庭も多いことがわかる。

5. 大学院入学以前の学習経験・能力獲得状況

　ここでは、専門職大学院入学以前の状況を確認していこう。まず、現在の専門職大学院入学以前に、その大学院の専門分野に関する学修経験があるかどうかを尋ねたところ、IT・コンテンツ系の学生は、他の分野の学生に比して既習経験があると答えた者が多い（IT・コンテンツ系：70.6%、他分野：59.8%）。

表 5-10　専攻分野についての学習経験の有無と場所

	その他	IT コンテンツ	
専攻分野についての過去の学習経験：ある	59.8	70.6	*
過去に専門分野を学習した場所			
専門学校	20.3	43.3	**
学部段階	79.8	50.0	**
別の専門職大学院	1.3	0.0	
別の（専門職でない）大学院	3.9	6.7	
その他	9.0	8.3	

+ p<0.1 * p<0.05 ** p<0.01
「過去に専門分野を学習した場所」については「当てはまる」の割合。

表 5-11　大学院入学以前の大学での活動の熱心さ

	その他	IT コンテンツ	
専門分野に関する学習	56.8%	80.2%	**
専門分野以外の学習	41.6%	55.8%	**
体育会・サークル活動	54.4%	37.2%	**
アルバイト活動	51.2%	44.2%	**

+ p<0.1 * p<0.05 ** p<0.01
「かなり熱心だった」「やや熱心だった」の合計

既習場所は専門学校が中心であり、大学の学部ではあまり学習してないことがわかった。

大学院入学以前の大学等での勉学状況については（表5-11）、専門分野・専門分野以外の学習には他の専攻よりも熱心であることがわかる。サークル活動は熱心でない。卒業時の能力についての自己評価については、専門分野に関する知識については、他の専門よりも「かなり身についていた」「身についていた」と答える者が多い。その他については、幅広い知識・教養についても他の専門分野よりも身についたと答えた者が多い（ただし統計的有意水

表 5-12　卒業時に身に付けていた能力

	その他	IT コンテンツ	
幅広い知識・教養	53.4%	66.7%	+
問題に取り組むための見方	50.3%	57.1%	
大学院で専攻する専門分野の知識	48.4%	76.2%	**
論理的に考える能力	52.0%	59.5%	
対人関係能力	66.1%	56.0%	
文章表現の能力	46.6%	42.9%	
社会が直面する問題の理解	46.2%	36.9%	*
語学力	26.4%	27.4%	
プレゼンテーション能力	30.4%	31.0%	
時間管理能力	35.5%	42.2%	

+ p<0.1 * p<0.05 ** p<0.01
「かなり身についた」「やや身についた」の合計。

準は10%）が、社会が直面する問題の理解については、やや他の専門よりも「身についた」とする者が少ない（**表5-12**）。

6. 受験準備・志望・入学目的など

では、受験準備はどうだったのか（**表5-13**）。IT・コンテンツ系は、他の専門に比して十分な時間が割けなかったと答える者が多く、「時間が割けた」という問いに対して「かなり当てはまる」「あてはまる」と答えた者は15.2％である（その他は36.9％）。

志望順位については、IT・コンテンツ系学生の9割が第一志望（その他は7割）であり（**表5-14**）、その進学目的は、資格志向が低く起業志向が高いという傾向が見られた（**表5-15**）。なお、進学目的のうち「専門的な知識を得るため」については、専門分野間で％の差が見られないが、これは実は「かなり当てはまる」と答えた％に開きがある（その他：69.1％、IT・コンテンツ：54.1％）。

表5-13　大学院受験準備について

	その他	IT コンテンツ	
十分な時間が割けた	36.9％	15.1％	**
大変だった	51.8％	40.5％	+
準備を通じ、授業に必要な力量を得た	21.6％	20.0％	

+ p<0.1 * p<0.05 ** p<0.01
「かなり当てはまる」「やや当てはまる」の合計。

表5-14　志望順位

	その他	IT コンテンツ	合計	
第一志望だった	70.3％	90.7％	71.3％	**
第一志望ではなかった	29.7％	9.3％	28.7％	
合計	100.0％	100.0％	100.0％	

+ p<0.1 * p<0.05 ** p<0.01

表 5-15 大学院進学の目的

	その他	IT コンテンツ	
専門的な知識を得るため	96.0%	97.6%	**
幅広い視野や知識・教養を得るため	81.2%	90.5%	+
より高い給料や役職に結びつくため	52.5%	47.1%	
職業資格を取得するため	68.1%	30.6%	**
起業のため	21.7%	45.9%	**
学位を取得するため	44.7%	50.6%	
大学教員から勧められたため	11.7%	16.5%	
周囲(家族・友人・職場等)から勧め	23.2%	20.5%	

+ $p<0.1$ * $p<0.05$ ** $p<0.01$
「かなり当てはまる」「やや当てはまる」の合計。

7. 院生から見た IT・コンテンツ系専門職大学院の組織特性

ここでは、専門職大学院に在籍している IT・コンテンツ系院生が、学習環境をどう評価しているかを検討してみよう。

まず、教育環境の充実度を検討してみると、授業内容、授業方法、研究指

表 5-16 環境の充実度

	その他	IT コンテンツ	
授業の内容	81.1%	60.5%	**
授業の方法	72.5%	57.0%	**
履修できる科目のバラエティ	65.2%	56.3%	
研究指導	59.6%	47.7%	+
教員の数	67.7%	57.0%	+
教員の質	76.7%	73.3%	
授業以外での教員との交流	57.4%	44.8%	
学生が交流する機会	69.0%	48.3%	**
図書館の施設や蔵書数	69.1%	85.1%	**
就職支援体制	28.7%	27.9%	

+ $p<0.1$ * $p<0.05$ ** $p<0.01$
「かなり当てはまる」「やや当てはまる」の合計。

導、教員の数、学生が交流する機会の5項目について、IT・コンテンツ系院生は他の専門の院生よりも所属する大学院の環境が充実していると答えた者の割合が低い。ただし、図書館の施設・蔵書数については、IT・コンテンツ系院生の方が充実していると答えた者の割合が高い。

では、進学先の大学院で重視されていることは何か。理論・概念、分析方法、現実課題準拠、資格試験の準備などといった学修は、むしろ他の専門分野で重視されているようである（表5-17）。他方、入試で重視されていた事柄については、大学院で学習する専門知識および研究計画について、IT・コンテンツ系では他の専門に比して重視度が低い（表5-18）。

表5-17　進学先で重視されていること

	その他	IT コンテンツ	
理論や概念の学習	88.5%	53.5%	**
分析方法の学習	70.7%	44.2%	**
コミュニケーション能力	54.1%	58.1%	
現実の課題に即した学習	78.1%	63.5%	*
職場での実践力を高めること	57.9%	59.3%	
資格試験の準備	41.3%	32.6%	*
語学力の習得	8.6%	15.1%	+
専門職としての仕事遂行能力の習得	63.7%	71.8%	
友人のネットワークを作ること	49.7%	58.1%	

+ p<0.1 * p<0.05 ** p<0.01
「かなり当てはまる」「やや当てはまる」の合計。

表5-18　入試で重視されていること

	その他	IT コンテンツ	
専門職大学院で学習する専門分野の知識	44.4%	67.1%	**
語学力	17.3%	24.7%	
研究計画	34.1%	44.2%	**
進学動機・将来展望	82.5%	81.2%	

+ p<0.1 * p<0.05 ** p<0.01
「かなり重視していた」「やや重視していた」の合計。

8. おわりに

　アンケート対象者数が少ないので、これまで見てきた分析結果をIT・コンテンツ系の院生として一般化することには慎重にならねばならないが、その点を踏まえた上でこれまでの分析結果を総括してみよう。

　今回の調査から浮かび上がってきたIT・コンテンツ系専門職大学院生のイメージ像は、学習への積極性が低く、進学先への印象・満足度も低い。受験準備も十分ではなさそうである。大学院の学習環境や取組についての評価を見ても、一部を除いて他の専門分野に比して高くはない。そして、家族はかならずしも専門職大学院への進学を歓迎していないか、あるいは無関心であり、修了後の進路への不安も高い。

　しかし、大学院入学以前の状況については、現在の専門分野に関する学修経験があり、専門分野や専門分野以外の学習も熱心であったようだ。卒業時の能力についても、専門分野に関する知識が「身についていた」と答える者が多い。そして9割が第一志望であった。

　つまり、IT・コンテンツ系専門職大学院に集った学生は、入学前の学修への取組や経験は特に問題はなかったのだが、専門職大学院においては、期待に反するような学修環境や内容に直面し、積極性や意欲が低減してしまったのではないかと考えられる。

　こうした院生の反応は、IT・コンテンツ系専門職大学院の根本的性質も影響しているかもしれない。吉田の専門職大学院の分類によれば（吉田2010 75頁）、IT・コンテンツ系は、新規参入の設立母体であり且つ専門職資格がない群に位置する。この群が専門職大学院を設立した意図はおおよそ共通している。これまで大学や専門学校、訓練プログラムで専門的技術や技能を養成し技能職としての人材を輩出してきたが、その輩出先の業界において、技術・技能以上に、仕事やビジネス自体を企画・経営する能力の需要が高まった点である。すでにピンポイントな専門的技能・技術の教育ノウハウは、専門学校や・短大・大学や短期訓練プログラム等で有していたので、それらのノウハウに加え、経営者としての専門的知識や経営感覚、教養や総合的・国

際的視野の涵養を教育の中に組み込みつつ研究開発も行うのに適切だと思われたのが、専門職大学院だったのである。こうしたもくろみは、国の知的財産戦略本部が主導したプロデューサー人材養成の構想に準拠している。さらに、CG・アニメーション系大学院の教員の言によれば、「プロデューサー」という職名は通称であり、固有の職階・肩書きが存在しているわけではない。長年働いていれば成れるモノだという伝統的認識があった。そのような慣習的な仕事としてのプロデューサーに、専門職大学院で学習経験と学位を要件とすることにより、職業としての専門職化の確立を促したいという思惑、さらには業界の認識として、専門の公的教育機関が無いことや、同様に人材養成を行っているのに、公教育機関よりも低く見られている点に劣等感があり、学位授与権を持つことにより、劣等感を解消したかったという思惑も重なった結果が、IT・コンテンツ分野の専門職大学院設立を促した側面があるだろう。

　つまり、IT・コンテンツ系人材の高度化（プロデューサー養成）と関連業界の職業集団の地位向上と専門職化が、専門職大学院設立のドライビングフォースになっていたのである。もしかしたらこうした目的の元に構成された大学院での学習内容や環境と、学生が進学前に抱いていた大学院についてのイメージに大きな落差が生じ、その結果が、アンケートへの反応に現れたのかもしれない。設置者の大学院にかける思惑とは裏腹に、学生は、もともと学位に意味を見いだしておらず、国家資格も取得できないこの専門職大学院に、煽られては入ってみたが、「がっかりしてしまった」という状況なのではないだろうか。

第6章　資格か経験かが問われる教職

吉田　文

1．問題の設定

　本章の目的は、教職大学院に在学する院生を学部新卒者（ストレートマスター）と現職教員とに分けて、その学習実態を比較することにあるが、それは以下に述べるような、教職大学院が置かれた他の専門職大学院との違いに由来するものである。

　教職大学院は2008年4月より、専門職大学院制度のもとで発足したが、他の専門職大学院と比較して後発組であり、かつ、他とやや異なる制度設計のもとにある。教員養成に関する専門職大学院については、専門職大学院の制度化が進められていた時点では、明確な形での議論はなされていなかった。教職大学院に関する議論がはじまるのは、2004年に文部科学大臣から「今後の教員養成・免許制度の在り方について」の諮問を受けたことによる。この諮問では、1.教員養成における専門職大学院の在り方と、2.教員免許制度の改革、とりわけ教員免許更新制の導入についての2点が検討課題とされ、それにもとづきそれぞれのワーキング・グループが設定された。各ワーキング・グループでの議論を踏まえ、2006年に『今後の教員養成・免許制度の在り方について（答申）』(http://www.mext.go.jp/b_menu/shingi/chukyo/chukyo0/toushin/06071910.htm) が出された。

　答申では、「教員に対する揺るぎない信頼を確立し、国際的にも教員の資質能力がより一層高いものとなるようにすることが極めて重要」だとし、それを「教員に求められる資質能力を確実に身に付けること」とともに、「不

断に最新の専門的知識や指導技術等を身に付けていくこと」とを課題として遂行していくこととした。教員免許状を得るまでに十分な資質を備え、加えて、教員として仕事をするなかでも研鑽を積むことが必要とされたのである。そのためにとられた具体的方策としては、「1. 教職課程の質的水準の向上」、「2. 教職大学院の創設」、「3. 教員免許更新制の導入」の3つがあげられた。「1. 教職課程の質的水準の向上」が、「教員に求められる資質能力を確実に身に付けること」に対応するものであり、「3. 教員免許更新制の導入」が、「不断に最新の専門的知識や指導技術等を身に付けていくこと」に対応する方策であることは言うまでもないが、その中間に置かれた、「2. 教職大学院の創設」はどのように位置づけられたのか。

　答申によれば、従来の大学院が、「教員養成分野でも、ともすれば個別分野の学問的知識・能力が過度に重視される一方、学校現場での実践力・応用力など教職としての高度の専門性の育成がおろそかになっており、本来期待された機能を十分に果たしていない。」との認識にもとづき、専門職大学院の必要性が述べられているが、そこでは、当初から教員養成とその再教育とが役割としてパラレルに列挙されている。「学部段階での資質能力を修得した者の中から、さらにより実践的な指導力・展開力を備え、新しい学校づくりの有力な一員となり得る新人教員の養成」と「現職教員を対象に、地域や学校における指導的役割を果たし得る教員等として不可欠な確かな指導理論と優れた実践力・応用力を備えたスクールリーダーの養成」とがそれである。教員に関する2つの課題のうち、「教員に求められる資質能力を確実に身に付けること」は新人教員の養成で、「不断に最新の専門的知識や指導技術等を身に付けていくこと」はスクールリーダーの養成によって達成するものとし、教職大学院はこれら2つの課題をともに担う場とされたのである。

　新人教員の養成とスクールリーダーの養成という課された2つの役割には、それぞれの履修コースを設定することで対応した。標準修業年限を2年としつつも、2年以上の長期履修コースと1年以上2年未満の短期履修コースの2つに分け、学部新卒者は2年、現職教員は1年以上2年未満のコースで履修させることとした。異なる2つの目的に対応した制度設計としたことが教

職大学院の制度的特徴であり、また、スクールリーダーの養成をめざす現職教員は、通常、教育委員会などから派遣され、派遣期間はフルタイムで学習し、修了後はもとの職場に戻るというキャリアを一般的と想定した。社会人というカテゴリーに関していえば、フルタイムで就業しながら大学院での学習を継続する者が多い経営系、あるいは就業経験をもつが辞職して司法試験をめざす者が多い法科大学院とも異なり、教職大学院の場合は就労を免除されてフルタイムでの学習をし、修了後の職業保証があることを特徴として指摘することができる。

このようにして教職大学院は、2007年の省令改正により2008年から発足した。2008年には19校、定員706人で出発し、2013年では25校、定員814人の陣容をもつ。小規模ながら定員未充足が問題であり、定員未充足大学は2008年当初は19校中8大学、2009年は24大学中11大学、2013年も25大学中11大学である。ただ、2010年の定員充足率は95.5％、2013年には、98.5％を満たすに至った。志願者の増加に並行して定員の充足率が上昇しているが、入学競争が激化したというほどではない。ちなみに、2008年の入学者は学部新卒者などが316人に対し現職教員が328人とほぼ同数であるが、志願者でみると学部新卒者は579人、現職教員は365人であり、入学者に対する志願者の比率は、学部新卒者で1.83倍、現職教員で1.11倍と、学部新卒者で入学競争が厳しい。

このように目的を異にする大学院生、すなわち学部新卒者と現職教員とでは、学習実態やその成果においてどのような相違があるのかを比較することが、本章の課題である。分析に用いるデータは121票であり、その内訳は、就業未経験者が53人、職場に籍をおきつつ勤労を免除されている者56人、フルタイムで働きながら大学院に通学している者7人、進学のために辞職した者5人である。教職大学院の場合、現職教員は教育委員会などから派遣されるため、職場に籍をおきつつ勤労を免除されている者が多い。大学院での学習や研究にフルタイムで従事し、しかも修了後の職も保証されているという好条件が整備されているのである。

以下の分析では、フルタイムで働きながら大学院に通学している者、進学

のために辞職した者を除き、就業未経験者 53 人と職場に籍をおきつつ勤労を免除されている者 56 人を比較する。といういのも、フルタイムで働きながら大学院に通学している者、進学のために辞職した者が少ないこと、また、これらの者が、職場に籍をおきつつ勤労を免除されている者とは、意識や行動の上で異なっていると考えたことによる。

対象者の年齢構成は、就業未経験者は 24 歳以下が 86.8％、25 〜 29 歳が 5.7％であり、ほとんどが学部卒業直後に教職大学院に進学している者であると想定でき、以下では学部新卒者として扱う。他方、職場に籍をおきつつ勤労を免除されている者（以下では、現職教員として扱う）は、35 〜 39 歳が 35.7％、40 〜 44 歳が 39.3％、45 〜 49 歳が 17.9％であり、30 歳代後半から 40 歳代前半に集中しており、20 歳代から 30 歳代前半の若年者は、25 〜 29 歳で 1.8％、30 〜 34 歳で 5.4％と少ない。教員経験年数で考えれば、30 歳代後半では 15 年前後、40 歳代前半では 20 年前後になり、中堅の域に達している者が大半を占めている。性別では、学部新卒者、現職教員ともに男性が 65％前後、女性が 35％前後である。

分析の枠組みは、**図 6-1** に示すように、大学院教育の効果を知識・技能・能力（以下では、知識など）の獲得および向上とし、それに個人的要因と大学院の環境要因とがどのように影響しているのかを検討するというものである。

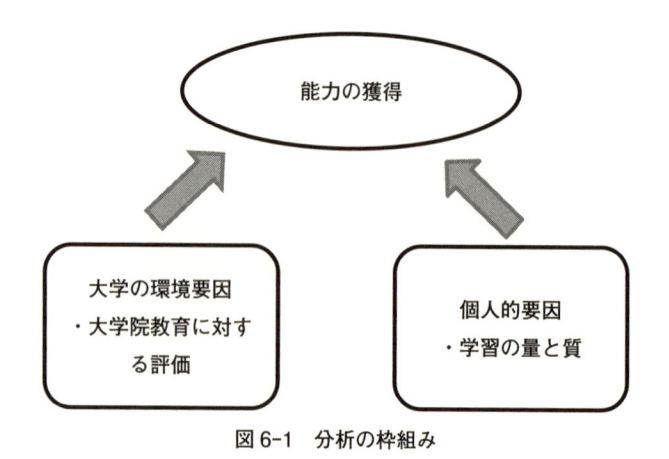

図 6-1　分析の枠組み

知識・技能・能力の獲得の度合い関しては、同項目について、大学院在学の現在と学部卒業時の状況についてたずね、その差分をもって大学院で獲得したものとする。知識などの獲得に影響を与える個人的要因としては学習の量と質を、環境要因としては大学院教育に対する評価について、教育内容や方法などソフト面と、施設・設備などのハード面を変数として用いることにする。

　この枠組みに依拠し、以下では、第1に、知識などの獲得・向上の度合いに関して、大学院在学時、学部卒業時、学部卒業時から大学院在学現在までの伸びの3時点を学部新卒者と現職教員との比較を行う。第2に、知識などの向上の度合いに対する個人的要因と大学院の環境要因の影響について、学部新卒者と現職教員とを比較する。第3に、学部卒業時に身につけている知識などに対して、どのような要因が影響を与えているか、それが学部新卒者と現職教員とでどのように異なるかを検討する。第4に、教職大学院において社会人と非社会人との学習効果について考察する。

2. 獲得・向上した知識・技能・能力

　まず、大学院で学習している現在、下記の知識などがどの程度身についていると思うか、その主観的な評価について学部新卒者と現職教員とを比較しよう。**表6-1**に示したように「幅広い知識・教養」から「時間管理能力」まで10項目にわたってたずねているが、「幅広い知識・教養」、「社会が直面する問題の理解」の2項目においてのみ統計的有意差があり、現職教員が学部新卒者を上回っている。「文章表現の能力」、「語学力」、「プレゼンテーション能力」といったスキルに関するもの、「対人関係能力」、「時間管理能力」といった汎用的な能力に関するものでは、現職教員と学部新卒者との間に差はみられない。さらに、「論理的に考える能力」に関しては統計的に有意ではないものの、学部新卒者において「身についている」と解答する者が多い。現職教員と学部新卒者の間に、獲得した知識などに関して大きな違いがないことを、教職大学院の特徴と指摘できよう。

表6-1 現在獲得している知識・技能・能力

	学部新卒者	現職教員	
幅広い知識・教養	60.4	76.4	†
問題に取り組むための見方	83.0	92.7	
大学院で専攻する専門分野の知識	67.9	78.2	
論理的に考える能力	79.2	67.3	
対人関係能力	83.0	87.3	
文章表現の能力	56.3	54.5	
社会が直面する問題の理解	66.0	81.8	†
語学力	13.2	12.7	
プレゼンテーション能力	69.8	67.3	
時間管理能力	58.5	58.2	

† …p＜0.1
「かなり身についている」+「やや身についている」の％。

　次に、学部卒業時から大学院在学時までの知識などの伸びという観点から、現職教員と学部新卒者の差異を検討してみよう。2時点における知識などについての4段階の自己評価の差分を「向上」、「同等」、「低下」の3つに分類し、その分布を比較すると、両者に差のある項目は「社会が直面する問題の理解」のみである（「向上」「同等」「低下」の順で、現職教員は5.6％、33.3％、61.1％、学部新卒者は3.8％、54.7％、41.5％、$\chi^2=4.966$, df=2, p=.084）。

　学部卒業時から大学院在学の現在まで知識などの向上に関して、現職教員と学部新卒者とで、ほとんど差がないことが明らかになったが、これは、他の専門職大学院と比較しての教職大学院の特徴の1つということができる。他の専門職大学院では、就業経験者は学部新卒者よりも、学部卒業時から大学院在学の現在までに、知識などに関してさまざまな側面で向上させた者が多く、就業経験と大学院教育とが効果的に働いていることが推測された。しかし、教職大学院では、就業経験のある現職教員だからといって知識などを向上させているわけではなく、逆にいえば、学部卒業直後に大学院に進学しているストレートマスターが就業経験者とほぼ同等に知識などを伸ばしている。大学院教育の効果は、現職教員と学部新卒者とで差がないということになる。

なぜ、現職教員には知識などを向上させる者が少ないのか。その１つの理由として考えられるのは、学部卒業時における知識などの獲得状況において、現職教員と学部新卒者とで差がない、ないし、学部新卒者の自己評価が現職教員を凌いでいるという可能性である。

そこで学部卒業時の知識などの獲得の度合いを検討すると、**表6-2**に示したように学部卒業者と現職教員とで統計的有意差のある項目は、「論理的に考える能力」、「文章表現の能力」、「プレゼンテーション能力」の３項目であるが、いずれも学部新卒者において「身についていた」と回答する者が多い。また、統計的有意差はないものの、「問題に取り組むための見方」、「社会が直面する問題の理解」も、学部新卒者において「身についていた」とする者が多い。学部卒業からまもない学部新卒者の、学部卒業段階における知識などの自己評価が高いことも、教職大学院のもう１つの特徴として指摘したい。というのは、他の専門職大学院では、学部卒業時の知識などの自己評価において、就業経験者と未経験者とで差がないからである。

現職教員の大学院在学現在の自己評価が、学部新卒者より統計的な有意をもって高くないこと、学部新卒者の学部卒業段階の自己評価が比較的高いことは、結果として、２つの時点における知識などの獲得状況の差分において、

表6-2 学部卒業時に獲得した知識・技能・能力

	学部新卒者	現職教員	
幅広い知識・教養	49.1	54.5	
問題に取り組むための見方	50.9	38.2	
大学院で専攻する専門分野の知識	60.4	58.2	
論理的に考える能力	50.9	32.7	†
対人関係能力	66.0	76.4	
文章表現の能力	47.2	21.0	**
社会が直面する問題の理解	39.6	30.9	
語学力	9.4	7.3	
プレゼンテーション能力	20.8	5.5	*
時間管理能力	41.5	40.0	

**…$p<.01$、*…$p<.05$、†…$p<.1$
「かなり身についている」+「やや身についている」の%。

現職教員と学部新卒者の間に違いがないことにつながっているのである。

ただ、ここで興味深いのは、「社会が直面する問題の理解」に対する現職教員と学部新卒者の違いである。学部卒業段階では、学部新卒者の方が、現職教員よりも「身についた」とする程度はやや高かった。しかし、大学院に在学する現在においては、現職教員が学部新卒者を上回り、結果として、学部卒業時から大学院在学の現在までの伸びにおいて、現職教員が学部教員を上回る唯一の項目となっている。現職教員にとって、大学院における学習が効果をもたらしたことを示すものであるが、おそらくは、現職教員としての経験と大学院での学習とが相互に影響を及ぼすことで、「社会が直面する問題の理解」は深まったのではないかと推測される。

大学院における学習の量や質の違い、大学院に対する評価の違いが、どのように関連しているのか。この問いについて第3節で検討する。では、なぜ教職大学院では、大学卒業時に身につけていたとする能力に関して、学部新卒者は現職教員よりも高い傾向があるのか。この問いについて第4節で検討する。

3. 知識・技能・能力の向上に影響を与える要因

学部卒業時から大学院在学の現在までの知識などの向上の程度において、個人的要因や大学院の環境要因はどのように影響を与えているのだろう。現職教員と学部新卒者とでほとんど差がなかったが、学習量や学習の質、あるいは大学院教育に対する評価によっては、両者に知識などの向上の程度が異なってくることはないだろうか。

そこで、個人的要因のうち学習量として「通学日数」、「大学院以外での自習時間」、学習の質として「大学院での勉学の熱心さ」の度合い、「十分な予習・復習をしている」、「授業中は積極的に発言や質問をしている」を用いて検討する。

通学日数については、1～5日と6～7日とに分け、平日通学する者と週末を含めて通学する者とで比較すると、学部新卒者は週末を含んで6～7日

通学する者 37.7％に対し、現職教員では 17.9％、他方、1～5 日と平日中心に通学する者は学部新卒者 62.3％に対し、現職教員では 82.1％と、学部新卒者の通学日数が長い（χ^2=5.394、df=1、p=.031）。また、大学院以外での自習時間に関しては、学部新卒者の平均自習時間は 10.0 時間、現職教員は 8.9 時間であり、学部新卒者の自習時間はやや長いものの統計的な有意差はみられない（t=.684、df=75.088、p=.496）。この自習時間については、9 時間以下のグループと 10 時間以上のグループに分けて比較する。

学習の質のうち「大学院での勉学の熱心さの度合い」に関する 4 段階評価の分布は、学部新卒者と現職教員とで差はない（χ^2=.834、df=2、p=.659）。また、「十分な予習・復習をしている」に関しては、該当する者は学部新卒者で 46.2％、現職教員で 46.4％であり、両者の間に差はない（χ^2=.001、df=1、p=1.000）。「授業中は積極的に発言や質問をしている」に関しても、該当する者は学部新卒者で 63.5％、現職教員で 60.7％であり、両者の間に差はない（χ^2=.086、df=1、p=.844）。

現職教員が勤務を免除されている教職大学院の場合、学部新卒者と現職教員とで学習量に大きな違いがみられないのは当然として、学習の質に関しても両者の差はないということができる。

環境要因に関しては、大学院教育の充実度と、大学院教育で重視されていることがらの程度とから検討する。大学院教育の充実度としては、「授業の内容」、「授業の方法」、「研究指導」、「教員の質」などのソフトな環境と、「図書館」などのハードな環境をとりあげ、それらに対する評価が現職教員と学部新卒者とで差異があるか否かをみたところ、学部新卒者と現職教員とで評価に違いがあるものは、「研究指導」のみであり、充実していると回答する現職教員は 76.8％であり、学部新卒者の 50.9％を凌駕している（χ^2=7.914、df=1、p=.006）

同様に大学院教育において重視されている項目中、有意差があるものは、表 6-3 に示すように、学部新卒者は「資格試験の準備」、「実技・実習」が重視されていると回答する者が多く、現職教員は「専門職としての仕事遂行能力の重視」が重視されていると回答する者が多い。こうした違いは、学部

表6-3 大学院で重視されている教育内容

		重視されている	重視されていない	計 (N)	
資格試験の準備	学部新卒者	31.4	68.6	100.0 (52)	*
	現職教員	14.3	85.7	100.0 (56)	
実技・実習	学部新卒者	96.2	3.8	100.0 (52)	**
	現職教員	78.6	21.4	100.0 (56)	
専門職としての仕事遂行能力の重視	学部新卒者	65.4	34.6	100.0 (52)	*
	現職教員	83.9	16.1	100.0 (56)	

**…p＜.01、*…p＜.05、†…p＜.1

新卒者と現職教員との置かれた立場や認識の違いをよく表している。

教員資格は取得したものの大学院修了後の教員採用試験を控えた学部新卒者は、大学院での学習を受験勉強として捉え、かつ、学部の教職課程よりも格段に多い教育実習をこなす日々であり、他方で、現職教員は、現場から離れての大学院の学習の意味を研究指導に見出し、また、採用試験の受験の必要がない余裕が、教員としての専門性をさらに高めることに力を注ぐ学習になっているといえるのではないだろうか。

では、学習の量や質の違い、大学院教育に対する評価の違いが、現職教員と学部新卒者の知識などの向上の度合いに影響を与えているのだろうか。現職教員と学部新卒者とでは知識などの向上の度合いにほとんど差異がなかったが、それぞれの集団において知識などを向上させた者とそうでない者とを分化させるものとして、何らかの要因が影響を与えているか否かを検討するのである。

分析の精度をあげるため、能力の向上の程度を2分類として分析する(「向上」、「同等」、「低下」の3分類を「向上」(「向上」＋「同等」)と「低下」の2分類)。また、学習の質の指標の1つである「大学院での勉学の熱心さの度合い」については、4分類のうち「かなり熱心」を「熱心」、「やや熱心」＋「あまり熱心でない」＋「まったく熱心でない」を「熱心でない」の2分類とする。

分析の結果、現職教員と学部新卒者とで知識などの向上に差異がみられるのは、勉学の熱心さの度合いでのみであり、**表6-4**にみるように、大学院の勉学に熱心な現職教員は、同じく熱心な学部新卒者よりも「問題に取り組

第6章　資格か経験かが問われる教職　111

表6-4　勉学に「熱心」であることが知識などの向上に与える影響（%）

		向上	低下	計（N）	
問題に取り組むための見方	学部新卒者	44.4	55.6	100.0（18）	†
	現職教員	75.0	25.0	100.0（20）	
社会が直面する問題の理解	学部新卒者	44.4	55.6	100.0（18）	†
	現職教員	75.0	25.0	100.0（20）	

† …p＜.1

むための見方」と「社会が直面する問題の理解」を向上させていることが明らかになった。勉学の熱心さの程度そのものは現職教員と学部新卒者とで差はなかったが、熱心な者に限定してみれば、現職教員の方が能力を向上させている傾向をみることができる。

　それ以外の、学習量の多寡や大学院教育に対する評価の程度によって、知識などの向上に影響を与える要因を見いだすことができなかった。こうした結果は、他の専門職大学院の分析結果と大きく異なるものである。他の専門職大学院では、学部新卒者よりも就労経験をもつ社会人に対して大学院教育の効果は大きく現れており、たとえ学習時間が少ない場合でも、社会人の知識などの向上の程度は高く、社会人が大学院教育をうまく利用していることが明らかにされていた。

4．学部卒業段階での知識・技能・能力の獲得に影響を与える要因

　表6-2に明らかなように、教職大学院の学部新卒者は現職教員よりも学部卒業時点において知識などの獲得の度合いが高い傾向があった。統計的有意差があるのは「論理的に考える能力」、「文章表現の能力」、「プレゼンテーション能力」であり、有意差はないものの「問題に取り組むための見方」、「社会が直面する問題の理解」でも学部新卒者において、それらを身につけているとする者の比率が多かった。

　なぜ、学部新卒者は現職教員と比較して、学部卒業段階において知識などの獲得の度合いが高いのか。この問いに答えるにあたって、学部時代における学習状況として、「学部時代に大学院での専攻を学習していたか」、「学部

時代に大学院での専攻に関する基礎的な専門知識を身につけていたか」、「学部時代に大学院での専攻に関する高度な専門知識を身につけていたか」、「学部時代の専門分野に関して熱心に学習していたか」といった変数との関連を検討する。

　現職教員と学部新卒者とで、それら学部時代の学習状況において違いがみられるものは、表6-5に示すように、大学院での専攻の学習の経験の有無と、学部時代の専門分野の学習の熱心さの度合いであり、どちらも学部新卒者において経験者が多く、熱心に学習した者が多い。いわば、直近まで学部生であった学部新卒者は、学部時代に教職課程を履修し、教員になることを目指し熱心に学習していた者が多くを占めていることが想定され、それと比較すると現職教員は大学院での学習は未経験の領域であり、また、学部時代を振り返ると、必ずしも専門分野の学習に熱心でなかったようである。

　それでは、こうした学部新卒者と現職教員との学部時代の学習状況の違いが、学部卒業時点での知識などの獲得に影響を与えているのだろうか。興味深いことに、学部新卒者においても現職教員においても、現在の専門分野の学習経験の有無は学部卒業時の知識などの獲得状況に影響を及ぼしていないが、学部時代に専門分野の学習に熱心であった者は、学部新卒者、現職教員いずれにおいても、学部卒業時において知識などを獲得している比率が高いことである。表6-6では、それに関して統計的有意差の有無を示したが、学部時代に専門分野の学習に関して熱心であった者は、学部新卒者でも現職教員でも、「幅広い知識・教養」、「問題に取り組むための見方」、「大学院で専攻する専門分野の知識」、「論理的に考える能力」、「時間管理能力」を獲得しているのである。加えて、現職教員の場合は、専門分野の学習に熱心だっ

表6-5　学部時代の学習状況　　　　　　　(%)

	大学院の専攻の学習経験			学部の専門分野の学習		
	経験	未経験	計 (N)	熱心	不熱心	計 (N)
学部新卒者	75.5	24.5	100.0 (53)	71.7	28.3	100.0 (53)
現職教員	48.1	51.9	100.0 (54)	53.6	46.4	100.0 (56)

　　　　　　　　$p<.01$　　　　　　　　　$p<.1$

第6章　資格か経験かが問われる教職　113

表6-6　学部時代の専門分野の学習の熱心さの程度と学部事業時の知識などの獲得との関連

	学部新卒者	現職教員
幅広い知識・教養	***	†
問題に取り組むための見方	*	***
大学院で専攻する専門分野の知識	***	***
論理的に考える能力	**	**
対人関係能力		
文章表現の能力		**
社会が直面する問題の理解		†
語学力		
プレゼンテーション能力		
時間管理能力	*	**

***…p < .001、**…p < .01、*…p < .05、†…p < .1

た者は、「文章表現の能力」、「社会が直面する問題の理解」を獲得する度合いが高い。

　学部新卒者も現職教員も、学部時代の専門教育を熱心に学習したことが知識などの獲得に結びついていることは共通しているものの、学部時代に専門教育を熱心にした者の比率は表6-5にみたように学部新卒者の方が多い。このために、学部卒業段階における知識などの獲得の度合いは、学部新卒者が高くなっているとみることができる。しかし、学部時代の専門教育を熱心に学習したことは、大学院在学時における知識などの獲得の程度には影響を及ぼしていない。

5. まとめと考察

　ここまでの分析をまとめると、1.大学院で獲得した知識・技能・能力、2.学部段階で身につけたそれら、3.学部から大学院までの間のそれらの向上の程度のいずれに関しても、個人的要因および環境要因が影響を与える程度において、学部新卒者と現職教員との間で大きな差異がないことが教職大学院の特徴であった。他の専門職大学院と比較して、学部新卒者の知識などの獲得や向上の程度が高いことを特徴と指摘することができる。

それらに影響を与える要因に関しても、学部新卒者と現職教員とでさほど大きな違いはみられなかった。ただ、学部卒業時の知識などの獲得において学部新卒者が高い傾向については以下のように説明することができる。学部新卒者も現職教員も、学部時代に専門教育の勉学に熱心であることが、学部卒業時の知識などの獲得に結びついていることは共通しているが、学部新卒者は現職教員よりも学部の専門教育に熱心な者が多いために、全体として学部新卒者の知識などの獲得の程度が高くなっている。しかし、学部時代の専門教育の熱心さの程度は、大学院在学時の知識などの獲得状況にまでは影響を及ぼしていない。

　むしろ、大学院においては大学院時代の学習にいかに熱心であるかが、大学院での知識などの獲得状況に影響を及ぼしている。とりわけ、現職教員は学部新卒者と比較して、大学院での学習に熱心であると、「問題に取り組むための見方」、「社会が直面する問題の理解」といった項目において成果を上げている。現職教員は、学部卒業段階で知識などを獲得する者は少なくとも、大学院での学習の熱心さが学部新卒者を上回る知識などの向上に結びつく可能性のあることが示唆されているとみてよいだろう。

　ところで、教職大学院では、学部新卒者と現職教員とで教育目的と異にすることから、両者のコースを分離するという制度設計のもとにはじまっている。しかし、大学院生の学習の実態やその結果としての知識などの獲得は大きく変わらない。それが、コースを別にしていることによって生じているのか否かはわからない。考え方は2つある。1つは、現職教員は短期間の学習であっても、学部新卒者と同程度に知識などを向上させているため、コースを別にすることに何ら問題はないというものである。もう1つは、学部新卒者には学部時代から勉学熱心な者が多く、学部卒業段階において十分に知識などを獲得している。したがって、こうした者に対してさらなる2年間の教育が必要かという考え方である。

　これらの問いについてはさらなる大規模な調査を必要とするが、教職大学院がもう少し定着した段階において検証すべき課題としたい。

第Ⅱ部　流動モデルの内部分化

第7章 「中小企業の経営層」という新顧客に開かれた経営系

濱中淳子

1. 姿がみえない経営系専門職大学院

　専門職大学院が創設されて十数年が経った。そして、法科大学院とともに重要な柱になりつつあるのが、MBA（Master of Business Administration）教育やMOT（Management of Technology）教育を提供する経営系の専門職大学院だ。2012年度の文部科学省『学校基本調査報告書』を資料に大学院専門職学位課程の入学状況をみると、入学者数は全体で7,545人、うち商学・経済学に入学する者は2,298人であり、比率にすると専門職大学院入学者の3割強を占めていることになる。

　この経営系専門職大学院のモデルが欧米のビジネス・スクールにあることは論を待たない。かつて、日本の大企業も、MBAの知識や経験を積ませるため、あるいは人脈を拡げさせるために、若手社員たちを積極的に留学させていたときく。そのビジネス・スクールの日本版が創設されたとなれば、注目も浴びることだろう。事実、経営系専門職大学院への期待、要望、あるいは批判といったものは、様々なメディアで取り上げられている。

　ところが他方で、これら経営系専門職大学院の実像について、わかっていることはあまりに少ないといえるのではないだろうか。学生の属性といったきわめて基本的な情報ですら、ほとんど判明していないというのが現状である。

　文部科学省によって、その学生像が示されたこともある。2007年2～3月に実施された「専門職大学院の教育研究活動に関する実態調査」の結果だ。

同省のホームページに掲載されている情報からは、
1. ビジネス・MOT 在学者の年齢構成は、24 歳以下 7.0％、25 ～ 29 歳 17.6％、30 ～ 39 歳 51.3％、40 ～ 49 歳 19.3％、50 歳以上 4.8％となっており、他領域に比べて 30 ～ 40 歳代の比率が高いこと
2. 社会人学生比率は 89.5％であり、これも他の領域に比べて高いこと
3. 入学時の学歴をみると、84.8％が学部卒業であり、1 割強が大学院を既に修了した経験があること

の 3 点が読み取れる。なるほど、大学卒業後、いったん社会に出て働いた者が、10 ～ 20 年経って進学している。これが主流な姿であるようだ。

ただ、この調査でわかるのもここまでである。これら情報だけでは、学生の現状を理解するには不十分だし、経営系専門職大学院の今後の姿を占うこともできない。こうした観点から、本章では、日本の経営系専門職大学院に通うフルタイムの社会人学生に焦点をあて、その特質にせまってみることにしたい。彼／彼女らは、いったいどのような属性から構成されているのか。どのような企業に勤め、どのような役職に就く人たちなのか。そして、彼／彼女らはどのような条件のなかで大学院での学習に参加しているのか。こうした点を丁寧に記述しながら、その姿を追究することが、本章の目的である。

分析に用いたのは、本研究会が実施した質問紙調査のデータである。悉皆調査ではないうえに回答者の偏りも予想され、得られる知見に限界がある点は否めない。しかし、以下で示す実態の数々は、実像解明のための最初のステップにはなるように思う。経営系専門職大学院の学生から得られた票数は 582。うち、フルタイムで民間の企業に勤めながらの通学になっている者は 5 割ほど。本章ではこのデータを用いて、勤務先の規模と役職（第 2 節）、進学動機と学習時間の確保、人間関係（第 3 節）、そして進学を支える経済的条件＝年収（第 4 節）の順に、学生たちの特質を記述していきたいと思う。

2. 社会人学生の基本的属性——**勤務先の規模と役職**

さきにも触れたが、経営系専門職大学院が創設される前、MBA 関連の

教育を受けるには、欧米ビジネス・スクールへの留学という手段が取られていた。そして、この「留学」という点がおおいに関係してのことだろう、MBA教育を受ける者の多くは、若い世代に集中していた。企業派遣というかたちでMBA教育を受けていた者に限定すれば、その大半が「大企業」の「20歳代後半から30歳代前半という若手によって占められている」ことが明らかにされている（金 2002）。「大企業」に偏っているのは、経営的に余裕がなければコストがかかる派遣制度を実施することができないからであり、「若手中心」になっているのは、企業の側に「米国のビジネス・スクールの学生の平均年齢（20歳代後半から30歳代前半）に派遣者の年齢もあわせたい」[1]、「異文化に対して吸収力や柔軟性のある若いうちに派遣したい」、「若手社員の派遣の方が、帰国後の処理に問題が少なくてすむ」といった考えがあるからだという。

さて、以下ではこの知識を出発点に、学生たちの基本的属性をおさえることから議論をはじめることにしたい。日本の経営系専門職大学院は、米国ビジネス・スクールと同じように、大企業の若手が通う場になっているのか。それとも異なる層への教育機会となっているのだろうか。この点を確認しておこう。

表7-1は、1）企業規模を、従業員「300人未満」、「300〜999人」、「1,000〜4,999人」、そして「5,000人以上」の4つに、2）役職については、「一般社員」、「係長クラス」、「課長クラス」、「経営層（経営者・役員）」の4つに分け、合計16の区分から社会人学生の分布を確認したものである。ここから

表7-1　回答者の構成

	一般社員	係長クラス	課長クラス	経営層	企業規模別計
300人未満	14人	14人	22人	41人	91人
300〜999人	13人	11人	15人	2人	41人
1,000〜4999人	19人	28人	24人	2人	73人
5000人以上	19人	40人	35人	0人	94人
役職別計	65人	93人	96人	45人	299人

うかがえるのは、日本の経営系専門職大学院の場合、その顧客が必ずしも「大企業の若手」に偏っているわけではないということである。まず、企業規模別の学生分布をみると、「300人未満」91人、「300～999人」41人、「1,000～4,999人」73人、「5,000人以上」94人。「5,000人以上」の人数こそもっとも多くなっているが、一方でほぼ匹敵する人数を「300人未満」にみることができる。そして、その「300人未満」の企業に属している学生のうち、もっとも大きなシェアを占めているのが「経営層」なのである。「300人未満」と「経営層」の双方に該当する者は41人であり、全学生の13.7％、およそ7人に1人の比率を占めている。

　経営系の大学院教育が受けられる場が日本にもできたことで、その利用層が大きく広がった。地理的制約、時間的制約が取り払われることによって、潜在していた教育への需要が顕在化した。このようにみていいように思う。

　そして重要なのは、以上の分布が、学生の属性のみならず、その学習行動の多様化をも示唆しているという点である。役職や企業規模の違いは、携わっている仕事や置かれている立場の違いを意味する。仕事や立場が違えば、進学しようとした動機も、どのような条件のもとで学習できているのかも異なっていると予想されるからだ。

　そこで次節以降、経営系専門職大学院に通う社会人学生像の理解をさらに深めるため、図7-1で示した学生分類を用いて4つの観点からの分析を加えることにしたい。1）進学動機、2）学習時間の確保、3）職場の人間関係、4）経済条件、である。彼／彼女らは、何を求めて大学院に進学したのか。学習時間は確保できているのか。一定時間職場を離れることが、人間関係に悪影響を及ぼしていないのか。そして、進学を可能にした経済条件はどのようなものなのか。

　ただ、以上の分類で示したすべての組み合わせの別に結果を並べるだけでは、記述も冗長的になってしまう。そこで、以下では、専門職大学院の創設によって掘り起こされた新たな顧客の学習実態がどのようなものか。具体的には「従業員300人未満の経営層（実線で囲った部分、以下「中小企業経営層」と記述）」と従来からのビジネス・スクールの顧客といえる「従業員5,000人

以上の若手(点線で囲った部分、以下「大企業ミドル以下」と表記)」との比較から、とりわけ前者の特質を浮き彫りにすることに焦点をあて、結果をみていくことにしたい。そこには、これまで語られたことのない経営系専門職大学院の一側面があらわれているように思う。

3. 進学動機・時間・人間関係

1 社会人学生の進学動機

進学動機から確認しよう。図7-1は、1)専門知識を得るため、2)幅広い視野や知識・教養を得るため、3)より高い給料や役職に結びつくため、4)学位を取得するため、の4つの観点から自らの進学動機について回答してもらった結果であり、それぞれ「非常にあてはまる」と回答した者の比率を示

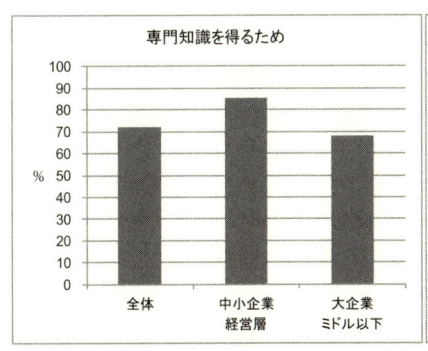

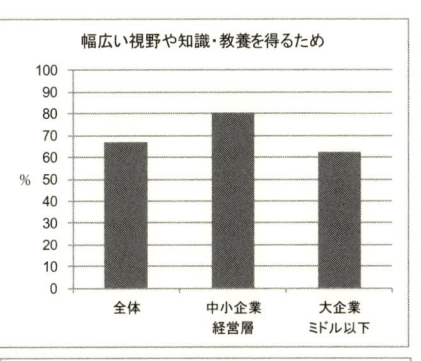

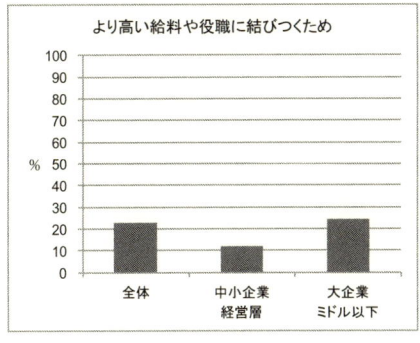

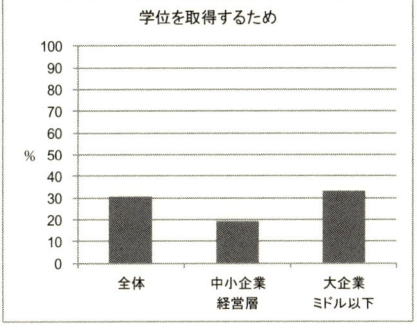

図7-1 学生タイプ別にみた進学動機

したものである。

ここからはまず、社会人学生全般に通じる特徴として、知識を得るために自発的に進学していることが指摘される。「専門知識を得るため」、「幅広い視野や知識・教養を得るため」の2つを「非常にあてはまる」とする学生の比率は、「より高い給料や役職に結びつくため」、「学位を取得するため」に該当するとした学生の比率に比べてかなり高い。

しかしながら他方でその程度は学生のタイプによって異なっており、図表からは、以上で述べた傾向が中小企業経営層でより顕著だということも明らかになる。「専門知識を得るため」、「幅広い知識・教養を得るため」の2つを「非常にあてはまる」としている中小企業経営層は8割を超え、「より高い給料や役職に結びつくため」「学位を取得するため」は1～2割ほど。大企業ミドル以下に比べて、前者の比率はより高く、そして後者の比率はより低くなっている。

後でも詳しく触れるが、経営層ともなれば、処遇面で恵まれた状況に置かれている者も多く、すでに出世を望むようなポジションにいるわけでもない。だからこそ、関心の矛先が知識そのものに向かっていると判断することもできよう。しかしここで同時に注目しておきたいのは、図7-2の結果である。

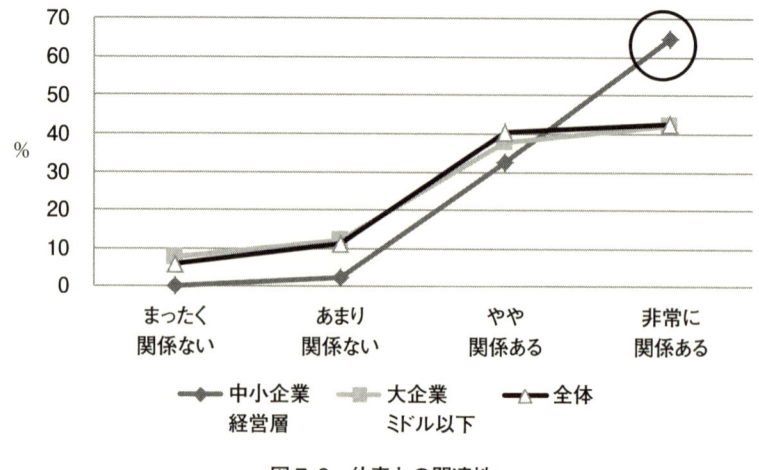

図7-2 仕事との関連性

「大学院で学んでいることと仕事との関連」について尋ねた質問への回答状況を示したものだが、ここからは、中小企業経営層ほど関連性を強く見出しているという事実が読み取れる。「非常に関係ある」と回答する者の比率（65.0%）は全体や大企業ミドル以下の数値より2割ほど大きく、経営層の進学動機はこうした側面も含めつつ、理解したほうが良いと思われる。

2　学習時間確保の方法

　フルタイムで働きながら通学するのは、時間的にかなりきつい生活になるはずだ。社会人学生たちの労働時間をデータでみると、全体で週あたり49.05時間。1週間5日勤務だとすれば、1日当たり10時間ほど働いていることになる。そして中小企業経営層と大企業ミドル以下とのあいだに大差はなく、どの立場であっても、多忙な生活のなかで学生生活を送っていることがうかがえる。学生たちは知識の獲得を求めて進学を選択しており、その傾向はとりわけ中小企業経営層で強かった。果たして経営層をはじめとする学生たちは十分な学習時間を確保できているのだろうか。以上の数値からは、そのような疑問も浮かんでくる。

　ただ、ここで同時に注目しておきたいのは、同じく**表7-2**に示されている標準偏差の大きさである。中小企業経営層の標準偏差は9.75であり、全体あるいは大企業ミドル以下の標準偏差よりも若干大きい数値となっている。ばらつきを意味するこの値が大きいということは、個人によって状況は異なるということである。実際、中小企業経営層と大企業ミドル以下の労働時間の分布を詳しくみると、前者のほうに比較的短時間労働で済んでいる者の比率が多くなっていることがわかる。たとえば、週40時間以下（1日あたり8

表7-2　1週間あたりの労働時間

	中小企業経営層	大企業ミドル以下	全体
平均値	50.11	49.75	49.05
標準偏差	9.75	8.41	8.88

時間以下）の労働時間で済んでいる者の比率を算出すれば、大企業ミドル以下で20.9%であるのに対し、中小企業経営層は31.6%となる。必ずしも、労働のために学習時間を確保できない経営層ばかりだというわけでもなさそうだ。

関連して、興味深い結果をいま1つ提示しておきたい。**図7-3**は、質問項目「勤務時間中に暇をみて勉強する」に対する回答状況をみたものである。ここには、中小企業経営層が臨機応変に学習に取り組んでいる様相があらわ

図7-3 勤務時間中に暇をみて勉強するか

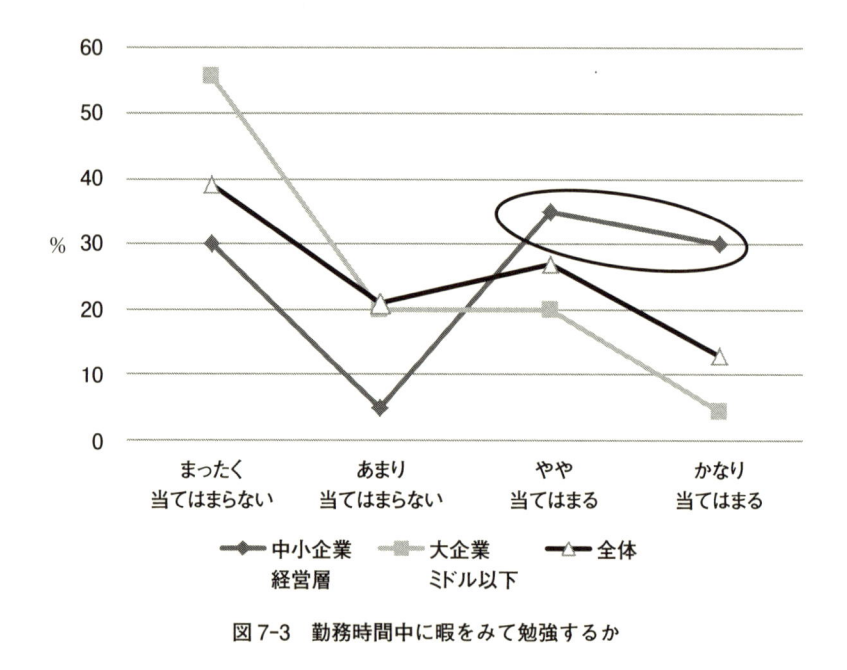

表7-3 1週間あたりの自学自習時間

	5時間未満	5時間以上 10時間未満	10時間以上 15時間未満	15時間以上 20時間未満	20時間以上	計
中小企業 経営層	12.2%	26.8%	36.6%	9.8%	14.6%	100.0%
大企業 ミドル以下	18.3%	20.4%	29.0%	14.0%	18.3%	100.0%
全体	16.6%	24.1%	29.3%	10.7%	19.2%	100.0%

れている。また、1週間あたりの自学自習時間をみても、中小企業経営層の学習時間がとくに見劣りするわけでもない（表7-3）。週あたり20時間以上の比率は、全体や大企業ミドル以下よりも小さくなっているが、5時間未満の比率も小さいものとなっている。一心不乱というわけではないが、自分なりのペースで無理なく学習課題に取り組んでいる。そのような中小企業経営層の姿を髣髴させる結果だといえる。

3 通学によって職場の人間関係は悪化するのか

　提供される教育の内容自体に強い関心を抱きながら大学院に進学し、臨機応変な働き方で学習に取り組んでいる。このような結果からは、充実した学生生活を送っている中小企業経営層といったイメージが浮かび上がる。けれどもそう判断する前に、いま1つ、職場の人間関係がどうなっているのかという点を確認しておきたい。経営層といえば、その企業をリードしていく立場にある。仕事人と学生の二重生活を周りが迷惑だと感じ、ひいては人間関係が悪化するということが起きているかもしれない。

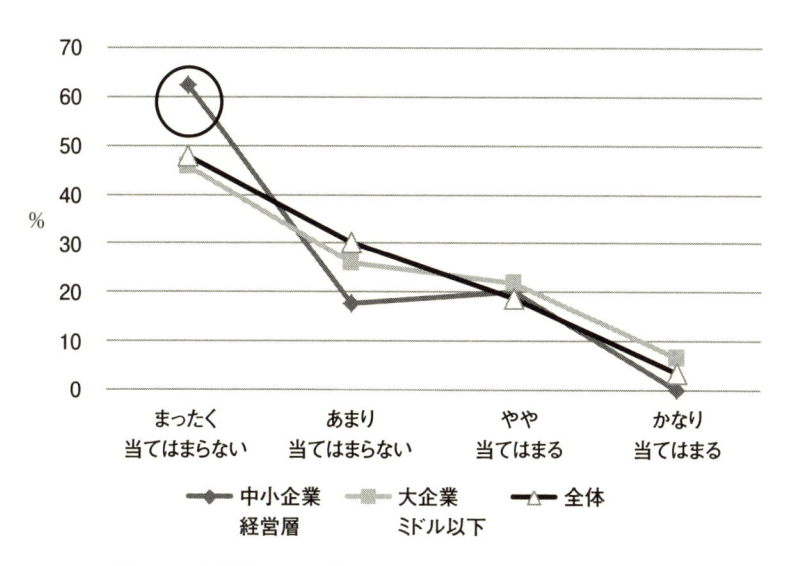

図7-4　大学院への通学は職場の人間関係に悪影響を与える

図 7-4 は、こうした観点から、質問項目「大学院への通学は職場の人間関係に悪影響を与える」への回答状況をみたものである。ここからは、悪影響を与えると回答している者が少数派であること、むしろ逆に中小企業経営層には否定的な見解を示す者が多いことがうかがえる。「まったく当てはまらない」と回答する者は6割強。その比率は、大企業ミドル以下のそれと2割弱もの差が開いている。

試みとして、すべての学生タイプについてその回答分布を確認すると、いずれの企業規模においても、役職が高まるほど、「悪影響はない」と回答する者の比率が大きくなっていた。二重生活をされて周りが困るのは、組織の上位層ではなく、むしろ手足となって働いている下位層だということなのかもしれない。役職が上にいくほど、周りの反応を気にしなくて済むということもあろう。いずれにしても、中小企業の経営層は、人間関係の面でも大きな問題を抱えることなく、あるいは問題を自覚することなく、学習に取り組めているようである。

4. 中小企業経営層の学習を支える経済条件

以上の結果を総じていえば、中小企業の経営層は充実した学生生活を送ることができている。ここに日本の経営系専門職大学院が、こうしたターゲットを中心に発展していく可能性をみることもできよう。そしてその可能性の大きさは、大学院での学習を支える条件、とりわけ経済条件の実態からもうかがうことができる。

改めて指摘するまでもなく、大学院教育を受けるには費用がかかる。しかも、それは決して小さな額ではなく、国立ならまだしも、私立の専門職大学院となると授業料の年額が100万円を超えるところも少なくない。2年間通えば、200万円以上という膨大な金額である。経済的に余裕がなければ、その支払いはかなり難しくなる。

にもかかわらず、多くの中小企業経営層は、専門職大学院に通うことに経済的な苦しさをほとんど感じていない（図7-5）。「現在の生活は、経済的に

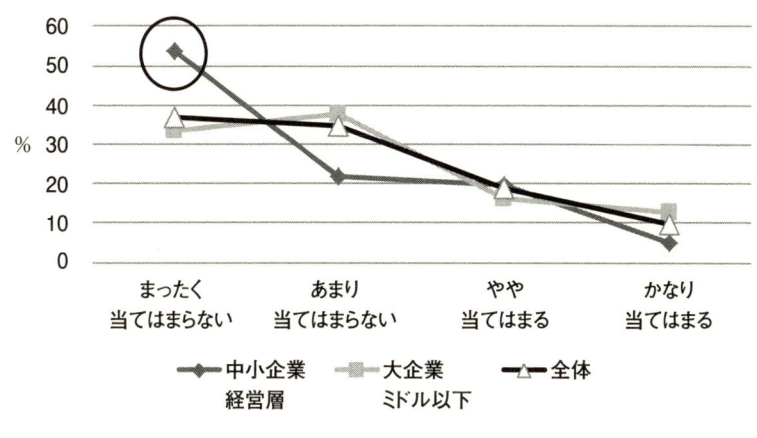

第 7 章 「中小企業の経営層」という新顧客に開かれた経営系　127

図 7-5　現在の生活は、経済的に苦しい

　苦しい」という項目に「まったく当てはまらない」と回答する中小企業経営層は半数を超える 53.7％であり、彼／彼女らの進学が、十分な経済条件に支えられながらのものであることがわかる。

　中小企業の経営層ともなれば、年収が高い者も多い。**表 7-4** によると、1,500 万円以上の年収を得ている者が 3 割弱（27.5％）にのぼる。年収 600 万円以下も 2 割とばらつきも大きいが、余裕を持った進学者が多い層であることはたしかだ。授業料が下がらない限り、あるいは経済的援助施策がよほど充実していかない限り、経営層は経営系専門職大学院進学に有利な層であり続けるということになる。

表 7-4　年収の分布

	～600 万	～900 万	～1200 万	～1500 万	1500 万～	計
中小企業経営層	20.0%	20.0%	20.0%	12.5%	27.5%	100.0%
大企業ミドル以下	12.9%	31.2%	35.5%	11.8%	8.6%	100.0%
全体	18.7%	35.6%	26.1%	9.8%	9.8%	100.0%

5. おわりに

　本章では、日本の経営系専門職大学院を取り上げ、進学した学生たちの特質について検討を加えた。そのなかで、本章がとくに注目したのは「中小企業の経営層」という学生たちである。欧米のビジネス・スクールへの留学ではほとんどみられなかったこの層が、日本の経営系専門職大学院生の 13.7％ を占めている。地理的制約、時間的制約が取り払われることによって顕在化した、新たな学生層だとみることができる。

　中小企業経営層という学生層に注目したのは、目新しさだけが理由ではない。携わっている仕事内容が関係してのことだろう、彼／彼女らは知識の獲得という内実を求めた進学を試みている傾向が強く、自由がきく働き方のなかでそれなりの学習時間を確保していた。また、周りの人間関係にさほど悩むことなく、安くはない授業料についても無理なく支払うことができている。このように、より充実した、そして恵まれた学習行動を読み取ることができたからである。

　以上は経営系専門職大学院の一側面に過ぎないし、創設からまもない一時的な現象なのかもしれない。けれども、こうした様相を踏まえる限り、経営系専門職大学院の成長が、中小企業の経営層を中心に展開されていくような予感も覚える。

　もちろん、それが「あるべき姿」なのかどうかは、別途、検討を要する課題だ。時間や人間関係、なによりも金銭面に余裕がある者によって担われる成長でいいのかという疑問は浮かんでくる。けれども同時に、こうした条件問題を超えたところで、「未来のリーダー」ではなく、「現在のリーダー」の育成に力を入れる。「遠い未来への投資としての教育」ではなく、「いま、意味のある教育」を提供する。これが、現実的な将来像のようにも思われるのである。

　ただ、そのような方向で経営系専門職大学院が「発展」するのかどうかは、その教育効果のありようにかかっているところが大きい。いくら中小企業経営層が充実した学生生活を送っていようと、教育効果が伴わなければ、そこ

に発展の可能性を見出すことはできないからである。

経営系専門職大学院の教育効果はどの程度のものか。どのような学生層に、どのような効果が認められるのか。そして、中小企業経営層はどのような効果を享受しているのか。この問題については、稿を改めて第8章で扱っている。併せて参照されたい。

〔注〕
1 なお、従来のアメリカMBAプログラムが、実際のマネジメント経験が皆無、もしくはほとんどない若者を主な対象にしている様相については、ミンツバーグ（訳書2006）が、批判すべきこととして触れている。

〔引用文献・資料〕
金雅美（2002）『派遣MBAの退職－日本企業における米国MBA派遣制度の研究』学文社。
文部科学省（2007）「『専門職大学院の教育研究活動に関する実態調査』について」
（http://www.mext.go.jp/b_menu/shingi/chukyo/chukyo4/004/gijiroku/07112610/010.htm, 2009.06.15）。
Mintzberg, H. (2004), *Managers not MBAs*, Berrett-Koehler Publishers（池村千秋訳（2006）『MBAが会社を滅ぼす－マネジャーの正しい育て方』日経BP社）。

第8章　マネジメント経験が活きる経営系

濱中淳子

1. ミンツバーグの MBA 批判からの示唆

　アメリカのビジネス・スクールがもたらす教育効果について、興味深い主張を提示している本がある。カナダの経営学者 H. ミンツバーグによって執筆された『MBA が会社を滅ぼす』(訳書 2006) だ。彼はこの本のなかで、MBA 教育を、「間違った人間」を「間違った方法」で教育するため「間違った結果」が生み出されていると批判する。

　まず、「間違った人間」についてだが、ミンツバーグによると、MBA 教育を受けるに相応しいのはマネージャーの経験を積んでいる者である。マーケティングや財務など専門性の高い業務機能の授業でも、内容が理論やテクニックにとどまっている限りは問題ないが、議論が実践、すなわち微妙な差異や評価にうつると、マネージャー経験の裏打ちが必要になってくるからだ。にもかかわらず、ビジネス・スクールに入学する学生の多くが、就業経験すら十分に有していない若者となっている[1]。そしてこの若者中心という構成は、学ぶ時期が尚早だという問題のみをもたらしているわけではない。というのは、マネジメントには「アート＝直感」や「クラフト＝経営から学ぶ技」といった要素が必要であるにもかかわらず、現在のビジネス・スクールは「サイエンス＝分析」のみを重視した「間違った方法」による教育を提供しているため、経験わずかな若者たちが「マネジメントはサイエンス」だと誤解してしまうということが生じてしまっているからである。また、さらに悪いことに、この「間違った方法」自体が、「サイエンスを偏重し、コント

ロールをすることが好きな人間」——若さとは異なる次元の「間違った人間」——をビジネス・スクールに惹き付けてしまうという別の問題をもたらしているという。

この主張が注目されるのは、ひとつに礼賛されることが多かったビジネス・スクールに対して、きわめて辛辣な意見を浴びせているところにある。しかしそれだけではなく、社会人を対象にした再教育、すなわち本書でいう「流動モデル」（序章）の効果を考えるにあたって設定すべき問いを教えてくれるところにも理由がある。どのような仕事経験を背景に、何を学ぶことが、どのような意義を持つのか。社会人教育の効果は、その組み合わせのなかで考えていく必要がある。

本章の目的は、日本の経営系専門職大学院の教育効果について理解を深めることにある。扱える作業には限りがあるが、ここでは以上のミンツバーグの議論に示唆を得ながら「学生のマネジメント経験による教育効果の違い」というものに少しでも接近できるよう試みたいと思う。大学院教育の効果の程度は、学生たちのマネジメント経験によって違うものなのか。経験によって効果の内実が異なっているということはないか。これら問いの検討を通じて、本章では経営系専門職大学院の役割について考えてみることにしたい。

今回、教育の効果を測定する変数として注目するのは、在学生の教育への「満足度」である。もちろん、教育の効果をみるための指標は他にも設定することができる。「2年間で獲得した知識能力の程度」や「卒業後に生じたキャリアの変化」といった指標をもとに効果を議論したほうが望ましいのではないかという声もあがってこよう。そうしたなかで、満足度を利用するのは、なによりも分析に用いる本研究会の質問紙調査が専門職大学院に在学中の者（1～2年次）を対象とするものであり、以上のような教育の修了を前提とした指標による検討が不可能だという事情による。いわば方法上の限界による選択であるが、ただ、教育がサービスである以上、その最終的な評価は学生の満足度に帰着するとも考えられるし、満足度という指標の裏に隠れている要因にまで思考をめぐらせることによって、教育が持っている意味の理解は十分に深まるのではないかと考えられる。仕事生活におけるマネジメン

ト経験は、専門職大学院教育の満足度とどのように関係しているのか。その仔細な分析からみえてくるものは決して小さくないと判断したい。

本章の構成は次のとおりである。まず第2節で、学生のマネジメント経験の別に教育全般に対する満足度の実態を確認する。ここで明らかになるのは、満足度の高さに関していえば、そこに経験による違いは確認されないという事実である。

とはいえ、マネジメントの経験が満足度に対して何の影響も与えていないということにはならない。同じような満足度を示すからといえども、その理由までもが同じとは限らないからだ。そこで第3節では、満足度を高めるロジックを3つほど提示し、それぞれの当てはまりの良さをマネジメントの経験別に分析してみたいと思う。第2節が満足度の「高さ」の分析だとすれば、この第3節で扱うのは、満足度の「質」の問題である。そのうえで最後に第4節において本章の分析結果を簡単にまとめることにしたい。

2. 社会人学生の満足度——マネジメント経験との関係

1　マネジメント経験を計測する2つのものさし——「役職」と「企業規模」

学生のマネジメント経験によって経営系専門職大学院教育への満足度に違いは出てくるのか。改めて述べれば、この問いについて検討することが本章のねらいである。ここでは具体的な分析に入る前に、マネジメント経験を計測するために用いる2つの指標について説明しておきたい。第1の指標は「役職」、そして第2の指標は「企業規模」である。

第1の「役職」に関しては、とかく補足する必要もないだろう、マネジメントに携わる経験値を意味する代表的な変数だと設定される。一般社員、係長クラス、課長クラス、そして経営層。このように役職が上がるにつれ、その経験値は豊かになっていくはずだ。

他方で第2の「企業規模」については、若干の説明が必要になろう。この指標を加えたのは、同じ役職でも、企業の規模によって置かれている状況に違いがあることを考慮したからである。

冒頭で紹介したミンツバーグが執筆したものに、いまひとつ『マネージャーの仕事』(訳書1993) という本がある。マネージャーの実際の仕事を詳しく分析した好著だが、そのなかに「組織全体のサイズは上級マネージャーが行っていることにかなりの影響力がある」という指摘をみることができる。すなわち彼は、I. コーラン (1969) やH. スティグリッツ (1970)、R. スチュワート (1967) の研究を引用しつつ、大企業トップのほとんど全員が自分のことを「専門 (プロフェッショナル) マネージャー」だとみなしているのに対し、小さな企業の経営者は、管理業務以外の日常業務 (オペレーティング・ワーク) もこなすことが多いことを指摘する。スタッフ層の薄さから、経営者といえども業務の一部を担わなければ職場が回らないということらしい。

この指摘に着目するのは、こうした企業規模による差異が、マネジメントへの集中度のみならず、若手層の視野の広さにも影響を及ぼしていると推察されるからでもある。すなわち、大企業では、若手層とトップ層との関係が「日常業務をこなす側とそれを管理する側」とに明瞭に分かれる。他方で、中小企業では、これら2つの関係が「基本的に管理される側とする側ではあるが、ともに日常業務をこなすことも多い」というものになる。大事なのは、マネージャーとの距離が近い若手の方が、マネジメントという仕事の意味も理解しやすく、仕事の全体像もつかみやすくなるのではないかということだ。どのような規模の企業であろうと、一般社員や係長クラスほどマネジメントの経験値は小さくなるが、大企業で働いている若手の方がより視野を遮られた環境にいるとも考えられよう。

以下では、以上の議論を踏まえつつ、役職と企業規模との組み合わせのなかで、社会人学生の満足度を検討する。なお、ここでは、サンプル数の確保という事情を鑑み、企業規模については「従業員数〜999人」と「従業員数1,000人〜」に分け、前者を「中小企業」、後者を「大企業」と呼ぶことにしたい。そして学生の分布状況を先に示せば、中小企業・一般社員＝27、中小企業・係長クラス＝25、中小企業・課長クラス＝37、中小企業・経営層＝43、大企業・一般社員＝38、大企業・係長クラス＝68、大企業・課長クラス＝59、大企業・経営層＝2、であった[2]。大企業・経営層はとても分析

に耐えうるサンプル数ではなく、以下では残りの7つのタイプに焦点をあてて検討を加えていくが、もちろんこれら7タイプについても、決して十分なサンプルサイズを確保できているわけではない。その問題は否めないが、ただ少なくとも、仕事経験による教育への満足度の検討は、管見する限り、ほとんどなされていない。本章では経営系専門職大学院の効果を議論するための出発点となるような基礎情報を、これらデータから抽出するよう努めることにしたいと思う[3]。

2 満足度の実態──見えないマネジメント経験の影響

はじめに、満足度の実態から確認しておこう。調査では、大学院教育全般に対し、どの程度満足しているのかを10点満点で評価してもらっている。

表8-1は、学生タイプ別にその平均値ならびに標準偏差を示したものである。表の下には、平均値の差の検定（一元配置の分析）の結果も付した。ここから明らかなのは、学生のタイプによって、大学院教育への満足状況に差が出るわけではないということである。マネジメント経験と平均値得点とのあいだに、なんら序列があるわけでもなく、分散分析によれば、学生のタイプによる統計的有意差はないという結果になっている。

平均値というものさしではみえてこない違いがあるかもしれない。そこで、学生タイプ別の回答分布を箱ひげ図で見直してみたが、やはり学生タイプによる差を見出すことはできなかった（図8-1）。どのタイプの学生についても、そのほとんどの回答が7〜9点の高得点部分に集中し、全体的なばらつきも5〜10点のあいだにほぼ収まっている。すなわち、どのようなマネジメン

表8-1 満足度得点の平均値と標準偏差（学生タイプ別）

	中小企業				大企業		
	一般社員	係長C	課長C	経営層	一般社員	係長C	課長C
平均値	7.74	8.00	7.86	7.98	7.68	8.00	7.63
標準偏差	1.38	1.00	1.18	1.33	1.44	1.35	1.67

一元配置の分散分析結果：$F(6,289)=0.610$ ($p=.723$)

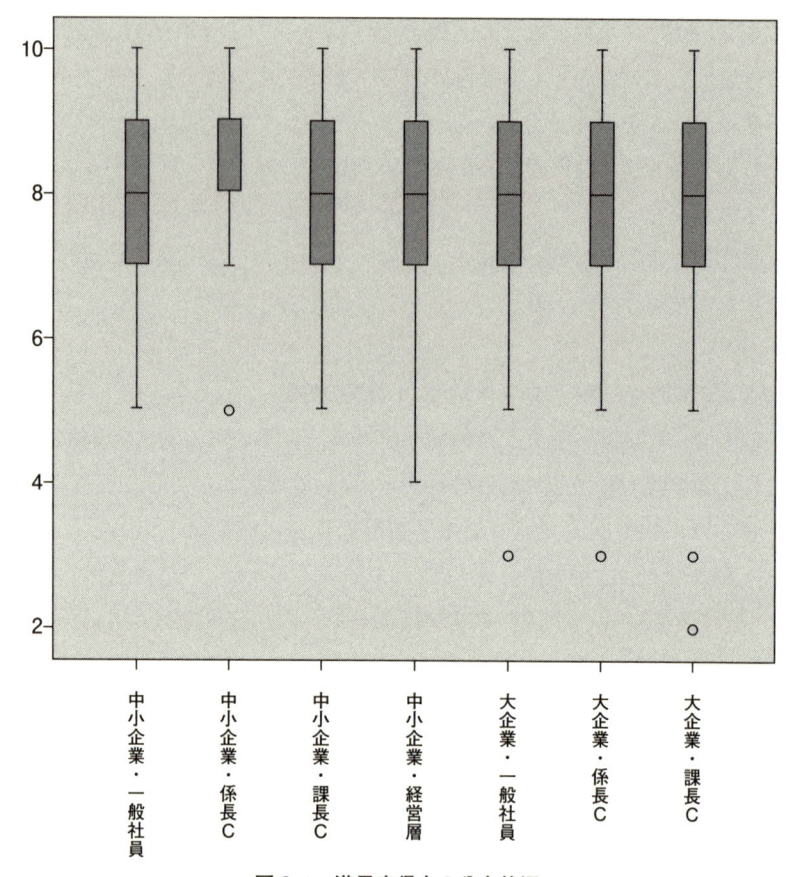

図8-1 満足度得点の分布状況

ト経験を持っていようが、それがトータルとしての満足度分布に影響を与えるというわけではなさそうである。

　では、なぜ、このような結果が得られたのか。1つあり得るのは、満足度では「マネジメント経験と教育効果とのあいだの関係」はみえてこないという、指標の設け方に原因を求める答えである。また、日本独自の何らかの事情で、マネジメント経験の影響がみられなかったということも考えられよう。

　ただ、そう結論づける前に、いま1つの可能性について探る意義はある。つまり、一見、同じような値を示す満足度得点だが、その意味がマネジメン

ト経験によって異なっているという可能性について吟味する意味はあるはずだ。たとえば、「大企業・一般社員」と「中小企業・経営層」の2つを想定してみてほしい。明確な得点分布の差異こそ見出されなかったこれら2つの学生タイプだが、上記の得点分布に至った理由は違っているとは考えられないだろうか。マネジメント経験によって満足度の規定構造が異なっている——次節ではこの可能性を想定し、満足度の裏にある事情を学生のタイプ別に検討してみることにしたい。

3. 経験で変化する満足度向上要因

1 満足度の背景をめぐる3つの仮説

　教育満足度はどのように規定されているのか。当然ながらその背後には様々な要因が働いていると考えられるが、ここでは次の3つの仮説に焦点をあてて検討を加えてみたいと思う。

　第1は、「内容仮説」とでもいうべきものであり、経営系専門職大学院で提供されている教育内容の充実度合いが満足度に反映するという仮説である。社会人経験がない、いわば伝統的学生に比べて、社会人学生のほうが教育に対してシビアな見方をすることは、これまでにも多くの論者が指摘してきたことである。多忙な生活のなか、どうにか時間を工面して学習時間を割いている。費用も、（伝統的学生のように親ではなく）自分自身で負うことが多い。こうした事情であれば、真摯な態度で学習に臨むのはもっともなことである。自分自身にとって意味のある授業を提供されれば満足度もあがり、期待に反したものであれば満足度も低下する。もっともストレートな考え方の仮説ともいえよう。

　しかし、満足度は何も内容という教育の核（コア）部分のみで決まるわけでもない。第2の仮説として挙げられるのは、「転職支援仮説」である。数多くいる学生のなかには、現在の勤務先になんらかの不満や不安を抱き、より望ましい雇用機会への転職の足がかりになることを期待して進学したという者もいるはずだ。こうした学生たちからしてみれば、教育を受けることに

よってどのような実力を獲得できたのかも大事だが、それと同じように——場合によってはそれ以上に——転職支援の充実度が重要な問題になっていると考えられる。教員やスタッフによる充実した転職支援こそが、満足度を高めていると考える立場である。

そしてさらに「交流機会仮説」という第3の仮説も提示しておきたい。職場での人間関係に大きな問題がなかったとしても、新たな出会いや環境を求めたくなるということもあろう。職場の上司以外の「師」に出会って、多くのことを話してみたい。他企業に勤める人たちとのネットワークを広げてみたい。そして、そのような場が大学院で得られたとしよう。教育そのものとは若干距離がある話だが、交流そのものが満足度を高めているということは十分に考えられる。

内容仮説、転職支援仮説、そして交流仮説。いうまでもなく、これら3つは排他的なものではない。内容も充実しており、転職の支援も申し分ない。また、一緒に学んでいる学生たちや教員も刺激的で、満足のいく学生生活を送ることができている。こうしたケースも少なからずあろうが、ただ、それぞれの要因の当てはまりの度合いや重複の仕方は、学生タイプによって違っているかもしれない。そしてさらにいえば、マネジメント経験が、その違いを生み出す鍵になっているかもしれない。以下、これら3つの仮説を念頭に置きつつ、学生のタイプ別にその状況を確認していくことにしよう。

2　誰が、どのように満足度を高めているのか

私たちの調査では、大学院の教育環境の充実度に関して4段階尺度（「1＝まったく充実していない」〜「4＝かなり充実している」）で回答してもらっている。ここでは、次の6つの項目への回答を用いて満足度の背景を探りたい。内容仮説に関わる3項目（「授業の内容」、「授業の方法」、「教員の質」）、転職支援仮説を検討する1項目（「就職支援体制」）、そして交流機会仮説を検証するための2項目（「授業以外での教員との交流」、「学生が交流する機会」）である。ここでは、それぞれの充実度に対する評価と満足度得点とのあいだの相関係数という基本的指標を用いることによって、誰がどのように満足度を高めているのかに

ついて議論してみたいと思う。

表 8-2 に、学生タイプ別の相関係数表を示した。さきに、2 番目の仮説である転職支援仮説から検討してみよう。この仮説について考えるための変数「就職支援体制」の部分をみると、係数が統計的に有意になっているのは、中小企業の一般社員、係長クラス、そして大企業の一般社員、係長クラス、課長クラスの 5 タイプである。逆に、残りの 2 タイプに有意な相関はみられない。若手のほうがキャリア・チェンジに意欲的だという点も関係していようが、いずれにしても、中小企業の課長クラスと経営層は、もはや「専門職大学院という場を足がかりに、より恵まれた就業機会を」とは考えていないようである。

次いで 3 番目の交流機会仮説についてだが、これについて有意な相関係数が確認されるのは、大企業の一般社員と係長クラスのみだった。一般社員や係長クラスであれば、まだ新しい環境に感じる新鮮さも残っていると推測され、また、大企業に属しているのであれば、相対的に他者と触れ合う機会も多いと思われる。このような状況の者たちが、職場「外」の交流に敏感に反応するのは意外なことのように思えるが、さきに述べた「マネジメント業務からの距離」や「仕事の全体像の見えにくさ」という点から見直せば、解釈

表 8-2　相関係数表（1）：満足度得点×充実度評価

		内容仮説			転職支援仮説	交流機会仮説	
		授業の内容	授業の方法	教員の質	就職支援体制	授業以外での教員との交流	学生が交流する機会
中小企業	一般社員	0.697**	0.587**	0.705**	0.463*	0.103	0.251
	係長 C	0.531**	0.626**	0.518**	0.427*	0.180	0.218
	課長 C	0.474**	0.526**	0.554**	0.310	0.298	0.266
	経営層	0.605**	0.521**	0.524**	0.158	0.187	0.183
大企業	一般社員	0.642**	0.620**	0.726**	0.410*	0.356*	0.258
	係長 C	0.506**	0.609**	0.598**	0.255	0.391**	0.399*
	課長 C	0.662**	0.615**	0.603**	0.354**	0.205	0.190

** $p < .01$、* $p < .05$、+ $p < .10$

も可能になろう。大きな企業への就職が決まり、明るい将来を夢見て働き始めたはいいが、自分自身が担っている仕事のポジショニングがみえてこない。昇進した際に、自分の仕事がどのように変わっていくのかを具体的に描くことができない。こうした閉塞感のなかで、外の空気を求めるというのは、間々あることのように考えられる。

さて、ここで1番目の仮説、内容仮説の検証に戻ると、これまでの2つの仮説と違い、どの学生タイプにも比較的大きな、そして統計的にも有意な係数が認められる。授業の内容、授業の方法、教員の質が充実していると感じるほど、大学院教育への全般的な満足度は高まっている。

基本的に学生たちは知識能力の獲得を求めて進学を決断しているのだろうから、内容仮説がどの学生タイプにも当てはまるというのは、常識的な結果でもある。しかしここで、「この内容仮説の変数にしか有意な関係が確認されなかった層」という視点をおいてみれば、そこにマネジメント経験の影響をうかがうことができる。

すなわち、転職支援でも交流機会でもない。教育内容のみに関心を抱き、それが充実していれば高い満足度を示し、充実していなければ低い評価を下す。換言すれば、「もっとも純粋に」大学院教育に臨んでいる。こうした傾向を示すのは、中小企業の課長クラスと経営層のみになっている。ある程度のマネジメント経験を積むことがシンプルな反応に繋がっているようである。

3　学習努力によって満足度が高まる中小企業の経営層

マネジメント業務を積むにつれて、教育の内実そのものに反応する学習者になる――前項で指摘したこの点に関連して、いま1つ学生側の学習行動からみた分析の結果も追記しておきたい。

表8-3は、学生側の学習時間（現在の自己学習時間）と大学院教育への満足度得点との相関係数を算出し、学生タイプ別に示したものである[4]。

ここからわかるのは、これら2つの要因のあいだに有意なプラスの関係が見出されるのが、7つのタイプのうち、中小企業の経営層のみだということである。残りの6つのタイプについては、いずれも有意な係数は得られな

表 8-3　相関係数表（2）：満足度得点×学習時間

		現在の 自己学習時間
中小企業	一般社員	0.172
	係長 C	0.276
	課長 C	0.080
	経営層	0.409**
大企業	一般社員	0.197
	係長 C	0.072
	課長 C	0.224

** p＜.01、* p＜.05、＋ p＜.10

かった。自分自身の学習努力が教育効果の向上をもたらし、それが高い満足度に反映する。どの学生にも確認できそうな関係だと考えながら分析を試みたのだが、そのような単純な話ではなさそうだ。

　大学院での学生生活を充実させるために、自分自身でどのような学習を進めていけばいいのか。もしかすると、そこまでの勘所を持てるようになるためには、経営面にまで踏み込んだマネジメント経験が必要になるということなのかもしれない。あるいは逆に、自己学習の内容が本当に活きてくるために、相応のマネジメント経験が必要だということもあろう。管理経営という領域について学習することの難しさを示唆する結果だとみることができる。

4.　結論

　以上、日本の経営系専門職大学院の教育効果について、学生のマネジメント経験ならびに企業規模による差異を意識しながらみてきた。満足度という指標に着目すれば、その程度にマネジメント経験の影響というものはみられない。一般社員であろうと経営層であろうと、そして勤務先が中小企業であろうと大企業であろうと、満足度得点の分布に違いはなかった。ただ、そのような分布になる背景は、属性によって異なっていた。そしてその移り変わ

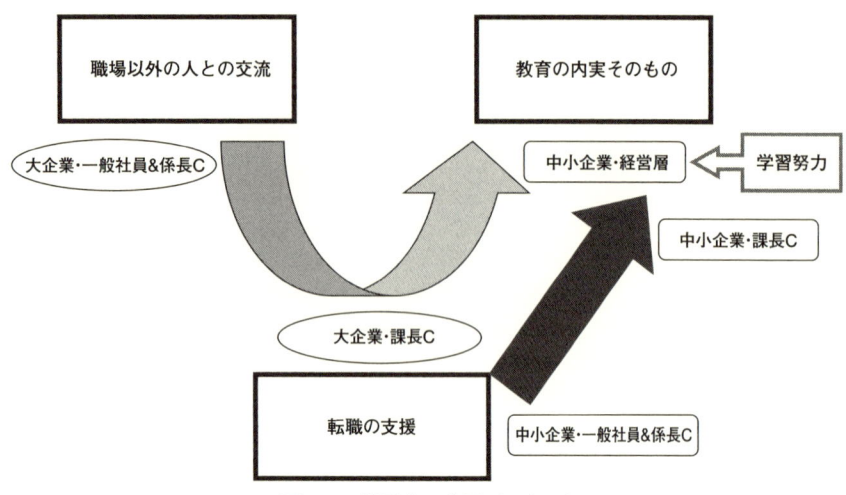

図 8-2　満足度の背景（まとめ）

りを図式化すれば、おおよそ**図 8-2**のようになる。

　満足度の背景を、1）教育の内実そのもの、2）転職支援、そして、3）職場以外の人との交流機会、という3つの側面から捉えれば、キャリアを積むにつれて、その鍵となるものは「交流機会→転職支援→教育の内実そのもの」と変わっていくというのが基本的流れである。ただし、中小業に勤務する者については、1番目の交流機会を経ない「転職の支援→教育の内実そのもの」という変化が確認された。

　こうした流れ自体も興味深いが、同時にこの図で強調しておきたいのは、交流機会も転職の支援も関係なく、教育の内実そのものがシンプルに満足度に反映するような次元に達するには、そして自己学習の量が満足度に関係するようになるには、ある程度のマネジメント経験が求められるということである。経営系専門職大学院の教育を、ある意味「真に」効果的なものへと転換できるのは、中小企業でいえば経営層のみだった。この結果を、冒頭で紹介したミンツバーグの指摘——MBA教育を受けるに相応しいのはマネージャーの経験を積んでいる者である——の日本版として捉えることもできるのではないだろうか。

さて、ここまでが本章の議論になるが、当然ながら以上は、経営系専門職大学院の効果の一側面に過ぎないし、限界も抱えている。サンプル数の問題もあるし、満足度以外の指標を用いれば、別の実態がみえてくるということもあるだろう。また、インタビューといった質的分析による確認作業も必要である。

けれども同時に、いずれの実証研究にも限界はつきものである。経営系専門職大学院の歴史は、まだ浅い。大事なことは、その効果をめぐる多様なデータを集め、証左に基づく議論を今後も積み重ねていくことだと思われる。

〔注〕
1 ミンツバーグによると、いまやほとんどのビジネス・スクールは、MBAプログラムの入学者選考にあたって「職務経験」を要求しているが、実際には、職務経験重視の方針に公然と反対しているところもある。そしてハーバード・ビジネススクールは最近、入学者に要求する職務経験を約二年間に短縮し、学部新卒者も一部受け入れる方針を決めたという（ミンツバーグ訳書 2006, p.26）。
2 本章で用いる「中小企業」と「大企業」は、第7章で設定した呼び方と異なっているので注意されたい。
3 役職ならびに企業規模を組み合わせた学生分類は、第7章の分析でも用いている。第7章では、その類型別に進学動機や学習時間の確保方法、通学することによる職場の人間関係への影響、そして経済条件について分析を加えている。併せて参照されたい。
4 具体的には、「大学院で専攻している専門分野について、大学院以外の場所（自宅・職場等）で学習する時間数は、1週間あたりどのくらいですか」という質問に対する記述式の回答を用いている。

〔引用文献・資料〕
Choran I. (1969) *The Manager of a Small Company*, Montreal: McGill University. Unpublished M.B.A. thesis.
Mintzberk, H. (1973) *The Nature of Managerial Work*, Harper Collins Publishers（奥村哲史・須貝栄訳（1993）『マネージャーの仕事』白桃書房）.
Mintzberk, H. (2004) *Managers not MBA*, BerhettKoeher Publishers（池村千秋訳（2006）『MBAが会社を滅ぼす―マネージャーの正しい育て方』日経BP社）.
Stewart R. (1967) *Managers and Their Jobs*, London: Macmillan.
Stieglitz H. (1970) "The Chief Executive's Job-and the Size of the Company" *The Conference Board Record*, 7, September, pp.38-40.

第9章　家族形成とキャリア追求の狭間にある女性

吉田　文

1. 問題の設定——二重の壁

　2013年の男子4年制大学進学率（過年度高卒者を含む）54.0％、女子45.6％と、いまだ8ポイントの開きはあるものの、男女の大学進学率の差は徐々に縮小している。たとえば、1985年において男子の4年制大学進学率は38.6％、女子は13.7％と25ポイントの差があったことを思えば、女子の4年制大学進学率の上昇は著しい（文部科学省『学校基本調査』）。短大進学者を含めれば、90年代は女子が男子を上回り、00年代では再び男子が女子を超えているが、2013年度において男子55.1％、女子55.2％とその差はほとんどない。短大進学者が減少傾向にあることを踏まえれば、女子の4年制大学進学者はさらに増加するであろう。高校卒業後に高等教育機関に進学するという行動における男女の差は、あまり問題にならなくなっており、今後もその傾向は続くであろう。

　女子4年制大学卒業者の就職率は、すでに男子を上回る状態がかれこれ20年ほど続いており、短大卒業者に関しては30年間続いている。高等教育卒業後に女子も男子と同様に労働市場に参入することは、当たり前になってきた。この点でも、女子がライフコースにおいて教育や労働参加を重視する傾向は強くなり、自身のキャリア追及しようとする者は増加しているということができる。

　しかし、その後のライフコースにおいて、女子がキャリアを追求しようとしたとき、男子と異なる二重の壁が立ちはだかる。それは教育と家族形成で

ある。確かに大学進学にあたっては、女子であることはさして問題にならなくなったものの、その後さらに教育を受けて専門的知識を深めようとしたとき、女子であることは進学の阻害要因になる。なぜなら、2013年の大学卒業者のうち進学者は、男子15.3％、女子6.5％であり、男子の大学院修士課程進学者約5万2,000人に対して、女子は2万1,000人[1]でしかないからである（文部科学省『学校基本調査』）。現在の日本においては、大学院の学位に対して大卒と異なる処遇が明示されているとは言いがたいものの、専門的知識の習得はキャリアの追及の1つの手段であることは否定できない。大学卒業後の教育という点において、女子はその機会を男子ほどには利用していない。

　女子のキャリア追及におけるもう1つの壁が、結婚・出産・育児である。M字型就業といわれるように、30歳代に入ると女子の有業率は低下する。2012年において30〜34歳の大卒女子の有業率は71.6％、35〜39歳は66.4％であり、20〜24歳の90.1％、25〜29歳の86.0％と比較すると、30歳代において就業を継続することがいかに容易ではないかがわかる。これが、結婚・出産・育児による労働市場からの退出であることはいうまでもない。ただ、たとえば1987年の30〜34歳の女性の有業率51.9％、35〜39歳の56.6％と比較すれば、2012年には、その落ち込みの程度はそれでも低くなっている。とはいえ、男子はどの年代においても95％程度の有業率であることをみれば、依然として結婚・出産・育児という家族形成は、女子の職業継続に対しては負荷となっていることは明らかである（総務省『就業構造基本調査』）。

　大学卒業後の女性の前に聳えるこうした2つの壁に対して、専門職大学院は何らかの打開策となるのだろうか。社会人（経験者）を多く抱え、高度職業人養成をミッションとする専門職大学院は、キャリアを追求する場合に女性が、女性であることで課される負荷をどこまで軽減することができるのか。男性にとっての専門職大学院とは異なる、女性にとっての専門職大学院の意味とは何か。本章を貫く問題意識はここにある。検討すべきことは以下の2点である。第1は、専門職大学院は、結婚・出産・育児などのライフコース

上の課題とどのような関係にあるか、第2は、専門職大学院の教育は、女性がキャリアアップを図るための手段として機能しているかである。

分析に用いるデータは、女子490人である。男子の有効回答数が1149人に対して女子の占める比率は29.9％となるが、『学校基本調査』において専門職大学院在学者のうち女子の占める比率が、2004年から2009年まで28.0～28.5％の間で推移していることとほぼ同じ比率であり、全体データと比較して調査データの性別のよる分化は偏りがないことが確認できる。

以下では、1.調査データの女子のプロフィールを『学校基本調査』のデータと比較しつつ、専門職大学院にどのようなグループが進学しているかを分析して第1の課題に答え、2.何を目的に進学しているか、3.大学院修了後のキャリアをどのように展望しているかを、調査データから分析することで、第2の課題に答えることにする。これらを分析するにあたって必要に応じて男子との対比をしていくが、それは女子にとっての専門職大学院の意味を探るという目的に答えるためであることは言うまでもない。

あらかじめ、調査データの限界を述べておけば、対象が在学者であるために、大学院修了後のキャリアの展望までしかわからないという問題がある。上記課題において専門職大学院の機能を分析するためには、大学院修了後の実際の進路も検討する必要があることはいうまでもない。しかし、在学者を対象にすることで、専門職大学院内部における学習過程を、回顧的ではなく現実に生起している事実として把握することができ、大学教育が与えた影響を分析できるという意味で一定のメリットがあることを付記し、その観点を分析に導入したい。

2. 誰が進学しているか

専門職大学院の女子の在学者の特徴について、年齢、就業形態、家族形態や家計の3つの指標から、『学校基本調査』における全体的な傾向も踏まえつつ、女子のどのような層が大学院に進学するのかを検討しよう。

1. 年齢と就業形態

在学者の年齢については、**表 9-1** にみるように、調査データによれば女子は男子とともに 25 歳〜29 歳がもっとも多く、次いで女子は 24 歳以下が、男子は 24 歳以下と 30〜34 歳が多くを占めている。女子は 35 歳以降、男子も 40 歳以降になると急減している。『学校基本調査』によれば、男女とも 24 歳以下が 50％前後を占めており、調査データがやや高年齢層に偏っていることがわかるが、女子では 35 歳以降、男子では 40 歳以降に急減していることは、『学校基本調査』と調査データに共通している。したがって、専門職大学院への進学者は、大学卒業直後の若年層と、入職して 10 年前後の若手中堅層の 2 つのグループで構成されていると推測される。40 歳を超えた者にとって、専門職大学院は進学の魅力がないのか、あるいは進学を阻む他の諸条件があるのか、進学者は少ない。

『学校基本調査』から経年の変化をみると、女子 24 歳以下の在学者は、2003 年度が約 22％と例外的に少ないことを別として、04 年度に約 41％に上昇した後、13 年度の 53.4％までおおむね増加傾向にある。男子も同様に 24 歳以下が増加しているが、2003 年度から 13 年度まで女子よりも 10 ポイント低い値で一貫している。男女ともに専門職大学院への進学者の低年齢化が進行している。

このことは必然的に、社会人経験者の比率の減少となる。**表 9-2** にみるように『学校基本調査』の社会人[2]というカテゴリーでは、2013 年度の女子社会人は 37.6％であり、男子の 45.3％よりも少ない。経年の推移をみれば、女子社会人は 2003 年には 66.7％から 13 年までほぼ半減し、同様に男子も

表 9-1 在学者の年齢（％）

年齢	〜24	25〜29	30〜34	35〜39	40〜44	45〜49	50〜	計 (N)
女子（調査）	29.4	33.3	18.2	7.8	5.7	3.3	2.4	100.0 (490)
男子（調査）	18.1	29.2	19.1	14.4	8.7	5.7	5.0	100.0 (1,149)
女子全体	54.2	15.7	11.4	7.4	6.2	3.1	2.1	100.0 (2,479)
男子全体	46.5	17.4	13.2	10.7	6.2	3.0	3.1	100.0 (6,768)

＊上段：調査データ、χ^2=47.580、df=6、p＜.001
＊下段：文部科学省 (2009)『学校基本調査』。

表 9-2　就業形態（%）

	フルタイム就業	勤労免除	辞職	定年退職	就労未経験者	計（N）
女子（調査）	17.7	3.9	26.8	0.8	50.7	100.0 (485)
男子（調査）	32.7	6.2	22.3	0.4	38.4	100.0 (1,147)
女子全体			37.4		62.6	100.0 (2,479)
男子全体			42.2		57.8	100.0 (6,768)

＊女子全体、男子全体：文部科学省（2009）『学校基本調査』。
＊上段調査データに関しては、χ^2=46.429、df=46、p < .001

90.5％から半減している。

　調査データは全体データよりもやや高い年齢層に偏っているために、社会人の比率も女子49.3％、男子61.6％と全体データよりも多い。『学校基本調査』では一括して「社会人」としているが、調査データでは就業形態を4つに分類した。これによると女子は男子と比較して、大学院進学のために辞職した者がやや多く、フルタイムで就業しながら在籍している者が少ない。これを就業経験者のみの内訳でみれば、女子は54.4％が辞職者であり、男子の辞職者36.2％を大きく上回る。女子の就業経験者は、大学院進学にあたってそれまでの仕事を辞めることに進学行動としての特徴がある。

　調査データの就業形態を、「フルタイム就業」、「辞職」、「就労未経験者」の3つに限定し、年齢を29歳以下、30歳代、40歳以上として、男女それぞれの総人数に対する内訳を**表9-3**に示すが、ここから男女の違いを明瞭にみることができる。女子は29歳以下の就労未経験者が―ほとんどが大学卒業直後の進学者―半数を占め、これが最大のグループとなっている。次いで20歳代および30歳代の辞職者となる。女子の場合、大学卒業直後の進学者が半数を占めており、これが最大のグループであることを確認しよう。就業経験者の場合、29歳以下はあまり迷わず辞職を選択し、30歳代は就業継続者よりは辞職者がやや多いが、両者は拮抗している。

　男子の場合、確かに29歳以下の非社会人は最大のグループではあるが、女子よりは少なく、次いで多いのが、30歳、40歳以上のフルタイム就業者である。30歳代は、就業継続か辞職かを悩むところは女子と同様であるが、男子はフルタイムで就業の継続を選択する者が多い。

表 9-3　年齢別・就業形態別構成比

	<女子>				<男子>			(%)
	フルタイム就業	辞職	就労未経験者	計	フルタイム就業	辞職	就労未経験者	計
29歳以下	2.0	11.9	50.8	64.7	3.3	7.1	38.5	48.9
30歳代	10.1	12.8	2.2	25.1	17.8	12.1	2.6	32.5
40歳以上	6.5	3.5	0.2	10.2	13.9	4.7	0.0	18.6
計	18.6	28.2	53.2	100.0 (462)	35.0	23.9	41.1	100.0 (1,071)

χ^2=6.468E2、df=4、p<.001　　　　χ^2=2.551E2、df=4、p<.001

　女子は男子と比較して40歳代になって進学する者がかなり少ないことをみれば、女子にとっての30歳代は、進学か否か、進学の場合は就業継続するか否かと考えるという意味で、男子以上にクリティカルな時期であるということができる。

2. 家族形態と家計

　そこで、30歳代の女性がこうしたクリティカルな課題にどのように立ち向かっているのか、経済的な自立や婚姻という状況から明らかにしておこう。進学か否か、就業継続か否かという迷いがあるのも、進学にあたって必要な資金、辞職した場合の生活を誰が支えるかという問題があるからである。また、女性にとっての結婚は、進学を促進するのか阻害するのかを家計という点からも検討しておく必要があろう。

　女子30歳代の家族形態をみると、配偶者との同居は23.6％であり、そのうち子どもをもつ者は30.0％である。結婚している女子のうち83.3％は配偶者（夫）に家計を依存している。女子の在学者の80％弱は未婚者ということになるが、未婚者の場合、親と同居している者（44.7%）と1人暮らしをしている者（50.5%）とでほぼ2分され、それに対応するかのように未婚者は自分自身で生計を維持している者（47.3%）と、親に依存している者（47.3%）とに2分している。

　こうした女子の状況は同年代の男子の家族形態と大きく異なるものである。男子の場合、配偶者と同居している者（46.9％）がもっとも多く、未婚者の

場合も、1人暮らし（59.6％）が親との同居（37.4％）を上回っており、家計の維持に関してもそれに対応して、自身で維持している者が60.4％、親に依存している者は37.6％である。結婚している男子は80.6％が自身が家計保持者であり（配偶者が家計保持者である場合は15.6％）、結婚している者のうち子どものいる者は66.3％にのぼる。専門職大学院に在学する女子は、まず未婚者が多く、結婚している場合も子どもをもつ者は男子とくらべて少ない。女子が大学院進学を考えたとき、結婚や出産・育児はその阻害要因となっていることは明らかである。

　家計の保持に関しては、女子は他者（未婚の場合は親、既婚の場合は夫）に依存する傾向があり、男子は既婚・未婚にかかわらず自身で家計を保持する者が多い。社会一般の男子は稼ぎ手の大黒柱で世帯主、女子は同居人としてそれに依存するという関係が、大学院進学者の間にも見られる。

　ただ、ここで注意を要するのは、これが単純に性別役割分業を踏まえた行動とは必ずしも言えるものではなく、労働市場における男女間の賃金格差の問題が隠されている。たとえば、30歳代で自分自身が家計保持者である場合、年収が500万円未満の者は男子で33.2％、女子は45.8％であり、女子は年収の低い者が多い。結婚している場合はさらに著しく、夫が家計保持者で年収500万円未満の者は皆無であるのに対し、妻が家計保持者というケースにおいて、妻の年収が500万円未満の者は53.4％もいる。ごくわずかの例外を除いて大卒以上の学歴をもつ者の収入が、性別によるこれだけの差異があることは、女子は大学院進学にあたって、経済的に親や夫に依存せざるを得ない状況があることを示している。それは、さらに言えば、女子の大学院進学の阻害要因にもなっている可能性がある。すなわち、自身の経済力では大学院に進学する余裕がないため、親や夫に依存できる条件が揃わない限り進学のチャンスはめぐってはこないのかもしれないのである。

　もう1つ検討しておくべきことは、女子の在学者に多い辞職者の存在である。辞職して進学という行動が家族形態とかかわりをもつのか否かを検討しておこう。家族形態別に辞職者の比率を男女で比較すると、1人暮らしや親との同居の場合は、男女間の違いがなく、どのケースでも半数前後が辞職し

ている。すなわち未婚者の場合、辞職して進学という行動をとることに性別は関係がないということになる。

　結婚している場合、状況は異なってくる。女子の辞職者は 55.6％だが、男子は 23.0％でしかない。家計を考えたときに妻は夫に依存できるが夫が妻に依存することが容易ではないという収入の格差、妻は辞職して進学できても夫が辞職することにはリスクが多いといった状況が、辞職という進学行動の男女差となって表れているとみることができる。しかし、それだけではない。子どもがいる場合、女子の辞職者は 60.0％、対する男子の辞職者は 21.3％であることに注意すべきである。相対的に家事・育児の負担が多い女性の場合、家事・育児と仕事に加えて大学院での学習という3足のわらじを履いた生活が、きわめてハードであることは容易に想像できる。そうしたなかで仕事というわらじを脱いで大学院での学習に履き替えざるを得ないという側面があることをこのデータは示している。

　30歳代の女子にとって専門職大学院への進学が、結婚・出産・育児と必ずしも両立可能ではなく、結婚・出産・育児が先行すると、進学という選択のために労働市場から退出を余儀なくされる状況をみることができる。

3. 専攻

　進学という選択が、それぞれに悩みを抱えての専門職大学院への進学であるが、そこで何を学習しているのか専攻の分布を**表9-4**より検討しよう。調査データは、『学校基本調査』の専攻の分類と異なるうえ、2008年1月の調査の実施の段階では教職大学院が発足していなかったため、両者を1対1対応で比較できるのは、法科大学院と商・経済＝MBAのみである。
調査データでも、男女ともにもっとも多くを占めるのは法科であり、ほぼ半数にのぼる。男女差が見られるのは、MBAで女子が少ないこと、IT・コンテンツ、医療・福祉・心理でやや女子が多いことである。

　『学校基本調査』によれば、女子は法科在籍者が 62％を占めてもっとも多く、次いで商・経済であり、男女の構成比に関して、調査データにおける男女別の専攻がほぼ全体を代表するサンプル構成になっていることがわかる。

第9章　家族形成とキャリア追求の狭間にある女性　153

表9-4　在学者の専攻分野　(%)

	法科	商・経済	公共政策	会計	ﾌｧｲﾅﾝｽ・知財	MOT	IT・コンテンツ	医療・福祉・心理	教育	その他	計 (N)
女子	50.4	14.2	4.3	11.4	5.4	.4	7.7	6.0		0.2	100.0 (466)
男子	49.2	21.4	4.1	9.0	7.4	2.6	4.6	0.8		0.8	100.0 (1,103)

	法科	MBA	それ以外の社会科学	工学	人文・保健	教育	その他	計 (N)
女子	61.9	16.2	5.6	0.5	4.3	7.5	4.0	100.0 (6,549)
男子	60.3	23.3	4.6	1.6	0.8	5.3	4.2	100.0 (16,832)

＊上段：調査データに関しては、χ2=66.061、df=6、p＜.001
＊下段：文部科学省（2009）『学校基本調査』。

　女子在学者の属性に関る年齢、就業形態、専攻の3つの指標を用いると**表9-5**はそれを示したものである。そこからおおむね4つのグループから構成されている。

　まずは、法科、会計、公共政策などを専攻とするグループで、これは司法試験、公認会計士、公務員などの国家試験受験を目指す者が多いことを特徴とする。したがってこれを受験グループとすることができるが、これを就業形態に着目すると、第1の29歳以下にほぼ全てが集中している就労未経験者のグループと、第2の辞職者のグループとに分離することができる。辞職者のグループの年齢層は、29歳以下と30歳代とがともに40％強を占めている。

表9-5　専攻と就業形態　(%)

	法科	会計	公共政策	MBA	MOT	ﾌｧｲﾅﾝｽ・知財	IT・コンテンツ	医療・福祉・心理
ﾌﾙﾀｲﾑ就業者	3.1	22.4	17.6	68.4	100.0	56.0	14.3	0.0
辞職者	34.5	20.4	29.4	23.3	0.0	16.0	20.0	28.6
就労未経験者	62.4	57.2	53.0	8.3	0.0	28.0	65.7	71.4
計 (N)	100.0 (226)	100.0 (49)	100.0 (17)	100.0 (60)	100.0 (2)	100.0 (25)	100.0 (35)	100.0 (28)

χ²=1.805E2、df=14、p＜.001

第3は、MBA、MOT、ファイナンス・知財といった経営系の領域で、ここではフルタイム就業者が主体であり、辞職者や就労未経験者は少ない。仕事上のキャリアアップを目指すグループとみることができ、年齢は30歳代が半数を占める。第4は、IT・コンテンツ、医療・福祉・心理であり、就労未経験者が主体であり就業経験者は少ない。したがって、29歳以下の年齢層が80％を占めている。その領域の専門職ないしスペシャリストを志向するグループである[3]。

3. なぜ、進学するのか

進学にあたって制約条件を抱えつつも、専門職大学院へ進学するのはなぜだろう。その理由を分析的に考えれば、push要因とpull要因の2つに分けることができる。push要因とは、現状との対比で進学が選択されることをいい、pull要因とは、大学院へ進学することによって展望される将来である。さらに言えば、前者は現状の問題の解決ないし回避としての進学の選択であり、後者は、大学院進学が自分のキャリアにもたらすものへの期待である。これらは、年齢、就業形態、専攻などと密接に関わっていると想定される。

1. push要因

このように考えたとき、push要因は就業経験者と就労未経験者とでは異なるものとなる。就業経験者にとっては、仕事に不満があることをpush要因とすることができるが、就労未経験者にとってはそれとは別のpush要因を検討する必要がある。

就業経験者の仕事の不満としては、具体的には「賃金や待遇に満足していない」、「労働時間や休暇に満足していない」、「仕事が能力に見合っていない」、「能力が活用されていない」、「その仕事が好きではない」、「人間関係に満足していない」、「将来が安定していない」の7つの指標についてたずねているが、「人間関係に満足していない」が約17％とやや低い以外は、不満とする者はどの項目も30〜40％程度であり、突出して不満が高いものはなく、

強いて言えば、「将来が安定していない」(46.4%)、「賃金や待遇に満足していない」(44.3%) ことに不満の種があるようだが、男女間での統計的有意差はない。

大卒以上の学歴所有者を対象にして、担当職務に必要な学歴を「大卒未満（短大・高専、高卒）」、「大卒」、「修士卒」、「学歴不問」の4分類でたずねると、男女とも65%前後が大卒の学歴が必要としており、「修士卒」の約5～10%、「学歴不問」の約12%を大きく超えている。ただ、女子では「大卒未満」とする者が18.2%存在し、ここに男子（8.9%）との違いがある。

では、就業継続か辞職かという選択に、これらの仕事上の不満は影響を及ぼしているのだろうか。**表9-6**に示したように「労働時間や休暇への不満がある者」については辞職者に多く、また、**表9-7**の担当職務に必要な学歴に関しては、大卒以上の学歴をもつ者を対象にしてたずねると、辞職者には「大卒未満」とみなしている者が多い。

さらに、これを年代別に検討すると、30歳代において顕著な傾向が認められる。すなわちとりわけ30歳代の辞職者には、労働時間や休暇に不満をもつ者、仕事に大卒の学歴は不要だとする者が多いのである。

次に、労働時間や休暇への不満と仕事に必要な学歴との関係を、就業形態別にみると、大卒の辞職者では、労働時間や休暇に不満をもっている者ほど、仕事には大卒の学歴が不要だとする傾向がある。具体的に数値をあげれば、労働時間などに不満な者で大卒の学歴が不要だとする者は45.6%と半数近くいるのに対し、労働時間などに満足している者で大卒の学歴が不要だとする者は31.3%とその差は明らかである。

仕事に慣れることに精一杯の20歳代を過ぎて10年選手となると、これま

表9-6　女子の労働時間・休暇への不満と就業継続との関係

(%)

	満足でない	満足	計 (N)
フルタイム就業者	29.4	70.6	100.0 (85)
辞職者	46.5	53.5	100.0 (129)

$\chi^2=6.257$, df=1, $p < .05$

表9-7 大卒女子からみた担当職務に必要な学歴

(％)

	大卒未満	大卒以上	学歴不問	計 (N)
フルタイム就業者	8.8	81.2	10.0	100.0 (80)
辞職者	26.4	61.6	12.0	100.0 (125)

$\chi^2=10.681$、df=2、$p < .01$

でやっていた仕事を振り返り、このままでよいかどうかといった考えが頭をもたげるのであろう。自分のキャリアアップやキャリアチェンジを考える者にとっては、専門職大学院進学がそのための手段の1つとなる。どの様にして進学するかを考えたとき、仕事があまりにも多忙であることや、仕事の内容が簡単でつまらないといった状況が、辞職という選択肢に結びつくことは男女とも同じである。

ただし、女子には、仕事の多忙さは増しても、仕事内容は高度にならないという日常が、男子以上に多いのだろう。2つの不満が増幅した先にあるのが辞職という選択肢である。女子の辞職者が多いということの背景には、こうした労働環境の問題が潜んでいる。30歳代になって生まれ変わりを期待する、こうした結果が辞職しての大学院進学であり、大学院進学を選択したがゆえに結婚を選択しなかったというケースもあるのではないだろうか。

就労未経験者にとってのpush要因として、それが就業者と比較してより影響が大きい要因としては、大学院進学にあたって周囲からの勧めをあげることができる（表9-8）。

現状にとりたてて問題があるわけでないものの、卒業後の進路を考えるなかで、教員なり周囲の人間が大学院進学という選択肢を指し示してくれたことが進学の契機になっているという点で、就業者と異なる就労未経験者の特徴をみることができる。やや受身的であるようにも思われるが、こうした勧めがなされるのも、また、それを受け入れるのも、大学時代の真面目な学習があってのことである。学部時代に「専門分野の学習」に熱心に取り組んだとするのは、就労未経験者にもっとも多いことがそれを示している（フルタイム就業60.5％、辞職者57.7％、就労未経験者70.6％、$\chi 2=7.227$、df=2、

第 9 章　家族形成とキャリア追求の狭間にある女性　157

表 9-8　周囲の勧めによる進学

(%)

	大学教員の勧め			家族・友人・職場等の勧め		
	あてはまる	あてはまらない	計 (N)	あてはまる	あてはまらない	計 (N)
フルタイム就業者	6.9	93.1	100.0 (86)	14.6	85.4	100.0 (86)
辞職者	11.6	88.4	100.0 (130)	26.7	68.4	100.0 (130)
就労未経験者	22.5	77.5	100.0 (244)	31.6	73.3	100.0 (244)

$\chi^2=16.883$、df=2、p < .001　　　　　　　$\chi^2=12.736$、df=2、p < .01

p < .05)。そして、現在の専門を学部時代に学習していた者は就労未経験者に多い（フルタイム就業 35.3％、辞職者 54.3％、非社会人 80.7％、$\chi^2=65.367$、df=2、p < .001)。そう考えれば、大学の学部時代の延長として周囲の理解も得て、ある意味もっとも悩みがない状況においての進学ということができるかもしれない。こうした就労未経験者の push 要因に関しては男女の差はない。20 歳前半という年齢で親に経済的な依存が可能な状況においては、性別が進学を左右する理由にはならないといえよう。

2. pull 要因

　大学院への期待を意味する pull 要因の指標である進学理由としては、学習そのものを目的とする、「専門的知識の獲得」、「幅広い視野、知識・教養の獲得」、「学位取得」を、職業上のメリットを得る手段を意味する、「職業資格」、「高給や高い職位」、「起業」を用いた（図 9-1)。

　ほぼすべての者が「専門的知識の獲得」を進学理由に掲げており、専門職大学院への進学が何よりもそれぞれの専門分野の知識の習得を目指したものであることがわかる。次いで、「幅広い視野、知識・教養の獲得」が理由とされており、「専門的知識の獲得」と合わせて、大学院進学にあたっては、まず学習そのものが目的とされ、それと比較すると「職業資格」、「高給や高い職位」など大学院を職業上のメリットを得る手段とする者はやや少ない。

　就業形態による違いについては、フルタイム就業者は「幅広い視野、知

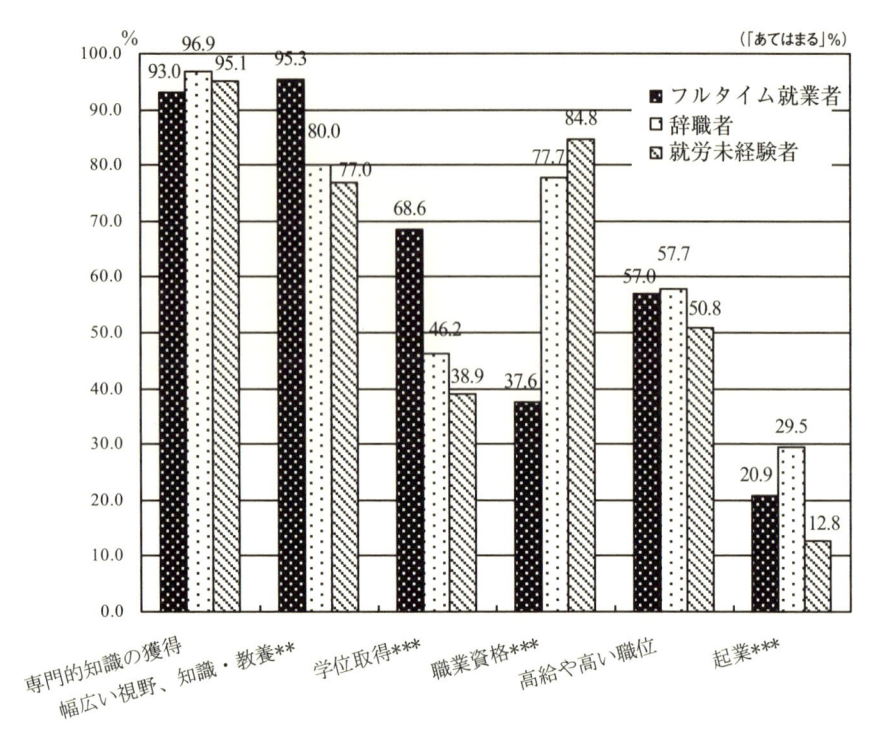

図9-1　就業形態別の大学院への進学理由
***・・・p<0.001、**・・・p<0.01

	フルタイム就業者	辞職者	就労未経験者
専門的知識の獲得	93.0	96.9	95.1
幅広い視野、知識・教養**	95.3	80.0	77.0
学位取得***	68.6	46.2	38.9
職業資格***	37.6	77.7	84.8
高給や高い職位	57.0	57.7	50.8
起業***	20.9	29.5	12.8

識・教養の獲得」、「学位取得」といった大学院での学習そのものがpull要因となっている傾向があり、他方、辞職者や非社会人は「職業資格」の取得が要因となっている。現在職業に就いているか否かが、こうした違いを生み出しているのであろう。また、全体としての志望者は少ないものの、辞職者には「起業」を希望する者が他よりも多く、専門職大学院での学習を梃子にして新たな職業展開を目指すうえでは、就業経験をいったん断ち切るという選択に可能性を見出している者が多いことを示しているのかもしれない[4]。

就業形態によるpull要因の違いは、当然のことながら専攻とも大きく関わっており、辞職者や非社会人の多くが「職業資格」取得を理由に掲げるのは、法科、会計などのプロフェッションを目指す者が多いことによるものであり、また、就労未経験者の場合は、IT/コンテンツ、医療・福祉・心理の

領域の(職業資格を必要とする)スペシャリストを目指す者が多いことも、「職業資格」取得が理由となる。

これを踏まえ、就労未経験者のうち、専攻がIT／コンテンツ、医療・福祉・心理である者と法科・会計・公共政策である者との違いを比較すると、前者は、「高給や高い職位」(法科など:54.8％＞ITなど:31.0％)をあまり望まず、「職業資格」取得の希望者も少ない(法科など:93.2％＞ITなど:61.9％)。スペシャリストといいつつも、「幅広い視野、知識・教養の獲得」(法科など:74.0％＜ITなど:90.2％)、「学位取得」(法科など:33.9％＜ITなど:54.8％)を重視していることが注目される。

フルタイム就業者に「幅広い視野、知識・教養の獲得」、「学位取得」を目的とする者が多いのは、多くがMBAをはじめとする社会科学系に在学していることによる。

これらから、表9-5でみた就業形態と専攻とから構成される4つのグループは、それぞれのpush要因とpull要因とによって大学院へ進学しているということができよう。第1に、労働時間や仕事内容への不満から辞職して、法科などの国家試験受験を目指しているグループ、第2に、学部の延長として法科などの国家試験受験を目指している就労未経験者のグループ、第3に、キャリアアップを目的としフルタイムで就業を継続しながら進学しているMBAなどの経営系専攻者、第4に、スペシャリストとなるべき職業資格取得を目指すとともに、幅広い教養も身につけようとしている学部の延長として進学した就労未経験者が多いIT／コンテンツなどを専攻するグループである。ただ、この第4のグループは母数が小さいため、以下の分析ではそれ以外の就業形態による3つのグループによる分析を行い、必要に応じて就労未経験者を法科などの在学者とITなどの在学者に2分した分析を行うことにする。

4. 将来のキャリアをどのように展望しているか？

1. 希望キャリア

　専門職大学院の在学者は、大学院修了後のキャリアもかなり明確に展望し、就業形態や専攻によって異なるであろうことが推測されるが、図 9-2 から見る限り、就業形態よる違いは、「資格試験受験」希望者に辞職者と就労未経験者がきわだって多く、フルタイム就業者には少ないことに明瞭に現れている。進学理由においても辞職者と非社会人の多くは「職業資格」を希望し、フルタイム就業はさほどでもなかったことと対応している。

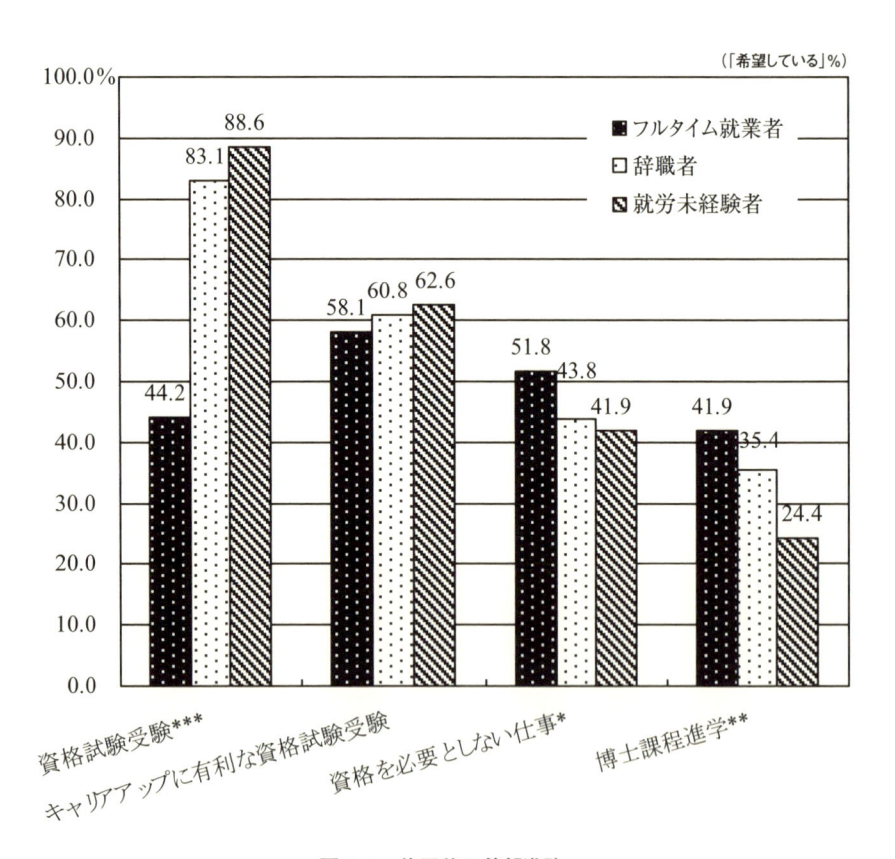

図 9-2　修了後の希望進路

***・・・p<0.001、**・・・p<0.01、*・・・p<0.05

修了後のキャリアのうち、全体としては「博士課程進学」希望者は少なく、とりわけ就労未経験者ではそれが明瞭である。それは、専門職大学院、とくに法科などは、あくまでも次のキャリア展開のための手段であり、博士課程での学業継続とは切り離された存在としての認識が強いことを示すものでもある。

ここで注目されることは、辞職者や就労未経験者が、修了後の進路を「資格試験受験」一本に絞っていることである。「キャリアアップに有利な資格試験受験」、「資格を必要としない仕事」は、「資格試験受験」よりも選択肢が多く実現が容易な進路であるにもかかわらず、それを希望しない者が前者で約40％、後者では約60％にものぼっている。他方で、フルタイム就業者の希望は特定のキャリアには集中せず、「キャリアアップに有利な資格試験受験」や「資格を必要としない仕事」をはじめ、「資格試験受験」や「博士課程への進学」までそれぞれに一定の希望者が存在し、希望進路は分化している[5]。

ところで、就労未経験者は専攻による2つのグループの存在を指摘したが、そのうち法科などの在学者は、IT／コンテンツなどの専攻者よりも「資格試験受験」を目指している者は多く（法科など：95.5％＞ITなど：62.8％）、IT／コンテンツなどの専攻者は、むしろ「資格を必要としない仕事」（法科など：33.7％＜ITなど：65.1％）、「博士課程進学」（法科など：19.6％＜ITなど：39.6％）を展望している者が多い。こうした違いも進学理由と対応したものである。IT／コンテンツなどを専攻している就労未経験者は、資格取得といっても必ずしもターゲットが明確なわけではなく、一般的な就職や博士課程への進学も含めて多様な進路を展望しているのである。

2. 希望キャリアの実現度予測

では、これら希望する進路の実現可能性は、どの程度あると踏んでいるか、就業形態による違いがあるもののみを**表9-9**に示す。「博士課程への進学」を除いた他の3つの進路に関しては、就業形態による違いがあり、「資格試験受験」では辞職者と就労未経験者はその希望が実現すると考えている者が

表9-9 将来のキャリアの希望実現度

(%)

	希望・実現可能	希望・実現不可能	計 (N)	
<資格試験受験>				
フルタイム就業者	50.0	50.7	100.0 (38)	
辞職者	75.0	25.0	100.0 (108)	
就労未経験者	81.7	18.3	100.0 (218)	χ^2=18.126、df=2、p<.001
<キャリアアップに有利な資格試験受験>				
フルタイム就業者	82.0	18.0	100.0 (50)	
辞職者	67.1	32.9	100.0 (79)	
就労未経験者	79.2	20.8	100.0 (154)	χ^2=5.336、df=2、p<.1
<資格を必要としない仕事>				
フルタイム就業者	79.5	20.5	100.0 (44)	
辞職者	52.6	47.4	100.0 (57)	
就労未経験者	59.2	40.8	100.0 (103)	χ^2=8.185、df=2、p<.05

多く、「キャリアアップに有利な資格試験受験」や「資格を必要としない仕事」ではフルタイム就業者にそうした進路を希望し、かつ実現すると考える者が多い[6]。それぞれ希望する進路に対して、それが実現するという見通しをもっている。

　フルタイム就業者は、そもそも「資格試験」を目指す者は少ないため、その実現度予測が低いことは当然として、「キャリアアップ資格試験受験」や「資格を必要としない仕事」に関する実現度は、他の就業形態の者よりもかなり高い。フルタイム就業者がこれらの希望が実現すると考えている者が多いのは、これらのキャリアを新たな就職としては考えていないことによる。なぜなら、大学院進学前の職場を修了後に移動するかどうかをたずねると、フルタイム就業者は、「大学院進学前と同じところに戻り、勤務し続けるつもりである」(42.9%)、「大学院進学前と同じところに戻るが、時期をみて転職するつもりである」(31.0%) と考えており、多くが現在の職場にそのまま勤務することを予定している。「大学院修了直後に転職・新たに就職・起業するつもりである」者は26.2%しかいない。辞職者の96.1%が「大学院修了直後に転職・新たに就職・起業するつもりである」と考えていることと対照

的である。将来展望といっても、修了直後の問題としてではなく、もう少し長期的なスパンで考えているのがフルタイム就業者なのであり、そのことが、「キャリアアップ資格試験受験」にしても「資格を必要としない仕事」にしても、希望は実現すると考える結果となっているのである。

ところで、現在の仕事を辞めることを念頭においている者は、その時期が大学院修了直後であれ、あるいは、時期をみてからであれ、57.2％と半数を超えている。フルタイム就業者の半数を超える者が、大学院進学をステップとして新たなキャリアを追及しようとしているのである。このうち時期をみて転職を考える者は、大学院進学時の19.0％から現在の31.0％まで増加している。大学院での学習そのものを目的として進学しても、学習するなかで、転職や企業によるキャリアチェンジやキャリアアップという新たな道を模索しはじめたのであり、専門職大学院の教育は、それを職業上の手段とする者を増加させる効果をもっているのかもしれない。

辞職者と就労未経験者の多くが希望している「職業資格試験受験」は司法試験であった。法科大学院を修了者と司法試験の合格者数とのアンバランスという構造的な問題が存在しているなかで、法科大学院在学者はそうした問題をどの程度自分の問題として考えているのだろう。**表9-10** は、辞職者は就労未経験者について、「職業資格試験受験」、「キャリアアップに有利な資格試験受験」の希望実現度をみたものだが、いずれにおいても辞職者は、就労未経験者と比較して希望が実現すると思う者が少ない。辞職者の多くは仕

表9-10　法科在学者の希望実現度

(%)

	希望・実現可能	希望・実現不可能	計 (N)	
<職業資格試験受験>				
辞職者	75.6	24.4	100.0 (78)	
就労未経験者	85.0	15.0	100.0 (140)	$\chi^2=2.929$、df=1、p<.1
<キャリアアップ資格試験受験>				
辞職者	62.2	37.8	100.0 (45)	
就労未経験者	81.7	18.3	100.0 (82)	$\chi^2=5.853$、df=1、p<.05

事の現状からの離脱を求め、法科大学院を経由することによる司法試験を受験し、それによって生まれ変わり、新たなキャリアを始めることを望んでいる者である。年齢からみても就労未経験者よりも高く、30歳代が多い。覚悟の辞職であったはずであり、大学院進学の目的、将来展望、いずれにおいても司法試験に合格して法曹職へ参入というターゲットを確固としてもつ者は、就労未経験者と同程度であった。それにもかかわらず、それが実現できないかもしれないと思う者が就労未経験者よりも多いのである。

　女子の進学理由や進路希望に関しては、男子と明確な違いはなかったものの、女子の場合、辞職者は就労未経験者と比較して希望実現度が低いことは、男子にはみられない女子のみの特徴である。

　なぜ、辞職者たちは希望がかなわないかもしれないという思いをもつようになったのであろうか。そこには、過去の学習経験や就業期間の勉学にとっての意味をどのように考えるかという問題が関連している。法科大学院在学者のうち辞職者は就労未経験者と比べて、過去に法律分野の学習をしたことがない者が多く（辞職 39.5 ＞就労未経験者 19.3）、学習したことがある者でも、辞職者は非社会人よりも、職業資格試験やキャリアアップのための資格試験の合格の可能性がないと思う者が多いという状況がある（職業資格試験受験の実現可能性がない：辞職者 21.7％ ＞就労未経験者 11.6％、$\chi^2=2.691$、$df=1$、$p<.1$、キャリアアップ資格試験受験の実現可能性がない：辞職者 44.0％ ＞就労未経験者 13.1％、$\chi^2=9.827$、$df=1$、$p<.01$）。

　また、辞職者には「勉学生活でのブランクがあることが、就労未経験者よりも不利になる」と考えている者が、フルタイム就業者よりも多く（辞職者 52.6％ ＞フルタイム就業者 14.3％ $\chi^2=3.770$、$df=1$、$p<.1$）、さらに、辞職者のうち、「勉学生活でのブランクがあることが、就労未経験者よりも不利になる」と考えている者で、職業資格試験合格という希望が実現すると考える者が少ない（不利になる 62.5％ ＞不利でない 88.9％、$\chi^2=7.037$、$df=1$、$p<.01$）。こうした傾向は、女子の辞職者のみにみられるものであり、男子およびフルタイム就業者には見られない。強い希望をもって進学したものの、法科大学院での学習の厳しさという現実に向き合うなかで、過去の学習経験の不足を痛感している

状況をみることができる。

　このことの裏返しが就労未経験者である。学部時代からおそらく法曹職に就くことを意図して熱心に学習を続け、その延長として法科大学院に進学し、現在の学習とその先にあるキャリアについては明確な見通しをもっている。それは、就労未経験者のうち、IT／コンテンツなどを専攻している者と比較すると明瞭であり、「職業資格試験受験」において法科などを専攻している者は、希望・実現可能とする者は86.5％、しかし、IT／コンテンツなどを専攻している者は、66.7％であり両者の開きは大きい。法科大学院在学者とIT／コンテンツなどの在学者とは、目指している職業資格が異なり、司法試験が何よりも難関な試験であることはいうまでもないが、それでも強い意志と明確な見通しをもっているのが非社会人なのである。

5. 専門職大学院ができること

　さて、女性にとって専門職大学院がどのような機能を果たしているか、大学卒業後の女性にとっての壁である、教育と家族形成という問題に専門職大学院は何らかの打開策となるのか。結婚・出産・育児などのライフコース上の課題とどのような関係にあるか、専門職大学院の教育は、キャリアアップを図るための手段として機能しているか、最初の2つの問いについてまとめよう。

　第1の結婚・出産・育児については、専門職大学院への進学にあたっては、やはり壁であるようだ。30歳代という年齢をとっても女子は約80％が未婚者、男子は半数が結婚していることが、それを示している。結婚している者のうち、子どもをもつ者が男子では66％、女子では30％という開きも、女子にとっての結婚・出産・育児が大学院進学の壁になっていることを示すものである。

　ただ、未婚であるということは、それまでの仕事を辞めての大学院進学が容易であることにつながり、女子はフルタイムで就業を継続する者よりは、辞職して、それも30歳代で辞職して進学する者が多い。

また、女子の場合、未婚の場合は親に、結婚している場合は夫に家計を依存している者が多かった。これは一見、男性に家計依存して大学院進学を可能にしているようにもみえるが、女子の給与の低さから男性に依存しないと進学できない状況が存在していることを忘れてはならない。それは逆に、依存できるという条件を持たない者の進学を阻んでいるということにもなる。
　専門職大学院によってキャリアアップのための教育という場が提供されても、それが女性にとってはライフコース上の諸課題とバッティングするという問題があることが、如実に示されている。キャリアアップのための教育の機会が、男性と女性とに平等に開かれていないことは、それが家族形成といった私的領域の問題であるがゆえに、たとえば政策的な介入が許容されがたく、こうした状況は容易には変化しないであろう。
　第2のキャリアアップを図る手段として機能しているかという問題については、就業形態と専攻とからなる4つのグループによって意味は異なるものの、キャリア展開を図る上で大きな位置づけをもっている。そして、いったん大学院に進学した者にとって、大学院の意味に男子との違いはない。
　多くが、進学の理由、大学院修了後のキャリアを明確に意図しており、専門職大学院は職業上のキャリアの追及のためのステップとして位置づけられていることがわかる。
　興味深いのは、大学院での学習そのものを目的として進学し、大学院修了後も現在の勤務先にそのまま勤務することを考えて進学したフルタイム就業者が、大学院での学習のなかで、チャンスを待ちながらいつかは転職しようと考える者が増加していることである。フルタイム就業者は辞職者と異なり、社会人経験をもつことが大学院での学習にプラスになっているという評価をしている者が多く、具体的には、社会人経験があるがゆえに「大学院での勉学生活を豊かなものになっている」（フルタイム就業者95.3％＞辞職者83.6％、$\chi^2=6.750$, df=1, $p<.01$）、「学問研究の意義についても理解が深まる」（フルタイム就業者97.7％＞辞職者85.9％、$\chi^2=8.364$, df=1, $p<.01$）といったところにそれをみることができる。こうした日常が、さらなるキャリアアップやキャリアチェンジを目指すようになっているのであろう。

もっとも明確なキャリアパスを意図して進学する者が多いのが法科大学院などの職業資格試験と直結した専門職大学院であり、主に学部の延長として進学する就労未経験者、20歳代後半から30歳代前半にそれまでの仕事への不満もあって辞職して進学する者とから構成されていた。ただ、司法試験にターゲットを絞る者のうち、辞職者は過去の学習経験の不足や就業期間の勉学のブランクから、試験合格を目指しつつもそれが容易ではないことに気づいている者が多い。法科大学院修了者数と司法試験合格者数とのアンバランスという構造的な問題もあり、生まれ変わりを目指している辞職者は、現実の厳しさを否応なく感じているのだろう。

もう1つのグループは、スペシャリストをめざすIT／コンテンツなどの在学者である。ここには学部の延長として進学した就労未経験者が多く、確かにスペシャリストは目指しているものの、必ずしもそれに限らず多様な進路を視野に置いている。IT／コンテンツ、医療・福祉・心理の在学者の特徴は、在学している大学院を選択した理由にみることができる。「学びたい内容が提供されている」（法科系：83.0％、MBA系96.7％、IT系98.4％、χ^2=20.125、df=2、p < .001)、「母校の大学院であること」（法科系：21.9％、MBA系21.7％、IT系34.9％、χ^2=5.141、df=2、p < .1) が大きな理由であり、そのためには「通学に便利」なわけでもなく（法科系：54.6％、MBA系75.0％、IT系33.9％、χ^2=26.033、df=2、p < .001)、「入試の負担が少ない」（法科系：35.0％、MBA系47.8％、IT系17.5％、χ^2=15.140、df=2、p < .01) わけではないことを承知の上で進学しているのである。いってみればこのグループは、専門職大学院への進学でありながら職業上のキャリアがさほど明確でないというだけでなく、学習したい内容から大学院を選択しているということから、学術大学院への進学者と類似した傾向をもっている。しかも、学部時代にそれらの専門を学習している者がもっとも多いことは（法科系：58.2％、MBA系：27.8％、IT系：64.3％、χ^2=6.237、df=2、p < .05)、大学院を梃子にしてキャリアを追求するというよりは、学部時代の学習を追及する姿勢がもっとも強く、その点でも学術大学院への進学者と類似した傾向をもっているということができる。

第2の課題に対する回答は、あくまでも進学時から在学している現在まで

の状況における主観的判断としてみた機能であるという課題をもつことは否めない。しかし、在学生を対象にした分析において強調すべきことは、在学者は、進学を考える時点ですでに修了後のキャリアまでを見通して大学院を選択しているという事実であり、希望する進路が進学によって変化したか、希望する進路の実現度をどの程度と考えているかが、明らかになったことである。修了後の進路が確定していない時点において、かなり明確なキャリアを展望して専門職大学院が手段的に利用されていることをもって、専門職大学院が果たしている機能の1つとするのである。

ただ、大学院修了後に希望する進路がどの程度実現するかという問題も、もう1つの機能であることは確かであり、この点は、修了生の調査などを通して明らかにすることを、今後の課題としたい。

〔注〕
1 女子の大学院進学率が男子の半分にも満たないのは、男女どちらも大学院進学者の多くを占める工学系や理学系に、女子進学者が少ないことが1つの理由である。たとえば、2009年において工学系大学院進学者は男子2万8千人、女子3,000人弱とその差はきわめて大きい。理学系大学院進学者においても、男子6,200人弱に対し、女子は1,800人弱である。ただ、卒業学部と進学した大学院の専門領域が同じと仮定して、卒業者に占める大学院進学者の比率をみれば、工学系における男子大学院進学率は34.5％、女子は28.8％、理学系では男子44.8％、女子35.6％と、確かに男子進学率が高いものの、女子進学率もそれに追随している。したがって理系における大学院進学という進学行動は、男女ともに共有されているとみてよい。そうだとすると、女子の大学院進学者および進学率が男子に及ばないのは、学部選択における男女の違いにさかのぼって考慮すべき問題ということになる。しかし、本章ではこの問題について、これ以上の検討はしないこととする。
2 学校基本調査における社会人の定義は、「5月1日において職に就いている者、すなわち、給料、賃金、報酬その他の経常的な収入を目的とする仕事に就いている者、ただし、企業等を退職した者、及び主婦なども含む。」となっており、当該調査における辞職者、定年退職者も含まれる。
3 こうした構造そのものは、おおむね男子も同様である。しかし、女子はMBAなどの社会科学系、IT・コンテンツなどにおいて、男子よりも辞職者や非社会人が多くなっている。
4 男子もおおむね女子と同様の傾向であるが、「より高い給料や役職に結びつくため」に関しては、男子の場合、辞職者で「あてはまる」とする者が多い（$\chi 2=7.382$、$df=2$、$p<.05$）。

5 男子もおおむね女子と同様の傾向がある。
6 男子もおおむね女子と同様の傾向がある。

第Ⅲ部　社会人の再学習の意味

第10章　労働市場との齟齬を抱える経営系

吉田　文

1. 問題の設定

　わが国では、学校から労働市場への移行にあたって、新規一括採用を慣行とし、採用にあたっては学歴を1つの選抜の基準としている。これは、「日本的経営」の1つ柱として、あたかも日本社会の構造的特質であるかのようにみなされているが、こうした慣行は日本の近代化過程における諸事情が重なって作り上げられた歴史的事実であり、それが日本社会にあまねく定着したのが、1950年代であることが詳らかに明らかにされている（菅山　2011）。

　とはいえ、それがあまりにも広く定着しているために、それとは異なる学校から労働市場への移行が、それに関わるそれぞれの当事者がどのように認識しているかについては、これまで風説の範囲を超えて論じられることはなかったといってよい。新規一括採用とは異なる行動とは、学校から労働市場にストレートに参入しない移行であり、具体的には、労働市場に参入後に教育機関にもどったり、労働市場と教育機関とを並行させて、学歴を再取得するという移行モデルを指す。ここで検討すべきは、再取得した学歴を、それぞれの当事者がどのように認識し、評価しているかがポイントとなる。なぜなら、新規一括採用においては、学歴がもっとも有力な選抜指標であり、そのため「よい学歴―よい仕事」という図式が、学歴取得の大きな動機付けとして働いている。そのなかで、「学歴の再取得―よりよい仕事」という図式がどこまで成り立つのかを検討することで、新規一括採用とは異なる行動が現代の日本社会においてもつ意味を考察することができると考えるからであ

る。

　検討すべき対象は、経営系の専門職大学院の在学者（修了者）、彼／女を雇用する企業、社会人を教育する大学の3者である。経営系専門職大学院およびその在学者／修了者は、現代の日本社会において2重の意味でマイノリティである。それは、第1には在学者の多くが社会人であるため学歴の再取得者となるからであり、第2には大学院修了者となるからである。「よい学歴―よい仕事」という図式は、その学歴が学士号であることを前提にしており、大学院ではない。確かに、理工系においては1980年代より修士課程修了者の就職が次第にポピュラーになってはいるが、就職にあたって特段のプレミアムが付加されているわけではない（平尾・梅崎・松繁 2011）。文系においては修士課程修了者の数も少なく就職先も多くはないのが現状である。この意味で2重のマイノリティであるのだが、「学歴の再取得―よりよい仕事」という図式が成り立つのか否かを検討するという本稿の課題からすれば、最適の分析対象である。

　専門職大学院は2003年に制度化された、新たなタイプの大学院である。高度専門職業人の養成を目的として、教員の一定割合にその職業分野に精通した実務家教員を置き、実践的な志向性を強くもつカリキュラムによって教育することに特色をもつ。経営系の専門職大学院は、アメリカのビジネス・スクールをモデルとしている。ビジネス・スクールの授与する学位MBAは、企業のマネージャーとなるために不可欠の学歴とされ、MBA保持者に対する処遇の高さは周知のことである。そうしたアメリカの状況が、どこまで日本社会に妥当するのかを検討するためにも、経営系の専門職大学院は好対象である。

　本章で分析に用いるデータは、2008年に実施した専門職大学院在学生に対するアンケート調査[1]、2011～2012年にかけて実施した経営系専門職大学院修了性に対するインタビュー調査[2]、経営系大学院の認証評価団体であるABEST21理事長へのインタビュー、さらにABEST21が国内外の参加大学院に対して実施したアンケート調査である。

　これらのデータをもとに、以下では、1. 在学生および修了生の大学院入学

の目的、大学院修了後の職業展望、2. 大学院修了後の仕事や処遇の実態、大学院教育の評価、2. 企業の専門職大学院教育および大学院修了生に対する要望と評価、3. 大学の考える教育方針や実際の教育について検討し、この3者がそれぞれどのような認識をもち、何を要望しているか、3者間にどのような合致や齟齬があるのかを、実証的に明らかにする。また、こうした作業を通じて、現代の日本社会における「学歴の再取得―よりよい仕事」という図式の成立の度合いを考察するとともに、日本の専門職大学院の今後を考えることが、本章のもう1つの狙いである。

2. 自分のための再学習――進学目的・職業展望

1. 進学目的

　社会人が何を目的として経営系の専門職大学院へもどるのか。**表10-1**に示したように、「専門的な知識を得るため」、「幅広い知識や知識・教養を得るため」がほぼすべてを尽くしており、「より高い給料や役職に結びつくため」、「起業のため」は、それらにはるかに及ばない。きわめて内発的な動機に支えられての進学であり、昇進・昇給・転職といった外的な誘因は大きな魅力にはなっていない。これは、経営系の専門職大学院進学者に特有なものではない。職業資格の取得が明白な目的である法科大学院や会計大学院であっても、「専門的な知識を得るため」、「幅広い知識や知識・教養を得るため」は「より高い給料や役職に結びつくため」、「起業のため」との関係に大きな違いはない（吉田　2010）。

表10-1　進学目的

	経営	法科	会計
			(%)
専門的な知識を得るため	94.9	95.6	97.4
幅広い知識や知識・教養を得るため	95.2	66.5	94.8
より高い給料や役職に結びつくため	52.0	59.9	59.2
起業のため	32.1	33.8	16.9

それでは、「専門的な知識を得るため」、「幅広い知識や知識・教養を得るため」といった、やや抽象的で一般的な文字列を、もう少し個人的な動機として語られた言葉に置き換えてみよう。

大学を出て商社に勤務しつつ、夜間の課程で MBA を取得した A さん（女性）は、次のように語る。

> 「就職して 7〜8 年目になると、職場でいろいろなことを新人並みに聞けなくなる。ただ、個人的にはもっと知りたい。でもそれは私の担当の仕事でもないし…与えられた仕事をやって成果を出すというのが日本の企業のやり方なんですが、それだけでは満足できなかった。もやもやしていたときに、外で勉強しよう、達成感が味わえるところへ行こうと思いました。」

同じく、IT 系の会社に勤務しつつ MOT を取得した B さん（男性）は、

> 「当時、30 歳近かったので、会社に少し息詰まりを感じていました。…その会社は、大きいグループ会社の子会社でした。役割的には、中小企業の部門や大きい業者の一部門のシステムしかやっていませんでした。このままやっていても、10 年後も 20 年後も同じことをやっているのではないかと思いました。自分も何をしようかと悩んでいました。」

就職して 7〜8 年になる 30 歳頃とは、仕事に一定の権限と責任をもつようになるころである。いわば、がむしゃらに走ってひと段落し、ふっと立ち止まったときに、今後の仕事や自分の生き方を考えるのであろう。何かもやもやとしたものが、仕事をすることで十分に燃焼できないとき、再考する場として大学院が位置づけられている。学習することで、満たされない思いが少しは緩和され、糸口が見つけられるのではないか、彼／女からみえてくる進学目的は、そのあたりにあろう。大学院が個人的な悩みの手段として選ばれているのである。

大学院への進学が、個人的な学習欲求であることは、言い換えれば、現在の仕事に対して不満が少ないということになる。在学者に対するアンケート調査の結果をみても、「賃金や待遇に不満」(37.1%)、「労働時間や休暇に不

満」(32.4％)、「自分の能力が活かされていない」(39.2％)、「人間関係はうまくいっていない」(18.7％) と、職場に問題を感じている者は多くはない。現在の会社における処遇への不満が進学を考える直接的契機になったわけでも、さらに好条件の処遇を求めて進学を決定したわけでもない。確かに、上記Aさんにしても、「悩んでいた」Bさんにしても、職場の処遇そのものに大きな問題を感じているのではない。むしろ、この先もこの仕事をずっとやっていってどうなるのかといった自己への漠たる不安といった方がよいだろう。

　これらの目的よりももっと積極的な学習動機に支えられた事例もある。そもそも海外大学のMBAへの社内派遣制度にチャレンジしようと考えており、そのなかで日本の専門職大学院を選択したというケースもある。金融機関に勤務しているCさん（男性）は、

「もうあと2年くらい勉強したいと、ずっと若いころから思ってはいたのです。実は、社内の留学制度も毎年受けていたんですが、小論（筆者注：社内の選抜試験における小論文。）のところで落とされていました。銀行の破綻など忙しいことがあって、中断していたのですが、その後、国内の大学院への派遣制度ができてそれに行かせてもらいました。」

機械製造業の会社のエンジニアとして勤務していたDさん（男性）は、

「エンジニアとして仕事をしているなかで、純粋な技術者から少しずつビジネス寄りになっていて、「ビジネスとは何たるか」ということを考えるようになっていました。…社内の最終選考（筆者注：海外のビジネススクールへの派遣）まで残ったら、当時の役員が「エンジニアにMBAなんかいらない」と言って、最後の段階でだめになりました。…それでは会社をやめて本格的にビジネスを勉強しようと思ったのでした。」

と、8年間勤務していた会社を辞めて、大学院進学の道を選んでいる。CさんもDさんも、会社のMBA派遣制度に応募していることそのものが、向学心の強さを示す行動であるが、それが叶わないなかでも、さらにチャレンジして大学院へ進学する環境を自ら作っていることは、勉強がしたいという個

人的な動機付け以外の何物でもない。

　このような思いで進学した後は、誰もが水を得た魚のように勉学に取り組んでいるが、その姿は実にハードである。

> 「睡眠時間、全然なかったですね。（授業に）ついていけないものもあって、そういうときこそ遅くまで（大学院に）残って、得意な分野の同期をつかまえて、夜な夜な勉強やっていくのが面白かった。」（Aさん）

> 「SEだったので、仕事にむらがあります。暇なときは自分のUSBメモリを突っ込んで、リポートを書いてしまいます。忙しいときは、本当に寝ないで夜中まで課題をやり、睡眠時間2時間とか3時間だったと思います。」（Bさん）

> 「平日夜毎日6時から9時15分まで授業は大変でした。たぶん人生で一番勉強したんじゃないかと。仕事中も、周りに人がいなかったらパソコンで、コショコショとやったりして、上司が来たら、普通の仕事の画面に変えるということを頻繁にやっていましたね。」（Cさん）

> 「「こんなに勉強したことはない」というくらい、大学受験以来勉強しました。…僕はそれこそ平均2、3時間の睡眠でしたが、眠いので一回寝ると起きられません。本当にやばいときはフローリングに寝ていました。…そうすると体が痛くなるので、起きてしまうからです。」（Dさん）

　仕事と両立させなければならない者も、フルタイムの学生であったDさんでさえも、同様に、寝る時間の確保すらままならないほど勉強していた。しかし、それほどハードではあっても、だれもがAさんのように「面白かった」といえる状態にあったことは興味深い。動機付けが強い分、勉強が楽しいのであろう。

2. 職業展望

　内的な動機付けによる大学院進学という選択、そこに職場に対する不満が引き金になっていないとしたら、大学院修了後の仕事はどのように展望して

表 10-2　大学院修了後の職業展望

	(%)
大学院進学前と同じところに戻り、勤務を継続	46.6
大学院進学前と同じところに戻るが、時期をみて転職	27.6
大学院進学前とは異なるところに就職（転職、新たな就職、起業など）	25.2
その他	0.6
計	100.0

いるのだろうか。表10-2にみるようにMBA在学者は、半数が同じところに勤務、残りの4分の1ずつが、修了直後、あるいはいずれかの時期に転職を展望している。他の専門職大学院と比較して、「大学院進学前と同じところに戻り、勤務を継続」が多いことが経営系の特色である。それは、職業を継続しながら大学院へ通学している者が78％と、他の専門職大学院と比較して圧倒的に多いことと無関係ではない[3]。この職業を継続しながら通学している者のほとんどは、「大学院進学前と同じところに戻り、勤務を継続」、「大学院進学前と同じところに戻るが、時期をみて転職」と考えているのである。このうち、「時期をみて転職」という者が、それを進学以前から考えていたのか、進学して大学院の学習を始める中で次第に転職を考えるようになったのかは、アンケート調査から明らかにすることはできない。

　修了者へのインタビューから、それを明らかにしよう。Aさんは、入学以前には転職など考えることもなく、また、大学中も考えなかったが、以前の職場にもどって1年後のインタビュー実施当時、転職サイトに登録しようとカウンセラーに相談に行ったという。もともと一般職で入社し、総合職でなかったAさんは、大学院修了を契機に、新たな部署への異動が認められたものの、その部署は女性に対して総合職の門戸が開かれていない。

> 「今、私がやっているような仕事で、アドレナリンが出るようなゾクゾク感をたぶん常に30％しかもっていないような感じが…自分が本当にやりたい仕事につけていないのと、それなりの権限が与えられていないのと、自分に実力がないのと、そういうのがいろいろあって…もし会社でできるんであれば、このまま、うちの会社にいてもいいかなという気持ちがありますが、このアシスタント業務のままでは、中長期的には、たぶん転職を考える。」（Aさん）

修了後にもどった社内の仕事が満足いくものではないのと、それが一般職から総合職への転換の契機にならないこととの両方で、転職を考えるようになっている。

Bさんは在学中の2年次に転職したケースである。

> 「在学中に転職する人がたくさんいたからです。話を聞いてみて自分もしたくなったのと、まだ1社目だったので「だめだったら、また転職すればいいじゃない。違う世界を見るためにもいいんじゃない」という感じでした。」(Bさん)

Bさんの話からは、在学中に転職する同級生が多かったということである。その具体的な数字は不明なものの、Bさんは明らかに同級生の行動に誘発されて転職をしている。

大学院在学中に転職を考えるようになり、それを具体的に行動に移す者は、それなりに多いようだ。ご自身はもとの職場にもどり、今のところ転職する意思はないというCさんであるが、

> 「あの時期、やっている2年間でインスパイアされるのか、その2年間前後の転職って、すごく多くて2〜3割以上は転職しているな…2〜3割は言い過ぎかもしれないけれど、転職は意外に皆するなあというか。結構立派なところに勤めていても、意識が変わるのかのかな。「これが自分のやりたいことだった」という。そういうのは結構ありましたね。」(Cさん)

と、Bさん同様、大学院で学習する過程で転職を考えるようになる者が多いことを語っている。社費で派遣されたCさんも、「入学したての頃は、博士課程まで行って頑張ろうと思ったんですが、すぐ挫折しました。」と、大学院に入って新たな進路に希望を見出していたという。

このように専門職大学院には、転職を意識化するような学校風土があるのかもしれない。職場にことさらに不満があるわけではないが、自分を見つめ直したいといった感覚をどこかにもって進学している者たちは、大学院で見つめ直しながら、新たな進路に希望の光を見出すのかもしれない。そしてま

た、在学中には転職を考えもしなかった場合においても、大学院で得られた満足感を仕事で充足できない者は、転職が念頭に浮かんでくるのだろう。

3. 何が役立ったか――大学院教育の評価

　寝る間も惜しんでの勉強漬け、誰もが共通に語る大学院生活である。2年間を修了して、ある者はもとの職場にもどり、ある者は転職と、それぞれの職業生活が始まる。仕事を遂行していく過程において、大学院で受けた教育はどのように仕事に関連すると捉えられ、それに対してどのような評価をしているのだろう。

　以下では、現在の仕事との関連において明確に役立っていることを自覚している事例と、意識的に効果を認識していない事例を対比させて、専門職大学院教育の効果を考えてみよう。

1. ダイレクトな効果の事例

　まず、明確な効果を意識している事例の1つとして、上記のCさんを上げよう。一時は博士課程への進学を考えていたというCさんは、論文執筆とのアナロジーでダイレクトな効果を語る。

> 「きちんとした論文を書いたのは、あれが初めてだったので、…家を建てていくプロセスみたいなものを一通りマスターできたというのは、すごくよかったなと思います。先行研究のつぶし込から始まって、会社のプロセスと似ているところもあるんですが、いろいろ組み立てていく中で、「ここは、こう突っ込まれる可能性があるから、突っ込まれるんだったら、こう返そう」とか、「ここはもうちょっと深堀しておこう」とか、「そういうアプローチは、ちょっと避けよう」とか、そういうことで形にするというのが初めて分かった。」（Cさん）

　Bさんは、「疑う」ことができるようになったことが最大の効果であると言う。

「結局、どの授業でも、「それは本当に正しいのか」と…「この会社は、こうやってきたらいいと思っているけれども、それは本当にいいのか」と思うようになりました。…本の読み方も変わりました。1社目（筆者注：大学院進学前の会社）や2社目（筆者注：大学院在学中に転職した会社。大学院修了時には3社目に転職。）のときには、言われたとおりに作るのがいいという考えでした。」（Bさん）

3社目はコンサルタント企業に転職しているため、「疑う」という視点はより求められるのであろうが、「本の読み方まで変わった。書いてあるストーリーを疑ったり、裏を読もうとするようになった。」という言葉に、大学院の効果は端的に表れているとみることができる。

インタビューをした修了生のなかで、これほどまでにストレートに大学院教育の効果を言葉にする者は、実は多くはない。多くは、大学院教育の効果に無意識な日常を送っている。

2. メタレベルでの効果の事例

無意識的な効果を感じている事例の典型例が、下記に示すEさんである。会社に勤務しながら専門職大学院に通学していたが、次第に新たな仕事をしたくなり修了直後に起業した男性である。

「（大学院での勉強が仕事に）最初から役立っているのは、たぶん、ほとんどないですね。それで、失敗すると「大学院でこういうことを言っていた」みたいなものを思い出すというのは結構ありました。…もしかすると、失敗しなくて、できるようになっていたとしても、気づいていないだけかもしれないですけれど。…経験がくっついてこないと自分のものにならない、というのはあるんじゃないかなと思いますね。」（Eさん）

失敗を反省するときに大学院でやったことを思い出すとは、本人も指摘しているように、日常的に大学院教育の効用を意識することなく、しかし大学院で習ったことを仕事に使っていることかもしれない。

また、大学院進学以前に勤務していた外資系の会社にもどって仕事をしているFさん（男性）は、学士課程はアメリカの大学で終え、さらに生物系の

第10章　労働市場との齟齬を抱える経営系

修士課程まで修了して帰国したという経歴をもっている。外資系バイオ企業に就職し、マネージャーのポジションに就いたために、MBA取得を目指すようになったという。大学院時代は、自分がやっている仕事や獲得している知識をもって、大学院でチャレンジする、すなわちそれが自分の仕事にどのように役立つかを考える日々であったというFさんであるが、同じ仕事に戻った今は、その恩恵を忘れがちであるという。

> 「学んだ当時は「これは使えるな」とか「これをやってみよう」という感じで使っていたと思うんですが、今はたぶん、それを当たり前に使っているという部分があると思うんですね。そうなってくると、「ああ、これをやってよかったな」と思うよりも、当たり前になりすぎて、実はここ（筆者注：大学院）での恩恵というのを忘れがちになっているんです。」（Fさん）

現在は仕事のやり方と大学院で習ったものと切り分けて考えないという言葉は、大学院で習得した知識や考え方と仕事とがうまく融合している証左ではないだろうか。

先述の転職を考えるようになったAさんは、大学院教育が仕事に役立っているかと聞かれたら「ノー」だが、「しかし」と、次のように語っている。

> 「イエスかノーかと言われたら、たぶんノーになってしまうと思うんですね。ただ、ノーと言いながら、たぶんどこかで自分が気づいていないところで活かされているんじゃないかなと思います。ビジネスを客観的に見られたりとか、冷静に判断できたりとかしているので。…」（Aさん）

大学院修了後に異動した部署での仕事に充実感を感じることができていないAさんであるため、「ノー」という回答になるのだが、それでも無意識のうちに役立っているのだろうと評価している。

これらからは、大学院での学習がストレートに仕事に役立つことは、あまりないが、ビジネスの考え方なり、大局的なものの見方なりといったやや抽象的に語られるメタレベルでの効果として、表れていることがわかる。このメタレベルの効果はダイレクトな効果と排反の関係にあるのではなく、前者

が後者を包含する関係にあるといってよい。大学院修了後の時間が経過するほど、ダイレクトな効果に対して無意識になり、日常的には効果を意識しなくなるのであろう。

　大学院教育の効果とは、ピンポイントな場面で役立つものから、次第に面に広がることによって仕事との融合が進むことなのかもしれないと考えることができるが、そうだとしたらそのために他者からみた場合に、逆に効果を見えにくくさせているのではないだろうか。

4．求める多様な能力――企業の要望と批判

1．MBA に対する企業の評価

　職業継続しつつ大学院を修了した者は、誰しも時間的な側面で両立の苦労を語っていた。大学院へ通学することに対して、職場や上司は仕事に支障をきたさない範囲ならば、評価もしないし否定もしないというのが、大半であるようだ。

　いくつかの事例をあげよう。機械製造業に勤務するGさん（男性）は、大学卒業後もいつか勉強したいと思っていたが機会に恵まれないままであった。たまたま、電車のなかで専門職大学院の募集広告を見て、進学を思い立ったという。40歳代に入ってすでに管理職についているなかでの進学は、立場上、容易ではなかった。進学を会社に報告した時の雰囲気について、以下のように語っている。

> 「一応、会社の業務時間に影響を与えることはないという確認をとって、自分で調整して行きましたね。…会社にしてみたら、「40過ぎてからの習い事でしょう」という。…じゃあ MBA を取ったからって何かができるとか、MBA がないから何かができないとか、資格ではないというところで、会社としては評価をしてないんです。」（Gさん）

　Aさんの場合、20歳代のしかも女性であったということで、本人はもっと職場の周囲に気を遣っていたようだ。

「日本の企業の場合、会社からの派遣でもなくて、自らの意思で行っている者に対しては評価しませんね。…そういう意味では、もう、悪く言えば、趣味みたいな感じになってしまいますし、または、「なんでそんなに、何も関係ないのに苦労しなきゃいけないの？なんでそんなに頑張るの？」と言われる方もいらっしゃいました。」(Aさん)

「上司には、「もし万が一、入学できたら、合格できたら、早朝出勤、夕方の早退をお願いします。」という約束で。上司も別に、普段の業務に支障がないようにしますということだったので、「頑張ったらいい、頑張りなさい」という感じでした。」(Aさん)

これらが大半の日本企業の社員の再学習に対する反応であろう。GさんもAさんも、大学院での学習を「趣味」とみなされている社風があると語っていることで一致している。

他方で、外資系バイオ企業で働くFさんは、外資系だけあって上司の後押しが大きかったことを回顧している。

「マネジメントについてきっちり勉強したいと考えていたときに、その時のアメリカにいる上司がMBAへ行っておきなさい」というふうにレコメンドしてくれました、これが結構、やっぱりプッシュとなった部分ですね。」(Fさん)

MBAが一般化している外資系企業における上司(多くが自身もMBAを取得してるであろう)の態度は、日本のそれとは大きく異なる。

では、企業はMBA取得者に何を期待しているのだろう。ABEST21という経営系の専門職大学院の認証評価機関が、2008年に各国に企業に対して実施した調査(ABEST21 2008)をもとに、日本の状況を検討しよう。調査に参加した日本企業は53社である。多くの企業ではMBA取得者を雇用していないうえ、MBA取得者が企業価値を高めるうえで貢献しているかという問いに対して、「貢献している」と回答したのは10.8％、「ある程度貢献している」が67.6％であり、必ずしもMBA取得者に対する積極的な評価がなされ

てはいない。採用にあたって、「MBA 取得者であることを考慮していない」企業は 88.2％であり、「国内外のビジネス・スクール修了者を評価しない」が 76.1％に及ぶ（同：37-40）。MBA に対する信頼が確立していないから MBA 取得者を雇用しないのか、雇用していないから MBA に対する評価が低いのか、両者の関係を問うことはできないが、日本企業では MBA は評価されていないことは明らかである。これは、大学院修了者の認識と一致する。

2. 大学院修了者および大学院教育に対する要望

しかし、日本企業は、MBA 取得者が獲得すべき能力に対しては一定の要望をもち、修了生のその獲得の度合いに対しては厳しい評価を下している。**表 10-3** に示したように、もっとも期待が高いのは「戦略的思考力」であり、71.4％の企業が MBA 取得者に求めているが、MBA 取得者がその能力を持ち合わせていると評価したのは 40.8％に過ぎない。それ以外にも「問題解決能力」、「分析的思考力」、「数量的スキル」、「意思決定力」など各種の能力に対する要望の度合いは高いが、それらに対する評価はいずれもそれに及ばない。

これらの値が、MBA 取得者とそれ以外の従業員とでは異なるのかについて比較するデータがないため、値のギャップをどのように評価するかは容易ではない。ただ、経営系の専門職大学院修了者に対して期待する知識・スキルとその獲得の程度に対する評価を、企業、大学教員、卒業者、在学者の 4 者の違いに着目した調査によれば、おおむねどの知識・スキルに対しても 4 者のうちでは企業の期待が低く、それに対して教員の期待が高いという特

表 10-3　MBA 取得者に期待する能力とその評価

	期待（％）	評価（％）	両者の差（ポイント）
戦略的思考力	71.4	40.8	30.6
問題解決能力	61.2	32.6	28.6
分析的思考力	55.1	34.7	20.4
数量的スキル	53.1	34.7	18.4
意思決定力	53.1	20.4	32.7
リーダーシップ力	51.2	18.4	32.8

出典：ABEST21（2008）同上：41-52。

徴があることを指摘できる（ABEST21（2010), pp. 6-12）。全体として期待と評価とのギャップが大きい項目をあげれば、「リーダーシップ力」、「財政に関する知識」、「意思決定力」、「組織力」、「既成概念に囚われない創造性や思考力」、「コーポレートガバナンス」なのであるが、企業の期待や評価は、他の3者と比較しておおむねもっとも低い。

　MBA取得者に対するこうした見方は、経営系専門職大学院教育に対する信頼の欠如となって現れる。企業の要望に対して専門職大学院がどのように応えていくべきか、企業側と大学院側との協議の場がマネジメント人材育成協議会として設けられており、そこでの両者の議論の報告書が2010年に出されている（マネジメント人材育成協議会　2010）。企業から、経営系専門職大学院に出された要望は、賛否両論ではあるものの大学院教育を積極的に評価する声は大きくはない。

　そこで大学院教育に否定的な意見に絞って、それがなぜ否定されるのかをみることにする。

　　「現在、学校教育は企業の後追いでしかない。企業がコストをかけるにはメリットを生むことが必要であり、社員をビジネススクールに通わせる一番のメリットは人脈づくりと考えた結果欧米へ派遣している。」（同上：9）

　　「集合体としては、経営に必要なプログラムはあるがまだまだ少ない。」（同上：10）

　　「社員を海外ビジネススクールに派遣する目的は、人脈形成、海外社会人の考え方を身につけてもらうことである。国内ビジネススクールに求めたい知識は、課題解決能力である。」（同上）

　　「社内研修をMBA教育に委託する必要はない。…企業は自身で研修を行うので、大学側には知識を提供していただきたいが、MBA学位が必要とは思わない。」（同上）

　これらに貫通しているのは、経営系の専門職大学院での教育を企業内研修程度とみなし、それ以上の付加価値を見出していないことである。海外の

MBAコースへの派遣であっても、何らかの知識能力の形成ではなく人脈作りとしていることに、日本企業の大学院教育そのものに対する知識能力の形成機能を期待していないことが見て取れる。

そうした要望にもとづき、マネジメント人材育成協議会としては、専門職大学院の現行の制度に対して以下のような提言をなすに至っている。

> 「マネジメント人材育成の教育をより一層展開していくためには、帰納的研究に基づく企業のニーズを的確に反映した教育課程の改善が不可欠である。」(同上：12)

> 「企業のニーズの多様化に対応していくためには、経営分野専門職大学院の教育プログラムの多様化が不可欠である。…上級経営者の育成を目指したエグゼクティブのDBA(Doctor of Business Administration)教育課程の整備が求められる。」(同上)

> 「競争環境の加速度的な進展は産学間のMBA教育に対する教育内容の懸隔を拡大し、企業内教育の進化をもたらしていった。企業内教育では対蹠できない部分のMBA教育に対するニーズは多様化してきたが、一方、ビジネススクールも弾力性の欠如によりそれに対応できない現状に置かれている。」(同上)

企業側の要望に応えていない日本の専門職大学院というスタンスのもとで、いかに、企業の期待と要求に応えることで、いかに専門職大学院の社会的地位を確立するかが課題とされていることがよくわかる。

5. 大学院生・企業・大学院のねじれ

経営系の専門職大学院をめぐる大学院生、彼／女らを雇用する企業、彼／女らを教育する大学院の3者の思惑を、アンケート調査のデータ、インタビューの記録などを中心に検討してきた。最後に、3者それぞれがMBAという学位に何を期待し、3者間のねじれがどのように生じているのかをまとめ、日本社会における「学歴の再取得―よりよい仕事」という図式が成立す

るか否かについて考察する。

1. 大学院生——学習成果と仕事とのリンク

　経営系の専門職で学ぶ大学院生のほとんどは、個人的な学習欲求に動機づけられていた。大学を卒業して10年弱、30歳近くになって芽生える「このままでいいのか」といった自己の模索が、進学の大きなドライブになっていた。したがって、職業上のキャリアアップに大学院の成果を結びつけようとする意識は進学以前からあるわけではなく、多くは2年間の学習を終えればそれに対して何らかの職業上の評価や処遇を伴わないままで、もとの職場に戻る。確かに、大学院が転職や起業の起爆剤になるケースは、一定程度生じているようだが、それは、おそらく当初からの希望ではない。

　生涯でこれほど勉強したことはないというほどに、勉学に時間をさく大学院生活であるにもかかわらず、それを職場で自己アピールする姿勢は見られない。それは、現在の日本企業が学歴の再取得や大学院の学歴を評価する仕組みをもたないということを、あらかじめ織り込み済みのもとで進学しているからでもあるし、それを承知の上で、単純化すれば自己欲求の満足のために学習していることによるのであろう。どのような学習が職務遂行上、役に立っているのか、といった点で大学院生活を振りかえることもあまりないようだ。自己欲求の充足だけでなく、学習成果をダイレクトに仕事に結び付けて考える視点の弱さ、これが大学院生の課題かもしれない。

2. 企業——求める能力の言語化

　企業は、これまでの慣行として大学院教育、とくに文系の大学院教育を評価してこなかった。また、学歴の再取得に対しても同様である。したがって、社会人を主たる対象とする大学院という、二重の枷をかけられた経営系専門職大学院を評価する仕組みをもっていない。アメリカのMBAコースへの派遣は一定程度行ってきたが、それは海外進出のためのネットワークづくりだと断言する声もあるほどだ。海外のMBA取得者以上に数少ない日本のMBA取得者に対しては、その数が少ないこともあって属人的な部分を超えて、学

歴として独立した評価ができないのが現状であろう。

　また、企業が専門職大学院修了者に求める能力が、「リーダーシップ力」、「財政に関する知識」、「意思決定力」、「組織力」、「既成概念に囚われない創造性や思考力」、「コーポレートガバナンス」など、企業で即戦力として必要な能力である限り、専門職大学院がそれを満たす場にはなりにくい。なぜなら、こうした能力は何らかの指標によって測定することが容易ではないうえ、大学院で何を学習すればこれらの能力が涵養されるのか、そのパスが明確ではないからである。企業自身にそれらの能力を測定する指標があるにしても、それらは暗黙知として共有され、言語化されることはあまりないだろう。

　こうした状況に対し、大学院側は次のように考えている。

> 「企業が必要としている人材像を明確にする必要がある。言語・文化を知ることを大学に求めるのは適切ではないが、ビジネスの考え方について大学は教えることができる。企業と大学側の認識の溝を埋めるのは難しいが、まずは大学教育を知っていただき、どうやって企業側が大学を活用できるか検討してもらいたい。」（同上：12）

　企業は、暗黙知である求める能力やスキルについての言語化が必要だろう。

3．専門職大学院――体系的なコースワークの構築

　このことは、大学院教育のプログラムをどのように構築するかという問題に突き当たる。専門職大学院は、建前上は、理論と実践の融合を掲げてこれまでの研究者養成の大学院とは一線を画している。実務家教員を加えることにも特徴がある。この大学院教育に対して院生からの評価はきわめて高いのに対し、企業からの評価は低い。ここに大きなギャップがある。学生と企業とを結びつける場となることが課されているにもかかわらず、である。

　ただ、企業の要望をうまく取り入れた教育プログラムを作ることには、いくつかの弊害があると、ABEST21 の理事長である伊藤文雄氏は語られる[4]。それを、教育方法の問題、教員の問題の２つの側面から要約しよう。教育方法の問題は、専門職大学院が売りにしている指導教員のゼミによるプロジェ

クト研究など少人数教育にあるという。もっと人数が多い中でもまれて競争して勉強することで、企業のなかでも仕事ができるのであり、そのためには、体系的なカリキュラムによりコースワークを充実させるべきだという。

　教員の問題は、研究者教員と実務家教員が乖離していることにある。確かに、欧米のビジネス・スクールは研究者教員、実務家教員という切り分けは難しい。実務家教員に該当する者でも、コンサルタント業務を手掛け、他方で Ph.D. をもって研究論文を書くといった活動をしている。それに対し、日本では学術理論のない者が企業に勤務していたというだけで実務家教員として迎えられているため、賞味期限が早く切れるという。また、研究者教員は、自分のゼミに囲い込み、自分の研究テーマを教えることに傾注するため、体系的なカリキュラムがなかなかできないという。企業のニーズに応えたカリキュラムというのであれば、まず、大学側のこうした状況を改善していく必要があると、伊藤理事長は説明される。

4. ねじれから循環へ

　このように、「学歴の再取得―よりよい仕事」という図式を構成する、大学院生、企業、大学の3者はそれぞれにねじれがあり、3者が循環するには至っていない。どの2者をとっても関係に問題があり、そのために3者のねじれは複雑になる。大学院生と企業との関係でいえば、大学院生は大学院で仕事に直結した能力を高めることを求めていないし、企業も大学院修了者の能力を評価していない。企業と大学との関係でいえば、企業は大学院教育に期待しておらず、大学は企業の要望に応えていない。一見、うまくいっているようにみえる大学院生と大学であるが、伊藤理事長がいうように、体系的なカリキュラムでの教育が欠如しているために、大学院生は企業で求められる能力を充分に身に付けることができていないのであれば、この2者間の問題は看過できない。

　果たしてこうしたねじれは、解消の余地があるのだろうか。あるとすればどこを変えればよいのだろうか。手始めは「学歴の再取得―よりよい仕事」の図式の要、すなわち、大学院生と企業をつなぐ要にある大学からであろう。

企業の要望を言語化してもらい、それを大学院教育に落とし込むこと、実務と研究の双方ができる教員の確保や養成、研究室の壁を超えてのコースワークの構築など、課題は多い。

成人するまでに獲得した知識やスキルだけで、その後の職業人生を乗り切れる者は多くはない。OJT的な学習や訓練はそれぞれにあっても、体系的な再学習に対する要望が高くない日本社会であった。しかし、労働人口が減少するなか、労働力に質の高さはこれまで以上に求められよう。「学歴の再取得─よりよい仕事」とは、個人にペイするだけでなく日本社会にもペイする図式なのである。

〔注〕
1 本調査の有効回答数は1645人（推定有効回収率14.3％）であるが、本稿では、就業経験者は946人から、定年退職して現在無職である者と専門分野が不明な者を除外した889人を「社会人院生」として分析の対象とする。
2 合計18人の専門職大学院修了者へインタビューを実施している。実施期間は、2011年。
3 他の専門職大学院では、大学院進学時に辞職している者が多く、そのことが「大学院進学前とは異なるところに就職」を多くしているのと考えられる。
4 2011年9月に実施。

〔引用文献〕
平尾智隆・梅崎　修・松繁寿和（2011）「大学院卒の処遇プレミアムとその変化」『社会政策』第3巻第2号（通巻9号）pp.99-109.
マネジメント人材育成協議会（2010）『マネジメント人材の育成を目指して─第一次報告─』マネジメント人材育成協議会。
菅山真次（2011）『「就社」社会の誕生』名古屋大学出版会。
吉田　文（2010）「社会人学生の進学動機を探る」『カレッジ・マネジメント』161、リクルート、pp. 24-29.
ABEST21（2008）*Improving Quality of Management Education*, ABEST21.
ABEST21（2010）*Competencies of Management Professionals*, ABEST21.

第 11 章 研究者養成機能を模索する法科

田中正弘

1. はじめに

「研究者養成機関としての法科大学院」という言葉は矛盾を内包しているように見える。なぜなら、法科大学院は法曹養成に特化した専門職大学院として認知されているからである。とはいえ、はたして本当に矛盾していると断言できるのだろうか。もし矛盾しているのであれば、以下の疑問が生じてしまうことに気づくことだろう。

①法科大学院の教員は、どの機関で養成すべきか？
②法曹資格を持つ研究者の養成は必要ないのか？
③研究論文の執筆など、研究面での基礎訓練は法曹志望者には必要ないのか？

これらの疑問の存在に気がつくと、法科大学院の法曹養成機能だけを強調することが、とても危険な行為であることと認識できる。たとえば、広渡清吾（2006：140）は、「現代の法曹が technical expert ではなく、researcher in practice でなければならないと考えるならば、法科大学院の教育は研究者を養成する教育と重なり合うべき」だと主張している。

しかし、法科大学院の学生で、特に「流動モデル」の社会人学生で、研究者を志望するものは多くない。「法科大学院を経由して研究者を目指すことは、法曹になるよりも通常の学生にとって負担が大きく、かつ、将来につい

てのリスクも大きいからである」(広渡 2006：138)。よって、「研究者養成機関としての法科大学院」という言葉は、矛盾よりも、多様な葛藤を含んでいると予想できる。

本章は、この葛藤が生じた背景を、第一節において、法科大学院設立経緯などの分析を通して略述する。第二節では、法科大学院に研究者養成機能を加える意義を再確認するとともに、「法科大学院を通じた研究者等の連携一貫教育」という先導的取組を推進している九州大学法科大学院の実例に触れる。そして第三節では、どのような学生が法科大学院で研究者を目指すべきかについて議論を展開し、最終節のまとめに繋げたい。

2. 葛藤が生じた背景

「研究者養成機関としての法科大学院」という言葉が多様な葛藤を含んでいる原因は、法科大学院の設立経緯の中に見出せる。それでは、法科大学院の設立経緯について簡単に振り返ってみたい。

法科大学院の初期構想を主唱した司法制度改革審議会意見書（2001年6月12日提出）は、「制度を活かすもの、それは疑いもなく人である」(2001：56) という有名な一文で始まる第三章において、未来の司法を支える人的基盤の整備のために、プロフェッションである法曹の質と量を大幅に拡充する必要性を提言した。そして、そのための新しい制度として、法曹養成に特化した教育を行う法科大学院の設置を求めたのである (2001：61)。

法科大学院の設置に当たって、意見書は、「従来の研究中心の考え方から真の教育重視への転換に向けて相当な自己変革の努力が求められることは言うまでもない」(2001：65) と前置きした上で、「法科大学院では、実務上生起する問題の合理的解決を念頭に置いた法理論教育を中心としつつ、実務教育の導入部分（例えば、要件事実や事実認定に関する基礎的部分）をも併せて実施することとし、体系的な理論を基調として実務との架橋を強く意識した教育を行うべきである」(2001：67) と説明している。その一方で、「法科大学院は法曹養成に特化した大学院であり、研究後継者養成型の大学院（法

第 11 章　研究者養成機能を模索する法科　195

学研究科ないし専攻）と形式的には両立するものであるが、内容的にはこれらと連携して充実した教育研究が行われることが望ましい。また、法科大学院の教員は、将来的に、少なくとも実定法科目の担当者については、法曹資格を持つことが期待される」（2001：68-69）とも言及している。法科大学院に研究者養成機能があるのか無いのか、葛藤の種はこのとき既に蒔かれていたといえる。

　法科大学院における研究者養成については、法科大学院が設置される前年の 2003 年に、日本学術会議で本格的な検討が実施された。その成果報告書である「法科大学院と研究者養成の課題」（2003 年 6 月 24 日提出）は、既存の修士課程（博士前期課程）と比較して、法科大学院がどの程度の研究者養成機能を担うべきかについて、法科大学院を設置すると回答した 61 校にアンケート調査した結果を以下のように説明している。

> （実定法科目とも呼ばれる）法律基本科目については、既存の法学研究科が研究者養成の中心になるとするものが 22.5％、法科大学院が中心になるとするものが 19.7％、両者が研究者養成機能を営むとするものが 28.2％ となっている。法科大学院が法曹養成機能だけでなく、研究者養成機能も引き受けるとの認識を示す大学が多いことがわかる。うちわけを見ると、国立大学では、法科大学院を重視する傾向が強い。法律基本科目以外では、研究者養成を既存の大学院の役割とするものが圧倒的に多い。（2003：23）。

　上記アンケートは、法科大学院で研究者養成のためのカリキュラムを用意しているかについても尋ねているが、「用意していないとするのが 41 校で大半を占め」（2003：23）た。このため、報告書は、「全体として、法科大学院の設計においては法曹養成に関心が集中し、一部を除いて研究者養成のための具体的施策は検討されていない」（2003：23）と指摘している。加えて、主に実定法分野の研究者養成機関として法科大学院を位置づけた場合に、予想される教育内容に以下の懸念があることも提示している。

法科大学院の教育内容が実定法科目中心で、基礎法科目や、政治学、隣接諸分野の教育が軽視され、しかも実定法科目の教育においても、解釈技術の修得や実務への対応に力点が置かれるとすれば、それは研究者としての素養を身につけるためには決して十分ではない（2003：14）。

仮に教育内容が研究者養成という面で不十分であるとすれば、研究論文の作成が重要な鍵となりうるが、専門職学位である「法務博士」の取得に学位論文は必須とされないため、「実定法科目を中心として、研究者養成が法科大学院を経由してなされることになる場合、博士後期課程からはじめて本格的な研究者養成の過程が開始されることになる。しかし、その場合、従来の博士後期課程では存在しなかった、幾多の困難な問題が発生することになる」（2003：26）と報告書は警告を発している。

報告書によると、「第1に、法科大学院を修了して新司法試験に合格した者が、それからさらに何年もの期間をかけて研究者になる道を選択しようとするか、という問題がある」（2003：26）。第2に、「法科大学院においては、外国法科目の本格的教育や、そのために必要な外国文献購読の訓練はほとんど期待できない。そこで、そうした素養の乏しい者が研究者を志望して博士後期課程に入学した場合、博士後期課程における教育に大きい困難が生じることが予想される。結局のところ、全体として、これまで日本の実定法分野の研究水準を支えていた外国法研究、とりわけ英語圏以外の国に関する研究の水準が大きく低下することが危惧される」（2003：26-27）。「第3に、実定法科目についても、博士前期課程経由と法科大学院経由の2つのコースで研究者を養成しようとする場合、博士後期課程に入学した者の間で、それまでのコースの相違によって修得した学力、知識に大きい差が生じるという問題」（2003：27）がある。

上記の問題を予期していながら、それでもなお、日本学術会議の委員は、法科大学院が研究者養成機関としても機能することに期待を寄せている（2003：15）。なぜだろうか。

その答えは、恐らく、彼らは、法科大学院が設置されることにより、従来の法学研究者養成コースが弱体化してしまうのではないかと、危惧の念を抱いていたことにある。事実、報告書は以下のような警告を行っている。

> 法科大学院における教育は、少人数、双方向、事例研究、討論などの方法によって行われることとされているので、大量の教員を必要とする。そのため、法科大学院の設置に伴って、とりわけ実定法科目の各分野で、法学部や博士前期課程の教員が手薄になり、これらの機能が大幅に低下することが懸念される（2003：14）。

残念ながら、この警告は現実のものになってしまった。

法科大学院が誕生した2004年において、法曹の産出で実績のある法学部の入学定員は、国立大学の場合、東北大学以外のほぼ全ての大学において削減されている。また、早稲田大学などの私立大学においても、入学定員を減らしたところが多い。同様に、法学研究科（修士課程）の入学定員も全国的に削減され、特に東京大学では極端に定員が減らされた。なお、法学部・法学研究科（修士課程）の定員縮小は今後も進んでいくといわれており、特に2013年には、法科大学院の専任教員を既存の学士・修士・博士課程の教員数にダブル・カウントできなくなるため、定員縮小が加速すると予測されている（田中 2009：80-81）。

それから、法科大学院の設置数が初期の予想よりもはるかに多くなってしまった上に、法科大学院の教員資格として、担当科目に関する研究実績の提出が求められたことから、実務家教員の拡充が期待していたよりも進まなかったことも、法学部・法学研究科（修士課程）の教員不足を深刻にしてしまった。さらに、法科大学院の中には、教員不足のため、既に退職していた老齢教員で一時的にポストを埋めるなど、教員更新という火急の問題を抱えることになった（田中 2006：165）。

こうして、法科大学院が設置された結果、法学部・法学研究科（修士課程）の教員不足・学生定員削減、従来の研究者養成コースの弱体化、法科大学

院の教員更新など法学分野の研究者養成問題が新たに浮上することになった。この問題への対処として、法学部―法科大学院―法学研究科（博士課程）を、新たな法学研究者養成コースに位置づけようとする向きもある。つまり、「研究者養成機関としての法科大学院」という考え方が、ここで支持されることになる。しかし、従来の法学研究者養成コースの弱体化のため、法科大学院に期待せざるを得ないという消去法的な発想ならば、「研究者養成機関としての法科大学院」という考え方は早急に捨てて、法科大学院以外の養成コースを探求した方が賢明であろう。

そこで、本稿は、「研究者養成機関としての法科大学院」という考え方に積極的な意義を見出してみたい。換言すれば、法科大学院だからこそ可能な研究者養成の在り方があると思われる。この点を次節において議論してみたい。

3. 法科大学院に研究者養成機能を加える意義

法科大学院が研究者養成機能を持つ意義として、一番わかりやすい例は、法科大学院の教員を自ら養成する必要があることである。法科大学院は「理論と実務の架橋」を図った教育を行うことを求められているため、2006年度の時点で、約600名の法曹実務家が専任教員として教育に携わっている（中西・中網 2007：39）。世代交代が進む数十年後には、実務家教員は法科大学院出身者で占められているはずなので、彼らの育成を法科大学院は念頭に置いてカリキュラムを編成すべきである。

法科大学院が養成する実務家教員の理想像とは、実務教育のみを担当する教員ではない。というのも、理論と実務の架橋を図った教育とは、実務教育は法曹実務家が担当し、理論教育は法学研究者が担当するという、単純な分業体制を意味するわけではないためである。確かに、「従来の日本では、理論知と実践知の交錯の場が少なかった」（佐藤 2007：44）。しかし、法曹実務家と法学研究者の交流と連携が法科大学院の教育現場では重要であって、事実、お互いが共同で授業を担当するなどの工夫が見られる。2005年度の調

査によると、「研究者教員と実務家教員が同時に出席する科目がある法科大学院が27校、同一科目で異なるクラスを単独で担当する科目があるものが15校、授業の担当回数を分けて分担する科目があるものが16校となっている」(中西　2007：9)。従来のように、異なる言語を話す二つの集団であっては、これらの授業の運営は難しいだろう。

　従って、法学研究者と共同で授業を計画・担当できる、即ち理論と実務の架橋を担える実務家教員を養成するために、法科大学院は研究面での基礎訓練を可能な範囲で提供していくべきである。そして、法学研究科（博士課程）へと進学するに足る程度の研究能力を身に付けさせるべきであろう。

　法科大学院が研究者養成機能を持つ第二の意義として、法科大学院出身の法学研究者が法学部の伝統的なマスプロ教育など、学士課程レベルの法学教育を改善する原動力となる可能性を秘めていることがある。というのも、法科大学院で未知なる授業を受けたという経験が、法学部の教員になったときに活かされるのではないかと想像できるためである。

　法科大学院は多くの科目において、「ソクラテス・メソッドあるいはケース・メソッドといわれる教育方法を採用し、双方向・多方向の参加型授業を積極的に試みている」(右崎　2006：129)。一例として、「判例を用いてのケース・メソッドスタイルの授業の場合には、学生は、（しばしば原審、原々審の判決も含めて）判決文を読んだ上で授業に出席することが求められ、他の諸判決との比較や当該訴訟の事実の分析を通じて判例の射程を考える訓練を受ける」(市川　2008：48)。これまで一方的な講義形式の授業を大講義室で受けることに慣らされてきた学生は、法科大学院で受ける双方向・多方向の授業に戸惑いと、苦労と、そして大きな感動を覚えることだろう。

　法科大学院は教育内容の工夫だけでなく、教育改善のための取組という点でも、既存の学部・研究科とは比較にならないほどの努力を費やしている。特に、取組の中身を学生に公表する点が注目に値する。たとえば、成績評価の質保証システムとして、「成績分布は、多くの法科大学院で教員間はもちろん、学生に対しても公表されている。試験の講評が学生に向け配付されるのが通例であり、教員による試験の講評会が実施されることもある」(市川

2008：49）。加えて、「多くの法科大学院において、FD 委員会（FD 会議）主導で活発な FD 活動が実施されている。すなわち、教育内容や手法についての研究会が開かれ、授業の相互参観がなされると共に、学生による授業評価アンケートが実施され、その結果の分析が教授会に報告され、結果やその概要が学生に対して公表されるなどしている」（市川 2008：49）。

このように、組織的に教育改善に取り組んでいる教員の姿を見聞きする機会の多い法科大学院の学生は、将来法学部の教員になったときに、組織的に教育改善に取り組むことに対して抵抗感が少ないと思われる。よって、法学教育全体の改善のためにも、法科大学院の学生を法学研究者として養成することには意義がある。

では、法科大学院における研究者養成の実例として、九州大学法科大学院の取組「法科大学院を通じた研究者等の連携一貫教育」を簡潔に述べたい。この取組は「専門職大学院等における高度専門職業人養成教育推進プログラム」（平成 20 年度）に選定されたもので、その概要は九州大学法科大学院の HP（http://ls.law.kyushu-u.ac.jp/c_12_01.html, 2009.10.26）上で、以下のように説明されている。

> 「九州大学、熊本大学、鹿児島大学の三法科大学院は、平成 16 年度以来、教育連携協定に基づき連携教育の実績を挙げており、高い評価を受けています。この実績を踏まえ、①三法科大学院のレベルでの博士後期課程への進学を導く連携教育の枠組みの開発、および、②九州大学大学院法学府博士後期課程における、三法科大学院との連携による質の高い研究者養成教育の連携一貫教育という、二重の連携システムにより、研究者養成の実績を高め、もって、九州における研究職・高度専門職の共同育成に取り組むものです。」

九州大学法科大学院は、法学未修者に社会科学的素養を修得させる目的で、基礎法学・隣接科目の基礎演習（選択科目）を 1 年次に開講しているが、この科目は学生の研究職への適性を計る上でも有用と見なされている。この科

目の履修などを通して研究者の適性を示した学生に対しては、博士後期課程への進学を促すとともに、進学希望者向けに特別に開設した理論展開科目（選択科目）の法律外書購読 I、II（2～3 年次）、及び研究特論科目（3 年次）を履修するよう指導している（九州大学法科大学院 2008：12）。

　しかしながら、九州大学における法科大学院から法学府博士後期課程への進学者数は、平成 17 年度 1 名（修了 14 名）、18 年度 3 名（修了 79 名）、19 年度 2 名（修了 93 名）と、低迷を続けていた（九州大学法科大学院 2008：6）。そこで先述したように、九州大学は、熊本大学・鹿児島大学との連携体制を教育 GP の採択によって強化し、研究志望の 3 年生を九州大学で一括して指導することを提案した。2010 年度の計画で、鹿児島大学法科大学院の 3 年生で希望者については、九州大学法科大学院での内地留学を受け入れる予定である（九州大学法科大学院訪問調査：2009 年 10 月 23 日）。

　ただし、法科大学院を経由した研究者養成には、九州大学で憂慮されている点がある。それは博士後期課程を新司法試験の予備校にしてしまう恐れである。博士後期課程に進む学生は新司法試験に合格している必要はないが、法科大学院の教員を目指すのであれば、法曹の資格を有する方が望ましいのは明らかである。そもそも法科大学院を卒業したのに新司法試験を受験しないというのは、本人にとっても、家族などにとっても、「焦燥感」をあおる要因となる。事実、九州大学では、新司法試験の出願時期が迫ると博士後期課程に進学した学生はソワソワし始めて、中には研究活動を中断してでも試験に臨む学生もいる（九州大学法科大学院訪問調査：2009 年 10 月 23 日）。よって、結果的に、研究活動に心底没頭できない学生を博士後期課程に送り込んでしまっているといえる。

　この問題を回避する最良の方策は、新司法試験の合格率を医師国家試験並みの高水準で安定させることであろう。というのも、医学部では、研究志向の高い優秀な学生は、通常、6 年次においても、医師国家試験の重圧から解放されており、十分な心理的・時間的余裕を持って自主的な研究活動を遂行できているからである。そして、医師免許を取得した上で、博士課程での研究活動に望んでいるからである。新司法試験の合格率も 8 割強で安定的に推

移するなら、卓越した学生ならば、試験勉強と平行して研究活動も行うことに負担感をそれほど感じなくなると思われる。もしこの見解が正しければ、法科大学院の在学中に、ある程度の負荷のある研究活動を一部の学生に課しても、大きな問題は生じないだろう。

では次に、どのような学生が法科大学院で研究者を目指すべきか考慮してみたい。

4. どのような学生が法科大学院で研究者を目指すべきか

本章は、法科大学院で研究者を目指すべきは、実社会で多様な経験を積んできた「流動モデル」の社会人学生であると考えている。彼らの多様な経験こそが、物事の真理を突き詰めるのに必要な知識の一部を補うと信じているからである。

法科大学院の教育内容は、研究者養成機関としては不十分な点が見られる。既存の法学研究科（修士課程）で提供されている、「古典の読解、外国語文献の購読、課題探求のための演習、研究論文の執筆など」（広渡 2006：138）の基礎的な訓練に多くの時間を割けないためである。その上、基礎法学・隣接科目や展開・先端科目などの提供も十分ではない。このため、法科大学院を経て法学研究科の博士課程に進学したものは、既存の法学研究科（修士課程）を修了したものより、実定法分野の特に実務に密着した法解釈学という点で優れているかもしれないが、法理論・比較法・基礎法学分野などでは苦戦が予想される。

しかし、発想を転換すれば、理論研究こそ、幅広い知識と経験に裏打ちされた多元的な問題解決能力が必要なのであり、これらの知識や経験は、法学研究科修士課程の2年間で獲得できるほど容易なものではなく、法学以外の学問を専攻し、多様な社会経験を有する社会人学生の方が既にアドバンテージを蓄積している可能性もある。和田仁孝（2003：68）の言葉を借りれば、「他分野の知識を有する学生は、法科大学院での実定法教育とそもそもの専門領域の融合的知識を生かした特色ある法曹に育っていく可能性がある

一方、基礎法学研究者養成の観点から見ても、その有力な給源であると考えられる」。

2005年6月発刊の書籍、久保利英明（監）『ロースクールの挑戦：弁護士になって日本を変えたい』（幻冬舎）において、大宮法科大学院大学の一期生である11人の社会人学生が、自らの経歴を紹介している。彼らの経歴は実に多彩で、塾経営者、外資系IT企業、測定器メーカー、帰国子女、パラリーガル、代議士秘書、二児の母、広告会社、新聞社、医師、短大助教授である。高度な外国語運用力を持つもの、理系の知識を持つものなど、彼らの能力も多様である。法学に対する問題意識も多様で、法曹を志した理由もバラバラである。彼らの豊富な知識・能力・経験は、法学研究科修士課程で得られるものに匹敵こそすれ、劣ることは決してないだろう。研究論文の執筆方法や研究者としての倫理観などは、博士課程に進学してから学んでも手遅れではない。

社会人を経て「年輪を重ねた」法学研究者に対する需要も高まりつつある。九州大学の事例では、40代の博士課程修了者が、元会社経営者という特異な経験を高く評価されて、ある私立大学法学部に就職している（九州大学法科大学院訪問調査：2009年10月23日）。彼らの「教育力」への期待が、従来の研究力のみを重視し、若年の人材を好む人事慣習を変えつつあるのである。

5. まとめ

本章は、「研究者養成機関としての法科大学院」という題材について、第一節において、法科大学院を研究者養成機関に位置づける際の葛藤を、法科大学院設立経緯などの分析を通して略述した。第二節では、法科大学院に研究者養成機能を加える意義を再確認した。第三節では、法科大学院で研究者を目指すべき学生像として社会人学生に着目し、持論を述べた。そして、以下の結論を得ている。

法科大学院には、従来の法学研究志望者と異なる知識・能力・経験を持つ優れた社会人学生を引きつけられるという、大きな強みがある。この強みを

活かす方策の一つが、法科大学院に研究者養成機能を付加することである。社会人学生が異分野で身に付けた知識・能力・経験は、従来の法学研究とは異なる斬新な視点を与えるだけでなく、法学研究者に必要不可欠な専門分野における問題探求・解決能力の基礎的な「知的体力＝教養」になる。加えて、彼らの社会人としての経験や法科大学院における斬新な教育方法で学んだ経験は、彼らの教育力の源になる。この見解が広く支持されるのならば、伝統的な法学研究者養成コースの横に、新しい養成コース（法学部―法科大学院―法学研究科博士課程）を置き、二つのコースの交流を図ることは、不合理なことでは全くない。

しかし残念ながら、法科大学院に在籍している社会人学生で、この新しい養成コースを選択できる（できそうだ）と考えているものは、少数派でしかない。本書のアンケートの結果によると、「博士課程への進学」を希望するものは 27.7% もいるが、彼らの 8 割弱は、実現可能性が「ない」、あるいは「あまりない」と回答していることから、進学を希望しているものですら、その希望は叶えられないと悲観的になっていることになる。この結果は、本章の冒頭で引用した広渡（2006）が指摘したように、法科大学院を経由後に法学研究科（博士課程）で学び、法学研究者を目指すことは、時間的にも金銭的にもリスクが極めて高いことに起因している。とはいえ、奨学金制度が整備されるとともに、研究者への道も開けていることが実績として見えてくれば、やがてもう一つの道として認識されるようになるかもしれない。そのときに、多くの社会人学生がこの道を選択してくれることを切に願う。

〔参考文献〕
市川正人（2008）「法科大学院における教育の現状と課題」、『法律時報』80（4）、pp.48-53.
九州大学法科大学院（2008）「九州大学大学院法務学府実務法学専攻：自己点検・評価報告書」。
久保利英明（監）（2005）『ロースクールの挑戦：弁護士になって日本を変えたい』幻冬舎。
佐藤幸治（2007）「法科大学院の確かな発展を目指して―研究者と実務家とのコラボレーションの中で―」、『法学セミナー』627、pp.39-45.
司法制度改革審議会（2001）「司法制度改革審議会意見書―21 世紀の日本を支える

司法制度」.
田中正弘（2006）「法科大学院の理想と現実―法学教育の発展を阻害する既得権益保護の姿勢―」、『大学論集』（広島大学高等教育研究開発センター）38、pp.159-170.
田中正弘（2009）「法科大学院認証評価制度の影響―異なる法科大学院像に着目して」、羽田貴史（編）『高等教育の質保証の国際比較』東信堂、pp.78-90.
中西一裕（2007）「法曹養成の現段階」、『法学セミナー』627、pp.8-11.
中西一裕・中網栄美子（2007）「法科大学院における弁護士実務家教員の現状」、『ロースクール研究』5.
西山芳喜（2009）、2009 年 10 月 23 日のインタビュー調査.
日本学術会議第 2 部（2003）「法科大学院と研究者養成の課題」.
広渡清吾（2006）「『法科大学院時代』に法学教育および法学研究者養成をどう考えるか」、『法の科学』36、pp.133-141.
和田仁考（2003）「法科大学院の方向と研究者養成―基礎法学の視点から―」、日本学術会議第 2 部『法科大学院と研究者養成の課題：附属資料』、pp.65-69.

第12章　2つの大学院制度に揺れる臨床心理系

田中正弘

1. はじめに

　心の悩みに関する相談は、誰しも経験したことがあるはずである。少なくとも、法律や会計に関する相談よりも身近な体験だと思われる。そして心の相談を受けたときに人々は、自らの人生経験や倫理観を振り返って、適切なアドバイスを探してきたことだろう。

　ところが、経験に基づく自らの価値観で他者の心の悩みを判断することは、心の専門家である臨床心理士には、不適切と見なされる。なぜなら、「あくまでもクライエント自身の固有な、いわばクライエントの数だけあるさまざまな個別的価値観を尊重しつつ、その人の自己実現にお手伝いをしようとする専門家」（日本臨床心理士資格認定協会 2009：3）であることを期待されているためである。つまり臨床心理士は、専門知識や専門技術に加え、他者（クライエント自身）の価値観から考えるのに必要な人間的資質が、長い人生・社会経験よりも問われるのである。

　ここに臨床心理士という専門職の難しさ、言い換えると、「特殊性」がある。このため、一般的に社会人学生の強みと見なされる経験知は、臨床心理の分野ではメリットどころか、デメリットになりかねないのである。その上、上里一郎（日本臨床心理士資格認定協会への訪問調査：2010年9月20日）の指摘にあるように、社会人学生の多くは、臨床心理学の未習者という学修面でのハンディキャップや、常勤職の少ない臨床心理士としての生活面での不安定さなど、いくつもの困難を乗り越えていかなければならない。そこで本章は、

臨床心理士養成機関の在り方を、特に社会人学生に着目して考察してみたい。

2. 臨床心理士の業務と求められる資質

　臨床心理士の資格は、財団法人日本臨床心理士資格認定協会が実施する試験に合格したもののみに与えられる免許である。この免許の交付が始まったのは1988年で、長い歴史があるわけではないが、それから20年程度の間に、2万人近い資格保持者が誕生している。

　臨床心理士に求められる専門業務は、以下の四つである（日本臨床心理士資格認定協会　2009：4）。

　①臨床心理査定
　②臨床心理面接
　③臨床心理的地域援助
　④上記①～③に関する調査・研究・発表

　特に重要な①臨床心理査定（assessment）と②臨床心理面接（interview）は、それぞれ、従来の医療用語である心理診断（diagnosis）や心理療法（therapy）と明確に区別するために創られた臨床心理の専門用語である。たとえば、医療の診断と臨床心理の査定は、下記のように峻別して用いられる。

> 「診断」とは診断する人の立場から対象の特徴を評価する営みです。「査定」とは、その査定（診断）される人の立場から特徴を評価する行為です。「学校に行きたくない」という生徒は、学校恐怖症であったり、うつ病だと評価するのが診断です。中学に通うのは、子どもにとって本来、元気に通うのが正常であるという、一方的な診断基準に基づいているのです。しかし査定とは、子どもが「学校に行きたくない」ということの特徴（意味）を、こちらの（学校の先生や父母の）価値観で決定づけるのではなく、子どもの立場で評価し

ようとする作業なのです（日本臨床心理士資格認定協会 2009：5）。

よって、査定を専門業務とする臨床心理士には、自らの判断が独りよがりの診断になっていないかに気づく、ある種の人間的資質が求められるのである。

次に、臨床心理士の中核的な専門行為とされる面接とは、「クライエント自身の価値観についての限りない尊重を通じてのかかわりによって、もたらされる援助効果への道程」（日本臨床心理士資格認定協会 2009：7）であるとされる。そして、高い援助効果を得るためには、クライエントとの共感、納得、理解、合点などの心情を得る人間的資質が不可欠となる。

これら二つの人間的資質が、nature（生得的なもの）なのか、nurture（教育・訓練で得るもの）なのかで意見は二つに割れている。ただし、二つの資質を十分に伸長させることが臨床心理士養成機関の最も重要な教育目標であることには、意見の統一がなされている。事実、指定大学院のカリキュラムは実習教育を中心に組むことを求められているのである（日本臨床心理士資格認定協会 2009）。換言すれば、現場で活躍し、信頼される臨床心理士を育成するためには、現場での実習活動の充実が必要不可欠だと考えられているのである。

ところが、実習や演習を形式化してしまっている機関も多々存在するといわれている。大塚義孝（2009：7）によると、

> プレイルームが二つあるとか、面接室が三つあるとかはただ形式の話で、監査に行くと、本当に使われているところと全然使っていないところがあるわけです。中にはただ形式だけを整えて対応するという場合もあります。院生が二年の間に一例も経験していないということでは話にならないわけで、そういうことが実際にきちんと体験学習できるシステムを作ることが大切です。

この点を踏まえて、次節では、臨床心理士養成機関の現状と課題を考察してみよう。

3. 臨床心理士養成機関の現状と課題

　臨床心理士養成機関には、学校教育法に基づいて特別に設けられた「指定大学院」（一種、二種）、および「専門職大学院」がある。ここでの「指定大学院」とは、「日本臨床心理士資格認定協会が、臨床心理業務を行う専門職としての『臨床心理士』の専門資質レベルを一定水準に維持し向上を図ることによって、社会の期待に応えることができるようにするために、大学院指定制度によって指定した大学院のこと」（日本臨床心理士資格認定協会 2009：15）である。この指定大学院は、2012 年度の時点で、全国の 161 校（一種 148 校、二種 13 校）に設置されている。同様に「専門職大学院」とは、「臨床心理士等の高度専門職業人養成に特化して設置された専門職学位課程のこと」（日本臨床心理士資格認定協会 2009：17）である。2012 年度には、6 校の専門職大学院が設置されている。

　日本臨床心理士資格認定協会が、「臨床心理士受験資格に関する大学院研究科専攻課程（修士）の指定運用内規」を制定し、大学院指定制度を開始したのは 1996 年のことである。そして、その 2 年後の 1998 年には 20 校（一種 14 校、二種 6 校）の指定大学院が誕生している。なお、指定大学院（一種、2000 年度）は、次の条件を満たすものと規定された。

　①大学院研究科の専攻・課程（コース・領域）の名称は、原則として「臨床心理学」であること
　②大学院研究科専攻・課程（コース・領域）を構成する担当教員は「臨床心理士」の資格を有する者五名以上で、そのうち専任教員（教授・助教授・専任講師）は四名以上でその中に教授一名を含むこと
　③「臨床心理基礎実習」、「臨床心理実習」を体系的に実施することが可能で、かつ指定の申請までに原則として一年以上の活動実績を有する附属臨床心理相談室等を有すること。相談室は事務室一、面接室三、プレイルーム二程度を備え、一名の職員を配置すること。加えて、実習を補強するための学外施設を有すること（上里 2001：145）。

③で示されているように、実習施設の充実は指定を受けるための必須条件となっているが、指定大学院の急増に伴って、先に述べたように、形式だけ整えるような機関も散見されるようになってきた。

　指定大学院が急速に増加した理由は主に二つある。一つは、スクール・カウンセラーの「需要の高まりを受けた文部省は（2000年度以降のスクール・カウンセラー養成に関わる）臨床心理学科、心理学科の設立の規制を緩め、臨床心理士の養成機関の増加を支援した」（丸山 2004：95）ことにある。もう一つの理由は、臨床心理学を修めたいという旺盛な教育需要にある。この分野は指定大学院制度の発足以来、我が国の大学院課程では珍しく、「売り手市場」（入学希望者数が入学定員数を常に上回るという状況）で在り続けている。上記の理由から、大学の中には学生確保の目的を半ば第一に、文部科学省の支援を受けて拙速に臨床心理士の養成課程を設置するという、望ましくない現象が起こってしまった。上里（2001：147）は、大学院指定制度の課題を三つ挙げている。

　第一に、2001年7月現在において、「六十四校の指定校の中で、臨床心理学専攻（準ずるものを含む）は十一校、十七％に過ぎない。多くは、制度としては問題を内包する組織に留まっている。組織としての安定度や教員、施設等を考えると、学部は臨床心理学科もしくは心理学科、大学院は臨床心理学専攻という組織が望ましく、このような指定大学院が増加することが期待される」。

　第二に、「指定校の中には、教員数の基準を辛うじて充たしているところが少なくない。しかも、教員の専門分野が特定の分野に偏っているところもある」。

　第三に、「臨床心理基礎実習と臨床心理実習の質の向上は、最も大切な課題である。臨床心理士には、臨床の知と技能が必要であるが、いまの実習はこれに応えることが可能であろうか。実際に各種のケースを担当して経験を重ねているのであろうか。また、ケースカンファランスやスーパービジョンはどのような形で行われ成果を挙げているのであろうか。しばらく注意深く見守りたい事項である」。

指定大学院は、指定を受けてから三年目に実地視察を受け、そして指定期間が満了する六年目に指定継続審査を受けることになっており、「実地視察や指定継続審査は、大学院の名称や指定領域の組織構成、担当教員の適正な数と内容、臨床心理実習および有料附属臨床心理相談室等の施設と運営実態、学外実習施設の整備状況、適正な教育カリキュラムに基づく授業の実施状況等」（日本臨床心理士資格認定協会、http://www.fjcbcp.or.jp/shitei_1.html、2010.12.09）におよぶことから、上里が提示した課題はやがて改善されていくと期待された。しかし、指定大学院の増加が2001年以降も続いたこともあって、一部の機関で、課題は改善されるどころか、悪化の道をたどったのである。こうして、指定大学院とは異なる、臨床心理士養成大学院のもう一つの在り方として、専門職大学院の設置が提唱されるようになった。

　指定大学院と比較した専門職大学院の特徴は、カリキュラムの充実にある。例えば、指定大学院では修士論文に加えて、日本臨床心理士資格認定協会が指定する科目を26単位以上履修しなければならないのに対して、専門職大学院では同じ2年間で、44単位以上の履修が必要なのである。特に、実務家教員の積極的な活用を通して、臨床の現場と密接に繋がった実践的な実習の強化を義務づけるとともに、修士論文の代わりに実践レポートの提出を求めるなど、基礎研究よりも臨床活動を重視した機関になっている。加えて、専任教員の数も指定大学院（一種）の4名に対して、専門職大学院は7名以上を要求するなど、教育体制の拡充も必要とされている。

　臨床心理分野の専門職大学院として最も早く設置されたのは、2005年に開設された九州大学大学院人間環境学府実践臨床心理学専攻である。その後、2007年に鹿児島大学、広島国際大学、帝塚山大学、2009年に関西大学にも、それぞれ設置された。とはいえ、専門職大学院の設置は加速せず、東日本においては、2011年4月に、東京都豊島区にキャンパスを持つ帝京平成大学が設置したのみであり、指定大学院から専門職大学院への制度移行は順調とはいえない。この理由を考えるために次節において、専門職大学院のジレンマを考察してみよう。

4. 専門職大学院のジレンマ

　専門職大学院のカリキュラムは、指定大学院と比べて、特に現場実習の点で大幅に強化したものとなっており、臨床心理士に必要とされる特殊な人間的資質を鍛え上げる点で、教育的効果の向上が期待されている。ただし現実には、課題もいくつか散見されるようになってきた。その一つは、学生定員が多いことである。一学年あたりの定員（2010年）は、九州大学30名、鹿児島大学15名、広島国際大学20名、帝塚山大学20名、関西大学30名であり、従来の指定大学院（入学定員の想定は15名以下）よりも多くなっている（丸山2009：200）。

　きめの細かい教育を行うには、定員は少ない方がよい。とはいえ、専門職大学院は独立した機関であり、ある程度の定員がなければ自立は難しい。また、省令上、教員は大学院の教育しか担当できなくなることから、あまりに少ない定員では学内に示しがつかない。よって、現状より定員を減らすことは困難である。このジレンマが指定大学院から専門職大学院への移行を妨げる要因の一つになっている。

　加えて、専門職大学院への移行は、教員にとって、教育面でも管理運営面でも負担増を意味する。教育面では、実習活動が多くなることから、実習先の確保や連絡業務は格段に増加する。専門職大学院は独立した機関なので、管理運営も自ら行わなければならない。認証評価の受審に関しても、指定大学院なら7年サイクルの機関別評価で個別対応は必要ないのに、専門職大学院は5年サイクルの分野別評価で自ら全て対処しなければならない。これらも専門職大学院への移行を躊躇させる要因になっている。

　それから、専門職大学院に移行するには専任教員を7名以上確保しなければならないが、先述したように、省令上、2013年以降は専門職大学院の専任教員を学部の専任教員として算入できなくなることから、7名の確保は容易なことではない。その上、教員の3割以上は実務家でなければならないことも、ポストの新設がほとんど不可能な中で、厳しい条件になっている。指定大学院を設置する段階で基礎心理のポストを臨床心理のポストに無理に付

け替えた機関が多い中で、専門職大学院への移行のために更にポストを要求することは、学内の反発があまりにも強く、とても難しい（日本臨床心理士資格認定協会への訪問調査：2010年9月20日）。

ただし、専門職大学院の教員が学部から組織的に切り離されることは利点にもなりうる。たとえば、広島国際大学のように、指定大学院を専門職大学院に改組する際に、実習先が少なく、クライエントの大量確保が難しい東広島キャンパスから、広島市中心部のサテライト・キャンパスに移動できた機関も存在する。受験倍率も上昇するなど、移行の成果は確実に現れている（広島国際大学への訪問調査：2010年8月27日）。

社会の要請に応えて即戦力として活躍できる臨床心理士の育成に力を入れるのであれば、専門職大学院の増加は望ましい。ただし、専門職大学院と平行して指定大学院も存在するという二元構造は、必ずしも否定されるべきではない。なぜなら、臨床心理士資格を持つ研究者の養成を主目的とする機関も、臨床心理学の永続的発展には不可欠なためである。たとえば、名古屋大学では「研究のできる臨床家」または「臨床実践のできる研究者」を養成することを明言している。神戸大学や筑波大学でも修士論文の指導に注力している。従って、全ての臨床心理士養成機関を専門職大学院に改組すべきだという発想は、「研究のできる法曹」の養成をどこで行うかという問題を生み出した法科大学院の実例を鑑みても、否定されるべきだろう（田中：本書第11章）。

最後に、臨床心理士養成機関における社会人学生の受け入れについて、議論してみたい。

5. 臨床心理士養成機関における社会人学生の受け入れ

福岡大学では、授業を主に夜間に開講し、社会人にも積極的に門戸を開いていて、学生の約半分は社会人学生である。徳島大学でも昼夜開講制を採用し、社会人が学修しやすいように配慮している。それから、日本福祉大学のように、社会人の修学を考慮して交通の便がよいサテライト・キャンパスを

名古屋市中心部に設置し、授業を夜間に開講している機関もある。福島学院大学は、忙しい社会人学生のために長期履修学生制度（最長6年間の在籍が可能）を実施している。

　しかし、上記の機関は例外的で、「社会人や現職教員の大学院生対象に特化されたような授業科目を系統的に設定している大学院はあまり見受けられ」（中川 2010：2）ない。そもそも、他の専門職養成大学院と比べて、社会人の割合が少ないといわれる。そこで、全国の臨床心理士養成機関に所属する学生の特徴を、本間友巳（2010）による先行研究の定量データを参照することで、確認してみたい。

　全国の臨床心理士養成機関に在籍する大学院生（有効回答数585名）を対象とした意識調査によると、回答した大学院生の性別は、男性126名（21.6%）、女性457名（78.4%）で、女性が4分の3ほどを占めていた。また、指定大学院（一種）の回答者が90%近くを占めていた。この結果は、日本臨床心理士会（2006）などの調査結果と、ほぼ符合している。それから、回答者の年齢は20歳代が80%近くを占めている。回答者の入学以前の立場は、社会人が25%で、心理学以外を専攻していたものは6.8%である。社会人学生の入学以前の具体的な立場は、教育関係者が35%（教員16.7%、教員以外18.2%）で最も多い（本間 2010：25）。

　入学の動機に関して、社会人は「生き方・進路意識」（人生の転機にしたかった、職業を再選択するため）の因子が他の学生群と比べて有意に高い。このことについて、本間（2010：28）の説明では、

　　彼らの多くは仕事をしながら、もしくは仕事を辞めて入学してきている。また、学部からストレートに入学した学生と異なって社会経験も豊富であり、さらに年齢も高く、ストレートマスター以上に明確な目的意識を持って入学している者が多い。このような傾向が、「生き方・進路意識」が強い大きな理由と考えられる。

　加えて、社会人学生の特徴として、意外なことに、本間（2010：29）の調

査では「研究者志向」が強く出ている。

　では、このような指向性を持つ社会人学生は、入学後の学修で、または修了後の新しい職場で、どのような戸惑いを覚えるのだろうか。指定大学院への入学までに社会人経験が14年ある40代男性の実例（石川 2010）を紹介したい。

　この男性は、10年間、学習支援を行う私塾を経営する傍ら、不登校児童や生徒の相談を受けていた。その後の4年間は、地方公務員を経験している。大学院修了後は、スクール・カウンセラーや心理療法センターの心理士として、非常勤で働いている。彼の戸惑いは、大学院在学中より、むしろ臨床心理士として働き始めてからの方が強いように見えるのは興味深いことである。その戸惑いは主に二つある。

　一つは、クライエントが社会人の経験を臨床心理士の経験と混同したときに、不安感を強く覚えるということである（石川 2010：61）。換言すれば、社会人経験者に対するクライエントの過剰な期待や過大評価が、ストレスになるということである。なぜなら、第一節で指摘したように、臨床心理士に必要な資質は特殊なもので、社会経験で必ずしも補完できるものではなく、臨床面接の経験知で伸ばしていかなければならないものだからである。

　もう一つの戸惑いは、臨床心理士としての仕事が非常勤であるという不安定さ、および毎日職場が変わるしんどさが、立場が保障されていた公務員の経験により、強い不安感をもたらしたことである（石川 2010：60）。臨床心理士に常勤が極端に少ないことは、この専門職の特徴となっている。最も多い医療職では、臨床心理士の免許が国家資格ではないことから、彼らの仕事は診療保険点数の枠外と見なされ、つまり、法規上医療行為を行えないので、常勤化が困難になっている。教育職のスクール・カウンセラーは週一回の非常勤が多く、何校も掛け持ちしなければ生活が成り立たない。福祉分野や司法分野では、公務員（心理職）として常勤の道が開かれているが、採用に年齢制限があることも多く、社会人学生には閉じられた道ともいえる。

　これら二つの戸惑いは、社会人経験のある多くの臨床心理士に共通したものであろう。あるいは、大学院在学中や進学前に、二つの戸惑いを予期する

学生もいるかもしれない。それが正しければ、安定した仕事に長く携わった社会人にとって、臨床心理士養成機関に進学することは、勇気のいる行為だと思われる。逆の見方をすれば、困難を覚悟で進学を決意した社会人学生の入学動機が強くなるのは当然といえる。同様に、常勤の道が開けている研究者を目指す社会人学生が多いのも納得がいく。

以上のことから、社会人の受け入れを歓迎する臨床心理士養成機関は多いものの、出口の問題が未解決なままでの安易な受け入れ拡大は、不幸の温床になりかねない。それから、社会人経験者としてクライエントなどから特別視されることに適切に対処できるように、特別なカリキュラムを用意しておくべきだろう。

6. まとめ

臨床心理士という専門職の特殊性のため、社会人学生の強みである社会経験が必ずしも在学中の学修、あるいは修了後に現場で働く上でのメリットにならないと述べた。また、臨床心理士という常勤職の少ない専門職を目指すことは、社会人学生にとって勇気のいる行為であることも触れた。しかし、それだからこそ、進学を決意した社会人学生の熱意を受け止め、彼らに必要な特別な教育プログラムを提供できるような臨床心理士養成機関が現れることを切に望む。

ただし、社会人経験者は専門職大学院に進むべきか、それとも指定大学院に進むべきか、これは難しい判断を要する。なぜなら、臨床心理士を目指して固い決意で進学したものが多い一方で、臨床心理士という不安定な職に不安を感じ、在学中に研究者に進路変更するものも多いと考えられるためである。

この問題は、九州大学のように、専門職大学院と指定大学院（一種）を併置し、学生が二つの教育プログラムを自由に履修できるようにすれば、解決できるかもしれない（九州大学への訪問調査：2010年8月25日）。しかし、このような規模のメリットを活用できる機関は当然限られるため、他の方法（た

とえば、専門職大学院と指定大学院による大学を跨いだ連携）を考慮する必要があるかもしれない。

　臨床心理士が社会人にとっても魅力ある職種となるように、さまざまな領域での環境の整備が求められている。

〔参考文献〕
本間友巳（2010）「臨床心理士養成大学院における大学院教育の進路について―臨床心理士養成大学院在学生への意識調査から―」『臨床心理士養成大学院の現職教員及び社会人院生の現状と資格所得後の活用について』科学研究費補助金研究成果報告書、中川美保子（研究代表者）、pp.24-38.
石川憲雄（2010）「職業アイデンティティに及ぼす社会人経験の影響、及び大学院での学びについて―社会人経験 14 年後に臨床心理士養成大学院に入学した者の語りを通して―」『臨床心理士養成大学院の現職教員及び社会人院生の現状と資格所得後の活用について』科学研究費補助金研究成果報告書、中川美保子（研究代表者）、pp.53-66.
丸山和昭（2004）「専門職化戦略における学会主導モデルとその構造―臨床心理士団体にみる国家に対する二元的戦略―」『教育社会学研究』75、pp.85-104.
丸山和昭（2009）「臨床心理士―学術団体による養成体制の構築」、橋本鉱市（編）『専門職養成の日本的構造』玉川大学出版部、pp.184-203.
中川美保子（2010）「臨床心理士養成大学院の現職教員及び社会人院生の現状と資格所得後の活用について―研究の目的及び経過―」『臨床心理士養成大学院の現職教員及び社会人院生の現状と資格所得後の活用について』科学研究費補助金研究成果報告書、中川美保子（研究代表者）、pp.1-4.
日本臨床心理士資格認定協会（2009）『新・臨床心理士になるために』誠信書房。
清水潔・村瀬嘉代子・大塚義孝（2009）「指定大学院・専門職大学院と求められる臨床心理士像」大塚義孝（編）『こころの科学　臨床心理士養成指定・専門職大学院ガイド』日本評論社。
田中正弘（2014）「法科―研究者養成機能の行方―」。
上里一郎（2001）「大学院指定制の現状と課題」大塚義孝（編）『こころの科学　臨床心理士入門』日本評論社、pp.145-147.

終章　日本の流動モデルについての
　　　インプリケーション

吉田　文

1. 研究領域の拡大はできたか——「固定モデル」と「流動モデル」

　教育機関の卒業・修了ともに労働市場へ参加する「間断なき接続」を常態のライフコースとする日本社会において、そうではないライフコース、すなわち、一旦、労働市場へ参加した後に、教育機関へ戻って再学習をする、あるいは労働市場へ参加しつつ教育機関で学習するといったことには、教育や学習という視点からみてどのような意味があるのか、こうした問いが本書の出発点にあった。その背景には、日本社会においては労働市場に参入後に再取得した学歴は、あまり評価されず、処遇においても何ら影響を及ぼさないことを慣行としているが、それはなぜなのかについて教育の側から考えるという問題関心があった。教育の側において考えられる原因としては、1.再学習した教育内容が労働市場のニーズにマッチしていないという提供する教育の問題、2.再学習しても知識・能力は高まらないという学習者の問題の2つがあるが、本書では後者について検討する。確かに、職務内容と全く関係ない内容を学習した場合、それを処遇に反映させることには無理があり、その点では前者の理由も考えられなくはない。しかし、もし、就労経験者と就労未経験者とが、職務と無関係の内容を学習したとしたら、両者の評価はどうなるだろうか。おそらく、就労未経験者の学歴についての評価は、就労経験者の評価よりも高くなろう。したがって、再学習の意味を考察するという本書の問題関心から言えば、検討すべきは後者の課題であり、再学習者が労働市場で評価されないのは、就労経験者は再学習しても知識・能力は高まらな

いことによるという仮説を検討することとする。

この仮説を具体的に検証するために、就労未経験者を「固定モデル」、再学習者を「流動モデル」と命名し、同じ教育プログラムで学習した場合の知識・能力の向上の程度を比較することとした。対象は、専門職大学院在学者である。専門職大学院は、高度専門職業人養成をミッションとしており、労働市場のニーズに応える教育を提供することをミッションとしており、その意味においても、上記の 2 つの検討すべき課題のうちの前者（教育内容と労働市場のニーズとのミスマッチ）についての検討は不要となる。後者の課題についても、そもそも国内外を問わず「流動モデル」についての研究そのものがあまりなされてこなかったうえに、教育内容という条件を統制して、「流動モデル」を「固定モデル」と比較する研究は管見の限りでは見当たらず、この点に本研究の大きな特色があるといってよい。

そしてまた、本研究では、従来の学歴研究が、学歴を暗黙のうちに知識・能力の代理指標とみなし、学歴と、学習によって獲得した知識・能力と区分して考えてこなかったことに対して、両者を区分して分析し、何が新たに見えてくるかを考察することも意図している。ただ、分析の対象者が在学者であり学歴（再）取得者ではないため、学歴取得後の労働市場における処遇をもとに、学歴の機能について論じてきた諸理論に対置する形で、学歴と知識・能力の関係を考えることはできない。しかし、「○○修士（専門職）」（法科大学院の場合は「法務博士（専門職）」）という同一の学歴の取得予定者である「流動モデル」と「固定モデル」との、大学院における知識・能力の獲得の度合いを明らかにすることでこの問題にアプローチし、日本社会の状況についての示唆を得ることができると考える。

2. 学歴と獲得される知識・能力の区別

専門職大学院といってもその分野は幅広く、それらを一緒に論じることはできない。本書では、経営系、法科、教職、IT・コンテンツ系の大きく 4 つの領域を対象とした。分野ごとの、「流動モデル」を「固定モデル」との知

識・能力が、いかなるものであったかをまとめよう。4領域のうちIT・コンテンツ系については、「流動モデル」を「固定モデル」とを十分に比較できる数量がないため、両者をまとめたうえ他の専門職大学院在学者と比較する手法をとった。これに関しては、4節の専門職大学院制度の課題において検討する。

　まず、経営系では、「流動モデル」を「固定モデル」との知識・能力の獲得の差異が明瞭にみることができた。経営系の場合、「流動モデル」とされるのは、在職しながら大学院で再学習をしている者である。職を辞して大学院へ戻った者は少ないため、分析からは除外した。また、学部卒業後直後に大学院へ進学した「固定モデル」は少ない。

　知識・能力の獲得の度合いを「流動モデル」と「固定モデル」とで比較すると、大学学部卒業時においては、両者の差はあまりない。しかし、大学院在学の現在、「流動モデル」の知識・能力の程度は、「固定モデル」を大きく凌駕している。すなわち、「流動モデル」は、大学院で学習することで知識・能力を向上させたのである。

　そして、「流動モデル」のうち、学習時間が長く、また、大学院教育に対する満足度が高い者ほど、知識・能力の向上の程度は大きく、「固定モデル」では、学習時間や大学院教育に対する満足度によって、知識・能力の向上の程度に差がないことと対照的である。この「流動モデル」が向上させている知識・能力は、「幅広い知識・教養」、「問題に取り組むための見方」、「社会が直面する問題の理解」などから、「時間管理能力」、「プレゼンテーション能力」、「文章表現能力」などのスキルに近いものまで、多岐にわたっており、大学院教育をうまく利用する者に教育効果はより表れているということだろう。

　では、なぜ、「流動モデル」は、「固定モデル」よりも大学院教育の効果が高いのだろう。その1つには、就業経験が関連していよう。というのは、「流動モデル」のうち、「社会人経験があることによって、学問研究の意義についても理解が深まる」と考えている者は、そうでない者よりも、各種の知識・能力を伸ばしているからである。就業経験で得た知識や能力、それにも

とづく学習動機、大学院における学問的知識の修得、これらが循環する形で、「流動モデル」は知識や能力をスパイラルアップさせていくのであろう。「流動モデル」のうち、とりわけ中小企業の経営者層に、その効果がみられることも、日本社会を考えるうえで興味深い（本書第7章、第8章）。

　次に、法科では、大学院修了後の司法試験合格がターゲットであり、試験合格のためにかなりハードな学習が必要とされる。そのため、「流動モデル」のうち、就業を継続しながら大学院で学習する者は少なく、就業経験はあるが辞職して大学院へ戻る者が主である。また、学部卒業直後に大学院へ進学する「固定モデル」が多くを占めている。したがって、分析においては、「フルタイム就業者」、「辞職者」、「就業未経験者」の3つのカテゴリーを用いた。大学院における知識・能力の向上という点においては、経営系の大学院在学者とはかなり異なった様相を呈している。すなわち、「幅広い知識・教養」にはじまり、「対人関係能力」、「文章作成能力」、「プレゼンテーション能力」、「時間管理能力」などのスキルに関しては、「フルタイム就業者」、「辞職者」の2つの「流動モデル」が、「固定モデル」よりも知識・能力を向上させているが、「専攻した専門分野の知識」に関してはそれとは異なり、「就業未経験者」と「辞職者」が「フルタイム就業者」を凌駕している。フルタイムで学習できる環境にある者が、仕事を継続しながら学習する者よりも知識の獲得の度合いが高いのである。これは、何よりも、司法試験合格をターゲットとしている法科大学院の特色であると言ってよいだろう。

　ただ、興味深いのは、大学院教育が効果をもたらしているのは、「フルタイム就業者」であることだ。「フルタイム就業者」においては、在籍法科大学院において、「分析方法」、「現実課題にそくした学習」、「専門職としての仕事遂行能力」など、法科大学院のミッションに関わる教育を重視していると認識している者、また、「資格試験の準備」といった大学院教育を司法試験の手段としていると認識している者、どちらも知識・能力の向上の度合いが高い。フルタイムで学習が可能な「就業未経験者」と「辞職者」と比較して不利な状況にある「フルタイム就業者」ではあるが、大学院教育をうまく利用すれば知識・能力の向上は可能になるということだろう。

第3に教職大学院は、回収された調査票があまり多くないため、限定的な分析しかできず、したがって得られた結果も、今後のさらなる検証をまつべきものである。しかしながら、経営系、法科とは、異なった結果が得られたことは興味深い。それは、「流動モデル」と「固定モデル」とで、大学院で獲得した知識・能力において大きな差異がないということである。学部卒業時に獲得している知識・能力は、統計的な有意差はあまりないものの、どちらかといえば、「固定モデル」で高く、また、現在の知識・能力においても、「流動モデル」が高いというわけでもなく、結果的に2時点の差分にほとんど差がないという結果となっている。

　教職大学院の場合、「流動モデル」といっても、教育委員会から一定期間派遣された者が主である。一定期間教職の現場を離れて大学院生としてフルタイムで学習できるとともに、修士課程修了後は再びもとの職場に戻ることを約束されている。それは、職業継続との両立といったストレスや司法試験合格といったプレッシャーがないであろうことを意味する。そうした自由で保証された環境にある「流動モデル」が必ずしも、ストレートマスターと称される「固定モデル」以上に、知識・能力を向上させていないことは、経営系とも法科とも異なる現象である。

　しかしながら、「流動モデル」のうち「大学院の勉学に熱心な者」は、「固定モデル」の「大学院の勉学に熱心な者」よりも知識・能力の獲得の度合いは高い。「流動モデル」の場合、大学院教育をいかに利用するかが、知識・能力の獲得に関わっているといってよいだろう。

　経営系、法科、教職の3領域において、共通して指摘できることとしては、「流動モデル」の在り方はそれぞれに異なるが、「流動モデル」は「固定モデル」よりも、おおむね大学院での学習による効果を認めることができるということである。とくに「流動モデル」のうち、大学院教育を積極的に利用している者、たとえば学習時間が長い、学習に熱心である、大学院教育に対する満足度が高いなどの者は、より一層、知識・能力を伸ばしているということができる。それは、経営系のように職業経験と大学院での学習の往還がで

きる者はもちろんのこと、教職における自由で保証された環境において勉学熱心な者にも、また、試験準備という点において他の学生よりも不利な状況下にある法科の就業継続者などにもみられる傾向である。ただ、漫然と学習するのではなく、大学院から何を得ようとしているのか、そのためにどのような努力をするかといった事柄に意識的に取り組んでいる者が、成果を上げるのであり、また、言い換えれば、こうした者に、大学院教育の効果が表れるということになろう。

ここでもう1つ指摘しておきたいことは、どの領域にも共通して、学部時代の学習経験は大学院における知識・能力の獲得の度合いに影響を及ぼしていないということである。とくに、経営系や教職では、それが顕著である。たとえ、学部時代においてその分野の素養をもたなくとも、専門職大学院における学習は、それを十分に挽回できるものなのである。もちろん、そのために、大学院における意識的・積極的な学習が必要なことは、いうまでもない。

ここまでの検証によって、「流動モデル」は、大学院における学習によって、「固定モデル」以上に、知識・能力を向上させていないという仮説は棄却することができた。そしてまた、このことは、学歴と獲得する知識・能力とを区別して論じることの必要性を明らかにしたといってよい。

3. 学歴研究への新たな視座

それでは、従来の学歴研究に対してどのような新たな示唆を得ることができるだろう。これまでの理論モデルは、学歴が実質的な知識・能力を表しているとする機能主義理論や人的資本論と、学歴は知識・能力を正確には反映しているわけではないが、あたかも表しているかのように扱うとするスクリーニング仮説や葛藤理論とが対峙している。どちらも、学歴を知識・能力の代理指標としている点は同じである。これらはいずれも、教育を修了し後に労働市場へ入職するケースを前提としていたといってよい。

それに対し、本研究が明らかにしたいのは、労働市場へ参加したのちに、

学歴を再取得したケースに関して、それを知識・能力からみて、どのように位置づけることができるかという問題である。分析の結果をもとにして図式化したのが**図終-1**である。教育を修了して労働市場へ参加する「固定モデル」と、労働市場へ参加後に同等の学歴を再取得する「流動モデル」とは、同等の学歴を取得するが、「流動モデル」の大学院で獲得した知識・能力は「固定モデル」と同等以上であった。しかし、その労働市場における処遇に関しては、「流動モデル」は「固定モデル」以上には評価されないというのが通説である。この通説そのものの妥当性を検討する必要があるものの、とりあえず、通説をベースにして議論をすすめよう。

まず、「流動モデル」に関しては、学歴に知識・能力の獲得の程度をみていないということになり、学歴を知識・能力の代理指標とはしていないということができる。そうであれば、機能主義理論や人的資本論のみならず、葛藤理論やスクリーニング仮説も該当しない。これを従来の理論的視座と比較してどのように位置づけるかは、後段で議論する。他方で、「固定モデル」の場合、学歴をどの程度の知識・能力の代理指標としているかは、処遇の側面についての十分な検証が必要だが、「流動モデル」と比較すれば、スクリーニング仮説が該当するように思う。

「固定モデル」に関してスクリーニング仮説が成立することは、大学学部卒業者に対する労働市場の処遇からよく言われてきた。就職時における指定校制などにはじまり、自由応募制がとられるようになった現在でも、労働市場における選抜の初期段階にはターゲット校があり、いわゆる銘柄校の卒業生が優遇されている（吉田　2013）。あたかもどの大学を卒業したかという学

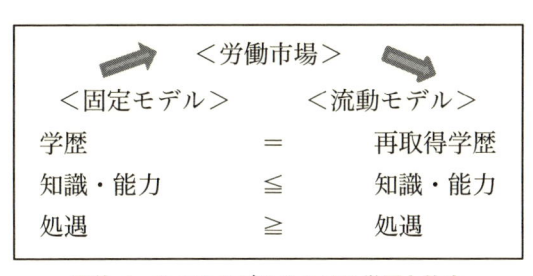

```
              ＜労働市場＞
      ＜固定モデル＞      ＜流動モデル＞
    学歴          ＝      再取得学歴
    知識・能力    ≦      知識・能力
    処遇          ≧      処遇
```

図終-1　2つのモデルにおける学歴と能力

歴が、個人の知識・能力の獲得の度合いを示すもっとも精度の高い指標であるかのように扱われていることをさして、スクリーニング仮説のあてはまりのよさを指摘する議論は多い。

しかしである。ここでいう個人の知識・能力とは、大学卒業時のそれ、あるいは、大学入学時から卒業時までの向上の程度を指しているのであろうか。おそらく、誰もが、否と答えよう。というのは、大学卒業の学歴が代理指標としている知識・能力とは、卒業時のそれでも、大学入学時から卒業時までの伸びでもない。そうではなく、大学受験時の偏差値を指して、そこに知識・能力を見ているのである。このことについては、恐らく多くが意識してはいないかもしれないが、指摘されれば否定することはないだろう。

しかし、それがいかに奇妙な現象であるかについて、気づく者は多くはない。何が奇妙かといえば、学歴とは、あくまでも教育機関での学習の修了に付与されるものであり、学習の結果として獲得した知識・能力を、学歴が代替して示すというのがスクリーニング仮説である。ここで、学歴が代理指標とするのは、学歴獲得時の知識・学力であるはずだ。しかし日本の場合、学歴が代理指標とするのは、入学時の偏差値だとすると、そこに大学教育を開始する時点と修了する時点との、4年間にわたる懸隔がある。また、偏差値は、大学教育とは何ら関係がない。大学教育の成果を見ずして、学歴に大学入学以前の知識・能力を読み込んでいるのである。こうした状況は、「偏差値スクリーニング仮説」と命名できよう。

そのことは、「流動モデル」が大学院において獲得した知識・能力を評価されないという状況をも説明することができる。その理由は単純である。大学教育の成果を評価していないのであれば、大学院教育の成果を評価することはできないからだ。このことは大学院教育をうけた「固定モデル」にもあてはまる。大学教育の成果を大学入学時の成果で代替することはできても、大学院教育の成果を、大学入学時にまで遡って偏差値で代替することは困難なのである。大学学部卒業以上に大学院修了が評価されないという通説は、このように解釈することができよう。そうであれば、大学入学時からさらに時間が経過している「流動モデル」は、「固定モデル」以上に評価されるこ

とはないということになる。全国の大学を序列化した客観的な指標である偏差値は、何よりも信頼に足る指標のようである。ただ、これは議論の過程において、いくつもの仮説や通説を置いての議論であり、それ自体が十分に論証されているわけではない。今後、検討するべき課題としておきたい。

4. 専門職大学院制度の課題

　日本の大学院は第二次世界大戦後に制度化されて以来、近年に至るまで研究者養成を主たる役割としてきた。そのなかではじめて高度専門職業人の養成をミッションに掲げ、専門職大学院が制度化された。日本の大学院制度や職業人養成の充実が期待されたが、発足以前から懸念された、いくつかの問題が現実のものとなり、関係者はその解決方策を模索しながら教育に従事しているのが現状である。

　それについて、法科、IT・コンテンツ系、臨床心理系の3つの領域について提示しておこう。法科大学院の顕在化している課題は、司法試験合格率が約25%と低迷し、当初の大学院修了者の70〜80%が合格と言われていたこととあまりにも大きな差があることだろう。この問題は、正確な見込みのないままに大学院を設立した大学、その設立を許可した文科省に責任があり、合格者数の政府目標を3,000人としていたにもかかわらず、2,000人程度しか合格者を出していないことにも問題があろう。

　ただ、この合格者率は、60%弱の大学（3回までの受験者を含めれば70%程度になる）から、合格者を輩出できていない大学まで大きな懸隔がある。大学院のなかにはすでに募集停止をしたところもあり、合格率の低い法科大学院に対する補助金の削減などによって、成果を出せない大学院は淘汰されていくであろう。

　問題は、その先にもある。1つは、法科大学院の魅力の低下、志願者の減少、司法試験受験者の資質の低下というデフレスパイラルが生じないかという問題である。事実、法科大学院の志願者は減少傾向を示しており、また、法科大学院というルートを経ず、予備試験により司法試験を受験した者の合

格率は、法科大学院修了者のそれよりも高い。法科大学院は、受験知識の暗記ではなく、法曹として問題に対処できる考える力の養成をミッションに掲げているが、そのミッションそのものが否定されることになろう。法科大学院の経緯と問題を論じた後藤は、「専門職業人を育てるのに、教育課程を整備することなく、試験による選抜するだけでよいのかというところにある」（後藤　2013）という問いかけをしているが、この点をないがしろにしてはならないと思う。

　もう1つの問題は、法科大学院と関連する他のセクターである、法学部や法学研究科の問題である。法曹職への参入が法科大学院をメインルートとするようになったことで、法学部の役割は、どこに見出すことができるのか。法科大学院への進学者の教育なのか、あるいは、これまで通り公務員や民間企業への就職者を輩出していくのか、役割の再定義が必要になっている。また、法学研究科における研究者養成という役割が空洞化することはないだろうか。大学が大学として存続していくためには、大学教員の養成が必要である。大学教員の組織的養成が大学院である以上、法学研究科の存在を忘れてはならない。そこで登場するのが、法科大学院との連携である。法科大学院修了者を法学研究科へ進学させるルートを設け、実務も知った研究者を養成することがいくつかの大学院で模索されているが、1つの方策となろう（本書第11章）。

　IT・コンテンツ系と、ひとくくりにしてここで論じたのは、必ずしも領域が近いというわけではない。むしろ、これらの専門職大学院は、比較的後発であるとともに、専門職大学院として認可することにおいて、それに反対する意見も多かった。それは2つの理由による。1つは、IT・コンテンツ系といった領域は、伝統的な法曹職や医師と比較して、果たして専門職と言えるかという議論である。確かに、一定のスキルは必要でありスペシャリストではあるかもしれないが、それは大学院における教育が必要なほどの高度な知識・技術体系をもつ職業であるかというものである。

　もう1つの理由は、第1の理由と関わるもので、従来、IT・コンテンツ系の領域のスペシャリストは、専門学校が主たる養成の場であり、大学ではな

かった。そうした専門学校が、専門職大学院を設置するケースがあったために、大学の学士課程をもたずに大学院の課程をもつことに対して、大学人からは否定的な眼差しを投げかけられたのである。他方で、情報工学などの課程をもつ大学は、修士課程は設置しても専門職大学院の課程を設置することはほとんどなかった。

　これらを理由として、IT・コンテンツ系の専門職大学院は、高等教育システムにおいても、専門職大学院のうちにおいても、やや特殊な位置づけを与えられて、いまだ大きな広がりをみせるには至っていない。そのことは、学生の特質にもみられた（本書第5章）。これらの問題の解決には、IT・コンテンツ系の専門職大学院修了者の社会的認知の度合いが高まること、それに向けての教育内容の充実が必要だろう。

　臨床心理士とは、財団法人日本臨床心理士資格認定協会が認定する民間資格であり、その資格取得には、臨床心理士指定大学院を修了して修士号を取得することが必要条件となっている。大学院修了後（一部の大学院修了者は外部での実務経験後）に資格審査を経て臨床心理士の資格が授与される。日本で臨床心理士の資格が作られたのは、1988年と比較的新しく、しかし、大学院における養成が開始されたのは1996年であり、比較的短期間で資格の高度化が図られた。その後、専門職大学院制度のもとで、臨床心理士の養成を行う大学院も設立され、既存の大学院と並立することになった。専門職大学院制度による臨床心理の学位取得者は、資格試験で論文記述筆記試験を免除されるという優遇措置があるにもかかわらず、臨床心理の専門職大学院は、わずか5専攻に限定されている。社会的に専門職としての認定を受けている資格とはいえ、専門職大学院が全面的に養成を担うわけではないのである（本書第12章）。

　臨床心理士は大学院修了を必要条件とする資格であるにもかかわらず、その社会的処遇は決して高くない。臨床心理士の多くは医療機関と教育機関でカウンセラーとして仕事をするが、どちらもほとんどが非常勤採用であり就業形態はきわめて不安定である。そのことが、専門職としての社会的認知が十分に確立しないという事態を招いている。

このようにみてくると、専門職大学院が抱える課題にある共通性があることが見えてくる。第1は、専門職大学院が制度化されても、それが既存の大学や大学院制度との間で明確な差異化がなされていないことである。確かに、専門職大学院では実務家教員が一定割合で置かれ、職業と密接な関係をもった実践的な教育プログラムが組まれているとはいえ、ある専門職資格を取得するために、そこを経ることが必須でない以上、専門職大学院であることの意義は明確にはならない。

第2は、大学院修了者の専門職としての、市場における処遇や社会的認知の問題である。それは専門職としての認知度は高いが、大学院修了だけでは専門職への入職が困難な法科から、専門職としての資格は確立していても社会的処遇が不十分な臨床心理士、そもそも専門職とみなすことができるかというIT・コンテンツ系（MBAもこの範疇だろう）まで、そのあり方はいくつかの類型があるが、総じて専門職としての社会的評価は高くはない。大学院修了後の展望が明るくなければ、あえて専門職大学院を選択する者は多くはない。

再度、「固定モデル」と「流動モデル」にもどれば、専門職大学院はおおむね「流動モデル」に効果が高いという傾向を認めることができた。しかし、専門職大学院とその外部との関係をみれば、専門職大学院が再学習の機会として容易にメジャーにはなり難い。こうした問題を、専門職大学院側の努力で解決できる部分がどこにあるのか、あるいは、日本の労働市場の問題も含めて考えねば解決しない部分はどこなのか、それらを切り分けて考えていくことが必要だろう。

ただ、アメリカでもプロフェッショナル・スクールの花形であるMBAは、当初からその地位を得ていたわけではなく、そこに至るまでに多難な道をたどってきたことが明らかにされている（Khurana 2007）。そこに日本の今後を考えるヒントがあるのかどうか、今後の課題とすることで、まずは本書を閉じることとする。

〔引用文献〕

後藤　昭（2013）「法科大学院」『シリーズ　大学 5　教育する大学』岩波書店、pp.85-102.

Khurana, Rakesh（2010）*From Higher Aims to Hired Hands: The Social Transformation of American Business Schools and the Unfulfilled Promise of Management As a Profession*, Princeton University Press.

吉田　文（2013）「学歴の有効性」『IDE　現代の高等教育』Vol. 553、pp.67.

あとがき

　予定から遅れに遅れてしまった。本書のもととなる調査を実施したのは、2008年である。その分析にもとづく分析、学会発表、論文執筆は2009年よりはじまった。共同研究に参加していただいたメンバーの方々にこころよりお詫び申し上げたい。

　調査データが古くなることを気にしつつ、しかし他方で、データの新規性に依存しない分析を心がけようとしたつもりである。この研究プロジェクトは、専門職大学院に関する前著、吉田　文・橋本鉱市（2010）『航行をはじめた専門職大学院』（東信堂）をさらに発展させるものとして始まった。高度職業人養成をミッションに掲げる専門職大学院の発足の形態を事例として検討した前著であるが、本書は、日本ではまだまだ少ない、労働市場に出た後に学歴を取得する者に焦点をあて、学歴を「再」取得することとの意味を考えようということにねらいをおいた。

　全体を通じて明らかになったこととしては、意外なほどに、就労経験をもつ大学院生が、きわめて熱心に学習し、そして大学院教育の効用を実感していたことだった。とりわけ経営系の専門職大学院でそれは顕著であった。現在の日本では、大学までは学校の延長として進学し、学校段階間もスムースに移行していく。なぜ大学へ行くのかを考えて大学へ進学する者は少ないだろうし、大学以外の進路と比較しつつ大学を選択する者も多くはない。それに対し、大学院とは、一部の理工系大学院を除き、ある意味、初めて自分で選択して決断して学習する場である。いったん労働市場に出た者にとって、その選択や決断には、学部新卒者以上の勇気を要するだろう。モチベーショ

ンに支えられた者が、どのような学習生活をし、結果としてどのような学習成果をあげているのかを、多面的に切り込んでみようとした。

それにしても、この初めての選択と決断による学習成果が、労働市場においてはほとんど無視されているのが日本の状況であり、慨嘆すべきことである。

回収されたデータが少なく、十分な分析を加えることができなかった領域もあり、専門職大学院を包括的に扱うことにはならなかったことは反省点である。また、分析の途上で、学習者のイメージを豊富にするために、専門職大学院の修了者に対するインタビューを実施したが、第10章以外に扱えなかったことも反省点である。反省は、次の研究の糧になると信じて、さらに励むことにする。

本書の多くは、科学研究費補助金（基盤研究（C））「「流動モデル」学歴の機能に関する研究―社会人・大学院教育・労働市場―」（研究代表者　吉田　文）（2009年～2011年）による研究成果である。第10章は、『日本生涯教育学会年報』第33号（2012）に「社会人の再教育と経営系専門職大学院」として掲載された論文の再録であるが、それ以外はすべて書き下ろしである。

最後に、今回も出版の労をとってくださった、東信堂社長、下田勝司氏にお礼申し上げたい。

2014年夏

吉田　文

資料　専門職大学院の年次的推移と傾向

　2003年度に制度化された専門職大学院は、発足して10年を経過した。2014年度現在、どのような分野の専門職大学院がどの程度の規模をもち、その経年変化はどのようなものか、入学者はどのような特質をもっているのか、概観しておこう。

　付表1は、2014年度7月現在の専門職大学院の専攻数、入学者定員数を、設置者別、分野別、設置年度別に集計したものである。

　まず、国公私いずれにおいても、定員のみならず専攻数が多くはないことに気づく。専攻数、定員の半数近くが法科大学院によって占められているものの、2004年、2005年の両年に集中的に設置されて以降、新規の設置はみられない。この表には表れないすでに専攻を閉じたものがあること、また、現時点で専攻を閉じることを明確にしているところもあるため、法科の占める比率は低下傾向にある。法科大学院の設置問題からはじまった専門職大学院の制度化であるが、仕切り直しの状況にある。

　経営・MOTも、専門職大学院を特色づける分野であるが、これも2000年代半ば以降の設置は数少なく、学生マーケットが拡大していないことが推測される。それ以外の、公共政策、公衆衛生、知財、臨床心理などは、そもそも設置されている専攻数、定員がきわめて少なく、社会的認知は十分ではない。

　そうしたなか、教職大学院は遅れて参入した分野であり、国立大学の教員養成学部をベースにしているために国立に多い。今後、国立大学の教員養成課程の大学院は教職大学院に転換することが予定されているため、国立では

付表 1　専門職大学院の設置年度別専攻数・定員

		国立										公立							私立										
設置年度		2003	2004	2005	2006	2007	2008	2009	2010	計		2004	2005	2006	2007	2008	2009	計	2003	2004	2005	2006	2007	2008	2009	2010	2011	2012	計
経営・MOT	専攻数	3	2	4	3					12									2	5	3	4	1	3				1	19
	定員	155	65	125	125					470									128	390	290	760	195	180				30	1973
公共政策	専攻数		2	2	1					5										1			1				1		3
	定員		140	85	40					265										10			50				50		110
公衆衛生	専攻数	2				1				3																	1		1
	定員	54				30				84																	20		20
知財	専攻数			1		1				2											2			1					3
	定員			30		15				45											90			30					120
臨床心理	専攻数			1						1												2		2	1		1		4
	定員			15						15												40		40	30		15		85
その他	専攻数			1						1				1		2	1	4	4		1	3		1					9
	定員			15						15				50		80	20	150	410		30	160		20	30				620
法科	専攻数	20	3							23		2						2	39	3									42
	定員	1226	74							1300		112						112	2327	70									2397
教職	専攻数						15	3	1	19														4	2				6
	定員						589	60	14	663														125	45				170
合計	専攻数									65								8											87
	定員									2842								337											5495

文部科学省『専門職大学院一覧（平成26年7月現在）』（http://www.mext.go.jp/a_menu/koutou/senmonshoku/08060508.htm）より作成

教職大学院の増加が見込まれるものの、どのように機能していくかは未知数であるといってよい。

　全般として拡大傾向をみせていない専門職大学院であるが、**付表2**の入学志願者と入学者との関係をみると、決して広き門ではないことがわかる。いずれの設置者でも入学者志願者の40%弱が入学しているにすぎず、入学をめぐる競争は厳しい。とりわけ法科大学院はその傾向が顕著であり、志願者の20%程度しか入学していない。付表1の法科大学院の定員と比較すれば、いずれの設置者でも志願者は定員を超えているのに、入学者は定員を下回っている。司法試験の合格率が法科大学院の評価として大きな比重を占めるなか、入り口の段階での絞り込みが行われていることが推測される。

　法科大学院の入学率が低いために、社会科学系の専門職大学院の入学率が低く抑えられているのであり、法科大学院を除くと社会科学系の入学率は、

付表2　専門職大学院分野別入学志願者数・入学者数・競争率

	計			国立			公立			私立		
	入学志願者	入学者	入学率	入学志願者	入学者	入学率	入学志願者	入学者	入学率	入学志願者	入学者	入学率
計	18,132	6,638	36.6	6,354	2,480	39.0	732	297	40.6	11,046	3,861	35.0
人文科学	330	117	35.5	82	37	45.1	—	—	—	248	80	32.3
社会科学	15,632	4,979	31.9	5,020	1,593	31.7	592	174	29.4	10,020	3,212	32.1
理　学	—	—	—	—	—	—	—	—	—	—	—	—
工　学	159	135	84.9	22	18	81.8	107	93	86.9	30	24	80.0
農　学	—	—	—	—	—	—	—	—	—	—	—	—
保　健	249	126	50.6	192	82	42.7	—	—	—	57	44	77.2
家　政	—	—	—	—	—	—	—	—	—	—	—	—
教　育	1,114	803	72.1	858	634	73.9	—	—	—	256	169	66.0
芸　術	—	—	—	—	—	—	—	—	—	—	—	—
その他	648	478	73.8	180	116	64.4	33	30	90.9	435	332	76.3
(再掲)												
法　科	11,143	2,270	20.4	3,524	998	28.3	414	71	17.1	7,205	1,201	16.7
教　職	1,079	771	71.5	858	634	73.9	—	—	—	221	137	62.0

文部科学省『学校基本調査』平成26年度（速報）(http://www.e-stat.go.jp/SG1/estat/NewList.do?tid=000001011528) より作成
入学率＝入学者／入学志願者

60%程度にまで上昇する。

他方で、教職大学院は、志願者の70%程度が入学しているが、これは現職教員が派遣制度によって入学していることが関連しているものと思われる。学部新卒者でみれば、おそらくその比率は低下するであろう。

表は省略するが、修士課程の入学率は65.2%であり、専門職大学院への入学率は修士課程よりも低い。とはいえ、分野別の入学率の差異も大きく、専門職大学院が修士課程よりも入学が困難と、一概にはいうことはできないことも付記しておく。

付表3は、専門職大学院の入学者の年齢別構成を、大学院の他の課程と比較したものである。半数弱が社会人であるために、27歳以上が約半数を占めているが、他方で学部新卒者も一定数いるため、23歳以下が40%程度

付表3　専門職大学院年齢別入学者・社会人比率

		23歳以下	24〜26歳	27歳以上	計	（N）	社会人比率
修士課程	計	75.3	12.7	11.9	100.0	72,859	10.5
	男	80.0	11.2	8.7	100.0	51,558	7.6
	女	63.9	16.3	19.8	100.0	21,301	17.7
博士課程	計	0.4	40.6	59.0	100.0	15,418	37.7
	男	0.5	42.6	56.9	100.0	10,608	37.7
	女	0.4	36.2	63.5	100.0	4,810	37.8
専門職学位課程	計	41.2	11.9	46.9	100.0	6,638	44.9
	男	38.6	11.5	49.9	100.0	4,732	47.5
	女	47.7	12.9	39.4	100.0	1,906	38.5
（再掲）							
法科大学院	計	66.1	13.6	20.3	100.0	2,270	16.6
	男	63.9	14.5	21.6	100.0	1,673	17.0
	女	72.4	10.9	16.8	100.0	597	15.4
教職大学院	計	49.2	4.3	46.6	100.0	771	48.6
	男	47.2	5.2	47.6	100.0	462	49.8
	女	52.1	2.9	45.0	100.0	309	46.9

文部科学省『学校基本調査』平成26年度（速報）(http://www.e-stat.go.jp/SG1/estat/NewList.do?tid=000001011528) より作成

在学しており、そうしたなか 24-26 歳が少ないことに特色がある。20 歳代前半と 20 歳代後半以上の年齢層に分化しているという特徴をもつ。

表は省略するが、27 歳以上の年齢層では、30 歳代と 40 歳代前半が多く在学しているのが、専門職大学院の、大学院の他課程と比較した特色である。修士課程、博士課程では年齢が上昇するととともに入学者が減少しているが、専門職大学院の場合、27 歳以上、30 歳代まで、どの年齢の在学者もほぼ同数おり、社会人の再学習の機能を果たしていることをここにみることができる。

　他方で、社会人が少なく、23 歳以下が多いのが法科である。社会人経験をもつ者に対して開かれた法科大学院であったが、現在では、司法試験をめざす者の多くが社会人経験をもつ者ではなくなっていることが明瞭である。

[執筆者紹介]

村澤　昌崇（むらさわ　まさたか）
広島大学大学大学院教育学研究科博士課程修了、修士（教育学）
広島大学大学教育研究センター助手、広島国際学院大学講師、広島大学高等教育研究開発センター講師を経て、現在、広島大学高等教育研究開発センター准教授
専門は、教育社会学・高等教育論
近年の著作として、Murasawa, M.; Watanabe, S.P.; Hata, T. (2014) "Self-image and Missions of Universities: An Empirical Analysis of Japanese University Executives," *Humanities* 2014, 3, 210-231,『リーディングス日本の高等教育6　大学と国家－制度と政策』（編集、玉川大学出版部、2010）など

濱中　淳子（はまなか　じゅんこ）
東京大学大学院教育学研究科博士課程修了、博士（教育学）
東京大学基礎学力研究開発センター特任研究員、株式会社リクルートワークス研究所研究員、独立行政法人大学入試センター助教を経て、現在、独立行政法人大学入試センター准教授
専門は、教育社会学
近年の著作として、『大学院改革の社会学―工学系の教育機能を検証する』（東洋館出版社、2009）、『検証・学歴の効用』（勁草書房、2013）など

田中　正弘（たなか　まさひろ）
Institute of Education, University of London 修了、Ph.D. in Education
広島大学高等教育研究開発センター COE 研究員、島根大学教育開発センター講師を経て、現在、弘前大学 21 世紀教育センター高等教育研究開発室准教授。
専門は比較教育学・高等教育論
近年の著作として、Tanaka, Masahiro (2010) "The New Accreditation System for Japanese Law Schools: Its trends and problems", Mattheou, D. and Roussakis, Y., (Eds.) *Quality and Equality in Education Policies and Practices in Comparative Perspective*, pp.155-167. (CESE)、Tanaka, Masahiro (2007) "Ideals and Realities in Japanese Law Schools: Artificial Obstacles to the Development of Legal Education", *Higher Education Policy*, Vol.20, No.2, pp.195-206. (UNESCO) など

［編著者紹介］

吉田　文（よしだ　あや）
東京大学大学院教育学研究科博士課程修了、博士（教育学）
メディア教育開発センター助教授・教授を経て、現在、早稲田大学教育・総合科学学術院教授
専門は、教育社会学
近年の著作として、『大学と教養教育』（岩波書店、2013）、「グローバリゼーションと大学」『大学シリーズ1　グローバリゼーション，社会変動と大学』（岩波書店、2013）、『航行を始めた専門職大学院』（共著、東信堂、2010）など

「再」取得学歴を問う——専門職大学院の教育と学習　〔検印省略〕
2014年9月25日　初　版　第1刷発行　　＊定価はカバーに表示してあります。

編著者 © 吉田　文　発行者　下田勝司
東京都文京区向丘1-20-6　郵便振替00110-6-37828
〒113-0023　TEL(03)3818-5521　FAX(03)3818-5514

印刷・製本／中央精版印刷
組版／フレックスアート

発行所　株式会社　東信堂

Published by TOSHINDO PUBLISHING CO., LTD.
1-20-6, Mukougaoka, Bunkyo-ku, Tokyo, 113-0023, Japan
E-mail : tk203444@fsinet.or.jp

ISBN978-4-7989-1243-1　C3037　©YOSHIDA, Aya

東信堂

マナーと作法の社会学	加野芳正編著	二四〇〇円
マナーと作法の人間学	矢野智司編著	二〇〇〇円
子ども・若者の自己形成空間——教育人間学の視線から	高橋勝編著	二七〇〇円
文化変容のなかの子ども——経験・他者・関係性	高橋勝	二三〇〇円
「再」取得学歴を問う——専門職大学院の教育と学習	吉田文編著	二八〇〇円
航行を始めた専門職大学院	吉田文編著	
学級規模と指導方法の社会学——実態と教育効果	山崎博敏	二三〇〇円
「学校協議会」の教育効果——開かれた学校づくり	橋本鉱市	二六〇〇円
夢追い形進路形成の功罪——高校改革の社会学	荒川葉	二八〇〇円
進路形成に対する「在り方生き方指導」の功罪——高校進路指導の社会学	望月由起	三六〇〇円
教育から職業へのトランジション——若者の就労と進路職業選択の社会学	山内乾史編著	二六〇〇円
階級・ジェンダー・再生産——現代資本主義社会の存続メカニズム再生産論をこえて	橋本健二	三二〇〇円
教育と不平等の社会理論	小内透	三三〇〇円
〈シリーズ 日本の教育を問いなおす〉		
拡大する社会格差に挑む教育	西村和雄・大森不二雄・木村拓也編	二四〇〇円
混迷する評価の時代——教育評価を根底から問う	西村和雄・大森不二雄・木村拓也編	二四〇〇円
教育における評価とモラル	西村和雄・大森不二雄・木村拓也編	二四〇〇円
〈大転換期と教育社会構造:地域社会変革の社会論的考察〉	戸瀬信之編	
第1巻 教育社会史——日本とイタリア	小林甫編	二四〇〇円
第2巻 現代的教養Ⅰ——生活者生涯学習の地域的展開	小林甫	七八〇〇円
第3巻 現代的教養Ⅱ——技術者生涯学習の生成と展望	小林甫	六八〇〇円
第4巻 学習力変革——地域自治と社会構築	小林甫	近刊
社会共生力——東アジアと成人学習	小林甫	近刊

〒113-0023 東京都文京区向丘1-20-6
TEL 03-3818-5521 FAX03-3818-5514 振替 00110-6-37828
Email tk203444@fsinet.or.jp URL:http://www.toshindo-pub.com/

※定価:表示価格(本体)+税